中國學術思想 研究輯刊

初 編
林 慶 彰 主編

第 20 冊

民國以來民間教派《大學》《中庸》思想之研究

鍾雲鶯 著

花木蘭文化出版社

國家圖書館出版品預行編目資料

民國以來民間教派《大學》《中庸》思想之研究／鍾雲鶯 著——
初版 — 台北縣永和市：花木蘭文化出版社，2008〔民97〕
目 4+252 面：19×26 公分
（中國學術思想研究輯刊 初編：第 20 冊）
ISBN：978-986-6657-92-4（精裝）
1. 學庸　2. 研究考訂

121.257　　　　　　　　　　　　　　　　　97016611

ISBN - 978-986-6657-92-4

9 789866 657924

中國學術思想研究輯刊
初　編　第二十冊　　　　　　ISBN：978-986-6657-92-4

民國以來民間教派《大學》《中庸》思想之研究

作　　者　鍾雲鶯
主　　編　林慶彰
總 編 輯　杜潔祥
出　　版　花木蘭文化出版社
發 行 所　花木蘭文化出版社
發 行 人　高小娟
聯絡地址　台北縣永和市中正路五九五號七樓之三
　　　　　電話：02-2923-1455／傳眞：02-2923-1452
網　　址　http://www.huamulan.tw 信箱 sut81518@ms59.hinet.net
印　　刷　普羅文化出版廣告事業
封面設計　劉開工作室
初　　版　2008 年 9 月
定　　價　初編 28 冊（精裝）新台幣 46,000 元　　　　版權所有・請勿翻印

民國以來民間教派《大學》《中庸》思想之研究

鍾雲鶯　著

作者簡介

國立政治大學中國文學系博士（2000），現任元智大學中國語文學系副教授。
主要研究的領域集中在「宗教的庶民儒學」，關注儒學在民間社會的發展，以及儒學被宗教化的解讀。研探主流儒學在民間被宗教解釋的現象，以及民間儒教解經者對主流儒學的吸收與轉化。著有《清末民初民間儒教對主流儒學的吸收與轉化》（2008，臺灣大學出版中心），以及相關研究論文多篇。

提　要

　　三教合一是民間社會所呈現的現象，但是儒家思想在傳統社會中一直居於主流，這是不爭的事實。尤其在民間宗教中，呈現出「以儒為宗」的教義思想與修行方法。儒家的經典中，《四書》在民間的流傳最廣，而大學、中庸自宋·朱熹以來，被定位成「初學入德之門」與「孔門傳授心法」，故而被民間教派視為必讀書，因此許多以宗教觀點的注疏作品紛紛出現。這樣的現象，一直存在於民間教派之中，但卻鮮見研究者重視這個問題，因此研究民間教派對學、庸的解讀，成為了解其信仰之教義核心的重要主題。

　　朱子將大學、中庸並列於「四子書」中，使二書跳升至「經」的地位，這樣的轉變一直影響至今，民間教派對學、庸的認識亦建立在二書乃儒家之神聖經典。以宗教的眼光端視四書，論、孟所言多為日用人倫，故較屬於實踐之事。而學、庸自朱子以「孔門心法」的角度解讀後，被視為孔子罕言的「性與天道」，似乎在此找到答案，因此信仰者認為修道的最重要處與最終目標地，聖人皆暗示其中。故而對四書的重視，尋求修道根本的學、庸又較之論、孟來得重要。即使在今日社會，民間教派對學、庸的重視，實非外人可以想像。

　　本文以解讀民國以來民間教派註解學、庸之作為主，主要目的乃要了解民國以來的民間教派如何看待學、庸二書，並且如何將之宗教化，成為宗教聖典。再者，往昔對學、庸的研究，多數留意於學界的作品，罕見涉及民間，故而忽略了民間社會的詮釋系統，而本文乃在學術界對學、庸研究的基礎上，探討民間社會如何解讀儒家經典，進而歸納分析其註解系統，為當今的思想史作一補遺。

　　本文的主要目的乃探討民國以來民間教派如何解讀學、庸，並且肯定他們在儒家經典的注疏傳統中，有其貢獻與意義。民間教派開創了有別於學界的解讀角度，而這些材料目前被學術界所忽略，因此，相信本文的研究，將會為專以知識分子為主的思想史研究，與研究儒家經典的註解者開啟另一新視野。

目次

第一章　緒　論 ……………………………………… 1
　第一節　研究動機 ………………………………… 3
　　一、民國以來民間教派與理學思想互動之觀察
　　　　………………………………………………… 4
　　二、民國以來民間教派解讀儒家經籍之著作經
　　　　典地位確立 ………………………………… 9
　　三、民國以來《大學》、《中庸》被宗教詮釋的
　　　　探究 ………………………………………… 12
　第二節　資料的釐定及其來源 ………………… 14
　　一、資料的訊息──末世思想的傳達 … 14
　　二、民國以來以扶鸞方式創作的著作 … 19
　　三、民國以來宗教信徒的詮釋著作 …… 25
　　四、資料來源之說明 …………………………… 37
　第三節　研究方法與範疇 ……………………… 38
　第四節　預期目標與關鍵字說明 ……………… 41
第二章　儒家思想宗教化形成之探討 …………… 45
　第一節　儒家思想的宗教性與被宗教詮釋之討論 … 46
　第二節　儒教之形成與歷史淵源 ……………… 48
　　一、堯舜心法所衍生的宗教涵義 …………… 49
　　二、道統所代表的宗教意義 ………………… 54
　　三、儒教神學化的正式成立──孔子爲教主
　　　　身分的確定 ………………………………… 61
　　四、神道傳教的原因與必要性 ……………… 65

第三節　理學思想對民間教派教義的啓發與影響⋯ 68
　　一、四書的經典化 ⋯⋯⋯⋯⋯⋯⋯⋯⋯⋯⋯⋯ 69
　　二、理學本體論思想的發展與再創 ⋯⋯⋯⋯⋯ 72
　　三、王陽明「格物致知」說的承繼 ⋯⋯⋯⋯⋯ 77

第三章　後人詮釋《大學》、《中庸》思想之角度
　　　　轉變的探討 ⋯⋯⋯⋯⋯⋯⋯⋯⋯⋯⋯⋯⋯ 83
第一節　《大學》、《中庸》思想理學化及其影響⋯ 85
　　一、《大學》、《中庸》的神聖化 ⋯⋯⋯⋯⋯⋯ 85
　　二、性命之書的確立 ⋯⋯⋯⋯⋯⋯⋯⋯⋯⋯⋯ 90
　　三、《大學》、《中庸》二書思想詮釋內涵的
　　　　互補 ⋯⋯⋯⋯⋯⋯⋯⋯⋯⋯⋯⋯⋯⋯⋯ 100
第二節　從思想性格談論《大學》、《中庸》被宗
　　　　教詮釋的原因 ⋯⋯⋯⋯⋯⋯⋯⋯⋯⋯⋯ 105
　　一、可融合道、釋思想的詮釋方向 ⋯⋯⋯⋯ 106
　　二、性與天道的討論 ⋯⋯⋯⋯⋯⋯⋯⋯⋯⋯ 112
第三節　從信仰者角度談論《大學》、《中庸》被
　　　　再詮釋的主因 ⋯⋯⋯⋯⋯⋯⋯⋯⋯⋯⋯ 119
　　一、《大學》「格物致知」佚文之補傳 ⋯⋯⋯ 119
　　二、回溯聖人立言之本意 ⋯⋯⋯⋯⋯⋯⋯⋯ 122
　　三、渡人救世的濟度理念 ⋯⋯⋯⋯⋯⋯⋯⋯ 126

第四章　民國以來民間教派對《大學》、《中庸》
　　　　首章之釋義 ⋯⋯⋯⋯⋯⋯⋯⋯⋯⋯⋯⋯ 131
第一節　民國以來民間教派對《大學》、《中庸》
　　　　之「正名」 ⋯⋯⋯⋯⋯⋯⋯⋯⋯⋯⋯⋯ 132
　　一、「大學」之宗教意義 ⋯⋯⋯⋯⋯⋯⋯⋯⋯ 132
　　二、「中庸」之宗教意義 ⋯⋯⋯⋯⋯⋯⋯⋯⋯ 137
第二節　民國以來民間教派對《大學》「三綱領」
　　　　之宗教詮釋 ⋯⋯⋯⋯⋯⋯⋯⋯⋯⋯⋯⋯ 142
　　一、明明德之詮釋 ⋯⋯⋯⋯⋯⋯⋯⋯⋯⋯⋯ 143
　　二、親民之詮釋 ⋯⋯⋯⋯⋯⋯⋯⋯⋯⋯⋯⋯ 148
　　三、止於至善之詮釋 ⋯⋯⋯⋯⋯⋯⋯⋯⋯⋯ 152
第三節　民國以來民間教派對《中庸》「三提說」
　　　　之宗教詮釋 ⋯⋯⋯⋯⋯⋯⋯⋯⋯⋯⋯⋯ 157
　　一、天命之謂性之詮釋 ⋯⋯⋯⋯⋯⋯⋯⋯⋯ 158
　　二、率性之謂道之詮釋 ⋯⋯⋯⋯⋯⋯⋯⋯⋯ 162

　　三、修道之謂教之詮釋 ………………………… 166

　　小　結 ………………………………………… 170

　第四節　民國以來一貫道對《大學》、《中庸》詮
　　　　　釋之關鍵 ……………………………… 171

　　一、理天 —— 性命之本源 …………………… 172

　　二、玄關 —— 生死門戶 ……………………… 175

　第五節　《大學》、《中庸》所指涉的終極目標 … 178

　　一、止於至善，明明德於天下 ………………… 178

　　二、終極之境 —— 上天之載、無聲無臭 …… 180

第五章　民國以來民間教派對格物致知與誠意慎
　　　　獨之詮釋 …………………………………… 187

　第一節　民國以來民間教派對格物致知之詮釋與
　　　　　補傳 …………………………………… 187

　　一、江希張《新註大學白話解說》之解讀 …… 188

　　二、救世新教《大學證釋》之改本與詮釋 …… 192

　　三、《增註大學白話解說》之補傳與詮釋 …… 196

　　四、一貫道《學庸淺言新註》之補傳與詮釋 … 200

　　小　結 ………………………………………… 211

　第二節　誠意慎獨之宗教意義 ………………… 212

　　一、誠意慎獨的基礎 —— 毋自欺 …………… 213

　　二、毋自欺的修煉階段 ………………………… 216

　　三、慎「獨」與「十」之宗教密義 …………… 220

第六章　結　論 …………………………………… 227

　　一、確立民間教派注疏之作的宗教經典地位 … 227

　　二、朱熹、王陽明影響之省思 ………………… 230

　　三、三教融合之關鍵性的觀念考察 …………… 231

　　四、「信、願、行、證」的詮釋理解 ………… 232

主要參考書目 ……………………………………… 235

附錄一：《道統寶鑑》內容節選 ………………… 245

附錄二：《大學證釋》經文 ……………………… 249

第一章　緒　論

　　關於民間教派的研究，近年來的成果蔚爲可觀，尤其是「史」方面的研究，更是開拓了教派研究的視野，對於我們認識民間教派的發展與演變，有莫大的助益。〔註1〕清末民初因時代的動盪不安，許多民間教派在此時紛紛興起，林榮澤先生根據五百餘種的方志考察，載之於書的就有一千種以上的教門名目，〔註2〕可知民間教派在庶民社會的盛行。

　　有關民國以來民間教派的研究成果，研究一貫道者如宋光宇之《天道鉤沉》、《天道傳燈──一貫道與現代社會》，林榮澤《一貫道發展史》，鄭志明《先天道與一貫道》等；另有宋光宇〈士紳、商人與慈善：民國初年一個慈善性宗教團體「世界紅卍字會」〉，王志宇《儒宗神教研究》，日‧吉岡義豐《中國民間宗教概說》一書中所記載的「救世新教」與「世界紅卍字會道院」以

〔註1〕　明清教派的研究論著，或從明清的時代背景與民間教派發展的脈絡做歷史性的研究，如戴玄之教授的《中國秘密宗教與秘密會社》（臺北：臺灣商務印書館，1983年12月初版）、日‧酒井忠夫〈明末と清中期と宗教結社の展開〉（《「牧尾良海博士喜壽紀念」儒佛道三教思想論考》，東京：山喜房佛書林）、美‧歐大年（Daniel L.Overmyer）的《中國民間宗教教派研究》（上海：上海古籍出版社，1993年）、日‧淺井紀《明清時代宗教結社の研究》（東京：研文出版社）、馬西沙、韓秉方歷時多年而成的《中國民間宗教史》（上海：上海人民出版社，1992年）等；單一教派的研究，如酒井忠夫〈明末の無爲教〉（《東洋史學論集》第三號，1964年）、林萬傳《先天道研究》（臺南：靝巨書局，1986年訂正二版），鄭志明《無生老母信仰溯源》（臺北：文史哲出版社，1985年）、《明代三一教主研究》（臺北：臺灣學生書局，1988年8月），喻松青《明清白蓮教研究》（成都：四川人民出版社，1987年），日‧野口鐵郎《明清時代白蓮教》（《歷史教育》十二卷九期，1964年）等。
〔註2〕　參林榮澤《一貫道發展史》（臺北縣板橋：正一善書出版社，1999年），頁27。

及 David K. Jordan & Daniel L. Overmyer 考察一貫道與慈惠堂而成的 *Flying Phoenix: Aspects of Chinese Sectarianism in Taiwan*，這些著作提供我們認識當今的民間教派有莫大的助益。雖然民國初期興起了眾多教派，然因大部分的民間教派採取秘密方式傳教，一般人無法輕易了解，再者因時代的轉變，許多教派至今已經沒落，但因至今仍有許多教派於民間活動，成為研究者的活教材，因此許多研究正在進行之中。〔註3〕綜觀研究者對於民間教派的觀察角度，泰半從史學與社會學的角度，說明了民間教派的淵源、演變、以及對社會的影響，但是對於其經典的研究較為少見，實為可惜，因此在當今研究成果的基礎下，拓展對民間教派的經典研究，相信必能為民間教派的信仰體系與教義思想作較具體性的補遺。

雖然民間社會標榜三教合一，但是儒家思想在傳統社會中一直居於主流，這是不爭的事實。尤其在民間宗教中，呈現出「以儒為宗」的教義思想與修行方法。儒家的經典中，《四書》在民間的流傳最廣，而《大學》、《中庸》自宋‧朱熹以來，被定位成「初學入德之門」與「孔門傳授心法」，〔註4〕故而被民間教派視為必讀書，因此許多以宗教觀點的注疏作品紛紛出現。〔註5〕

〔註3〕如東海大學歷史所夏明玉正在進行萬國道德會的研究。

〔註4〕朱子以道統相傳的觀念撰編《四書章句集注》，並於宋紹熙元年（1190）刊刻所謂的「四子書」，他在〈書臨漳所刊四子後〉說：「河南程夫子之教人，必先使之力乎《大學》、《論語》、《中庸》、《孟子》之書，然後及乎六經。蓋其難遠近大小之序，固如此而不可亂也。故今刻四古經，而遂及乎此四書者以先後之。」（《朱熹集（七）》卷八十二，成都：四川教育出版社，1997 年 5 月，頁 4255）。朱子認為，欲探孔孟思想，須先四書再六經，而此一閱讀次序的改變，將四書提升至「經」的地位，使得四書日後成為學子初學儒家經典的第一必讀書。再者，元仁宗皇慶二年（1313）以至光緒三十一年（1905）朱子所編定的四子書成為國家策試取士的書籍，故而朱子之著是學校教育的基本教材，是以元、明、清三朝，朱子學之影響可以想見，故錢穆先生認為，朱子先四書而後六經之舉，在中國學術史上有旋乾轉坤之大力（《朱子新學案》第四冊，臺北：東大圖書，1989 年 11 月三版，頁 226）。故而往後學子們對儒家思想的了解，幾乎是以四書為初學之書，此一閱讀態度的改變，影響中國士庶社會甚深。

〔註5〕這樣的現象，明代迄今，時有所見，不只是民間教派。主要的原因在於朱子「進四書退五經」的做法，在學術史上的另一影響乃開創了「四書學」的注疏傳統。元迄明王陽明之前，泰半籠罩在朱子的影響下；陽明心學興起是「四書學」解釋系統的一大轉變，突破了朱學的權威，開拓四書的注解空間，再者，三教合一的論述紛紛崛起，故以釋、道觀念解釋四書者在此時逢出並作（參佐野公治《四書學史の研究》，東京：創文社，1960 年 2 月）。如憨山大

這樣的現象，一直存在於民間教派之中，但卻鮮見研究者重視這個問題，因此研究民間教派對《學》、《庸》的解讀，成爲了解其信仰之教義核心的重要主題。

朱子將《大學》、《中庸》並列於「四子書」中，使二書跳升至「經」的地位，這樣的轉變一直影響至今，民間教派對《學》、《庸》的認識亦建立在二書乃儒家之神聖經典。以宗教的眼光端視四書，《論》、《孟》所言多爲日用人倫，故較屬於實踐之事。而《學》、《庸》自朱子以「孔門心法」的角度解讀後，被視爲孔子罕言的「性與天道」，似乎在此找到答案，因此信仰者認爲修道的最重要處與最終目標，聖人皆暗示其中。故而對四書的重視，尋求修道根本的《學》、《庸》又較之《論》、《孟》來得重要。即使在今日社會，民間教派對《學》、《庸》的重視，實非外人可以想像。

自幼即於一貫道信仰的家庭中成長，在道場前輩們所開釋的道義中，儒家經典總以《大學》、《中庸》爲重，並且視爲孔子「渡人得道」的重要經書。一貫道道親認爲，《學》、《庸》是儒門開導後人的「聖經」，故其神聖性不可言喻，是以《學》、《庸》乃修道時的必讀書。在這樣的背景下，於求學過程中，發現學校所教授的內容與道場所講授的道理有其異同之處。其所同者，來自於理學思想；其所異者，在於宗教以終極關懷的理念解讀《學》、《庸》，二者有極大的差異。再觀察道場上所流傳的書籍，對於《學》、《庸》再詮釋、註解的書籍，其數量較之於《論》、《孟》實多矣。有的雖非一貫道信仰者註解之作，但亦保存於一貫道道場內，由此可知道民間教派書籍的流動性。基於這樣的背景與觀察，選擇此一題目，藉以了解民間教派對「經典」的詮釋與解讀，針對此一現象進行研究。

第一節　研究動機

關於儒家思想與民間信仰、教派之間的互動關係，鄭志明曾以〈當代儒學

師的《大學綱目決疑》、《中庸直指》（參陳運星《儒道佛三教調合論之研究——以憨山德清的會通思想爲例》，桃園：國立中央大學哲學研究所碩士論文，1991 年 4 月），蕅益大師的《四書蕅益解》（參羅永吉《四書蕅益解研究》，臺南：國立成功大學中國文學研究所碩士論文，1995 年 6 月；簡瑞銓《四書蕅益解研究》，臺北：東吳大學中國文學研究所碩士論文，1996 年 6 月）便是以禪解儒的典型例子，此一註解四書的作法與觀念，對於民間老百姓閱讀與理解四書，至今仍有莫大的影響。

與民間信仰的宗教對話〉〔註6〕為題，討論儒學與民間信仰之間的關連與糾葛，並且試著從義理層面與實踐層面討論二者對談的可能；宋光宇、李世偉則以臺灣的鸞堂、書院做為調查對象，研究其儒教化的過程，著有〈書房、書院與鸞堂——試探清末和日據時代臺灣的宗教演變〉、〈日治時期臺灣的儒教運動〉（上、下）、〈日據時期鸞堂的儒家教化〉，李世偉則更深入的探討，以儒教信仰的宗教結社為題，撰寫博士論文《日據時代臺灣儒教結社與活動》。〔註7〕上述研究雖說涉及儒家思想存在於民間信仰、教派的事實，但其重心皆放置於所呈現的「現象」，對於民間教派之義理思想卻少談論，尤其面對民間教派註解儒家經典的詮釋作品，更是罕人關注。因此，如何從這些注疏之作了解民間教派對儒家思想的解讀？儒家思想如何被宗教化？如何詮釋孔門心法的《大學》、《中庸》？這些問題都是探討民間教派之信仰核心時所應迫切解決的，在此前提之下，本文研究的動機與目的，則可具體地敘述如下：

一、民國以來民間教派與理學思想互動之觀察

儒家是否具有宗教性？這是一個爭議已久的問題。杜維明先生曾說，在世界文化的大流中，受到曲解最多、誤會最深的，也許要推中國的儒家了。因為儒學本身即存在許多混淆的名詞與概念性的問題，是以解讀亦見仁見智。因此儒家是否是哲學？是否可稱為宗教？這些命題對於儒家而言，皆具有很大的問題。〔註8〕

《論語》中孔子所謂「不語怪、力、亂、神」與「未能事人，焉能事鬼」、「未知生，焉知死」等語，孔子似乎不談論宗教中的超自然界的主題，因此

〔註6〕 本文原題為〈當代儒學的宗教對談〉，發表於1992年「當代新儒家國際研討會」，往後作更深入的探究，以成本文，發表於《臺灣民間的宗教現象》（臺北：大道文化，1996年），頁346～376。

〔註7〕 宋光宇〈書房、書院與鸞堂——試探清末和日據時代臺灣的宗教演變〉（《國家科學委員會研究彙刊：人文及社會科學》八卷三期）；李世偉〈日治時期臺灣的儒教運動〉（上、下）（《臺北文獻》直字120、121期）、〈日據時期鸞堂的儒家教化〉（《臺北文獻》直字124期）以及《日據時代臺灣儒教結社與活動》。

〔註8〕 杜維明先生認為，儒學本身確實存在不少混淆的名詞與概念，因此容易受到曲解，如孔子所說的「克己復禮為仁」的「克」究竟作何解釋？孟子所言「知言養氣」的「氣」又當作何了解？種種問題都說明了若欲將儒學歸類於某一學門，其解讀結果，都會受到曲解。見〈有關"儒學研究"的幾重障礙〉載於《儒家傳統的現代轉化》（北京：中國廣播電視出版社，1993年1月），頁13。

梁啓超認為，孔子專從當下現實面著想，和宗教原質全不相容，〔註9〕他認為儒家根本不具宗教性。胡適認為，儒家的理性主義支配著中國社會與政府秩序，其中即使有宗教成分存在，也只是佔個不重要的地位。〔註10〕錢賓四先生以為，世界上一切宗教都把奉事鬼神高舉在奉事人之上，孔子則認為須先懂得奉事人纔能談到奉事鬼，這一態度使孔子不能成為宗教主，因此，如果欲稱儒家為宗教，也只能稱為「人文教」；〔註11〕余英時先生認為，中國人將所建立起來的精神世界或理想世界統稱為「道」，即是人人都走的大路，但中國人的道並不寄身於宗教，儒家亦然。〔註12〕秦家懿雖在其論著的章節中以強烈的標題「儒學：是『宗教』還是道德哲學？」想要說明儒學的宗教性，但是其從祭祀的傳統解釋，只能將儒學稱為「禮教」。〔註13〕

　　當代新儒家學者曾經強調中國文化與儒家思想具有「宗教性」，唐君毅先生即明白的指出，人類在求真意識與求美意識之外，另有一更高的意識——就是宗教意識，〔註14〕但並未深入所謂「儒家宗教性」這個問題；〔註15〕牟宗三先生雖從「日常生活軌道的意義」與「精神生活之途徑」將儒家視為宗教，並且強調儒教的立教重心是落在「如何體現天道上」，〔註16〕這樣的說明仍然是哲理式的詮釋，無法釐清儒家的「宗教性」所指為何？雖有學者從思想根源討論古代宗教與儒家思想之間的關係，〔註17〕但只是從祭祀的禮

〔註9〕梁啓超《飲冰室全集》第二十三集，頁138～141。

〔註10〕胡適〈說儒〉(《中央研究院集刊》第四卷第三期)。

〔註11〕錢穆《中國思想史》(臺北：臺灣學生書局，1988年10月)，頁4。

〔註12〕余英時〈中國知識分子的創世紀〉，收錄於《內在超越之路》(北京：中國廣播電視出版社，1993年1月)，頁231。

〔註13〕秦氏介紹中國宗教時，即將儒家列入其中，但除了祭祀層面之外，並看不出她對儒家是否是宗教作詳細的說明；她雖以歷史的觀念切入涉及儒學具有「市民信仰」(Civil Religion)的特性，但除「禮教」一詞，實無法了解儒學的宗教性何在？見秦家懿、孔漢思合撰《中國宗教與西方神學》(臺北：聯經出版事業，1997年9月)，頁61～91。

〔註14〕見唐君毅〈人類宗教意識之本性及其諸形態〉收入《文化意識宇宙的探索》(北京：中國廣播電視出版社，1992年5月)，頁176～177。

〔註15〕見牟宗三等〈中國文化與世界〉收入唐君毅《說中華民族之花果飄零》(臺北：三民書局，1989年)。

〔註16〕牟宗三〈作為宗教的儒教〉收入《中國哲學的特質》(臺北：臺灣學生書局，1994年8月)。

〔註17〕陳來《古代宗教與倫理——儒家思想的根源》(北京：三聯書店，1996年3月)；牟鍾鑒〈試論儒家的宗教觀〉收入《中國宗教與文化》(臺北：唐山出版社，1995年4月)；陳麟書主編《宗教觀的歷史、理論、現實》(成都：四

制談論，無法確切說明儒家思想的宗教意義；而在以祭祀禮制的研究主題中，黃進興先生則以「孔廟」祭拜爲主題，探討儒家的宗教情懷；〔註18〕西方學者韋伯（Max Weber）雖從政治、社會、經濟等制度面的角度談論中國的宗教，〔註19〕仍無法說明以「孔子」爲代表的儒家，所涵具的宗教精神是什麼？楊慶堃（C. K. Yang）在其研究中雖承認儒家思想中仍具有某些宗教成分，〔註20〕然而這些宗教理念如何落實在民間，則無詳細的說明。黃俊傑先生則認爲儒學是一種不屬於西方宗教經驗定義下的宗教，但卻是具有強烈的「宗教性」與「宗教感」，這種宗教性存在於個人的體驗工夫與境界之中，而且這種宗教性與禮教性溶滲而爲一體。〔註21〕我們綜觀學者對於儒家是否具有「宗教性」的研究，仍然停留於學界的觀察，而較忽略了落實於民間生活中的「儒教」，而本文正是從民間教派的著作，探討儒家被宗教化的過程。

其實，要了解儒家思想是否具宗教性，以溯源的方式可能無法解決其中所隱含的問題，但是可以從發生的事實與現象來探討這個問題，〔註22〕也就

川大學出版社，1996 年 7 月）；（日）道端良秀《佛教與儒教》（臺北：大展出版社，1998 年 4 月）以及保羅·田立克（Paul Tillich）之《信仰的動力》（Dynamics of Faith）（臺北：桂冠圖書，1994 年）等，皆從祭祀的角度談論，以此說明儒家的宗教性。

〔註18〕黃進興《優入聖域：權力、信仰與正當性》（臺北：允晨文化出版公司，1994 年）。

〔註19〕韋伯主要說明，中國宗教不像西方基督教促成資本主義的產生。而此一說法余英時先生曾提出批判。見韋伯著、簡惠美譯《中國的宗教：儒教與道教》（臺北：遠流出版事業，1991 年 11 月）；余英時《中國近世宗教倫理與商人精神》（臺北：聯經出版事業，1987 年）。

〔註20〕見楊慶堃著、段昌國譯〈儒家思想與中國宗教之間的功能關係〉收於段昌國等譯《中國思想與制度論集》（臺北：聯經出版事業，1985 年）。

〔註21〕黃俊傑〈試論儒學的宗教性內涵〉刊載於《臺大歷史學報》第二十三期。

〔註22〕此一方法論在西方神學稱爲溯源法與發生法。溯源法與發生法是西方實證神學的兩個程序。溯源法是指過去一世紀在字典及教理手冊中所採用的，它以今日教會的教義爲出發點，而追溯至這個教義的起源。這種實證神學，以教會更顯明也更有系統的今日信仰爲根據，它可能藉著溯源法，發現一種含義，而此一意義，恐怕不是語言學或歷史學可以單獨發現的；發生法則以啟示本身爲出發點，它利用文學批判與歷史批判的資料及技巧，以斷定原文在早已成爲過去的社會、文化及宗教背景中的原始意義，它要按照啟示在過去各階段的發展情況，正確地研討啟示歷史。見王秀谷等譯《神學——得救的學問》（臺北：光啟出版社，1992 年），頁 76～81。據此，運用在研究儒家宗教化的過程，溯源法乃在追溯儒家思想根源是否具有宗教意義；而發生法則是藉由民間教派所流傳的書籍探討儒家思想被宗教化的過程。

是從民間教派所遺留的著作、書籍，探討其中所闡釋的教義，有關「儒家思想」的那一部分被宗教化、神學化了，如此，才能更具體的解決儒家宗教化的命題。

從民間教派的著作中，發現其中的教義與理學思想息息相關，理學家所採用的名詞、思想在此被吸收轉化了。拙撰碩士論文曾探討清末「末後一著教」教主王覺一的著作，發現他對該教教義的闡述，深受理學思想的影響。〔註23〕再多方的閱讀民間教派的著作後，更確定理學思想深入民間信仰的宗教層面，而且在其宗教義的闡釋中，對於知識分子所熟悉的理學思想多有轉化與發明。因此，從民間教派的書籍與理學思想著手，相信更能釐清儒家被宗教化的這個問題。

理學從宋至清影響中國社會近千年之久，明、清至今，許多新興教派將儒家宗教化了，這是不爭的事實，甚至有知名的學者將理學所提倡的理念宗教化，〔註24〕只是這樣的現象極少人深入探討；中國大陸學者任繼愈則表明立場，認為理學就是一種宗教，〔註25〕但這樣的說法被馮友蘭先生所否定。〔註26〕因此研究者對理學思想的探討，應跳脫只關注學界的思維，轉而深思理學思想在民間的影響力。通常我們討論理學思想時，耳熟能詳的都是一些在學界知名的大儒。然而，在科舉考試制度中，落榜者乃占多數，而這些讀書人在廣大人群中的影響力實不可忽視。

根據梁其姿先生的研究，明末清中後期（1600～1850），許多慈善機構反

〔註23〕鍾雲鶯《王覺一生平及其《理數合解》理天之研究》（臺北：國立政治大學中國文學研究所碩士論文，1995年5月）。

〔註24〕三一教主林兆恩即是一個顯著的例子。近來學術界亦已注意此一問題，中研院史語所王汎森先生在其著作〈道咸年間民間性儒家學派——太谷學派研究的回顧〉（《新史學》第五卷第四期）、〈明末清初儒學的宗教化——以許三禮的告天之學為例〉（《新史學》第九卷第二期）已注意了理學被宗教化的現象，不過王氏的研究仍停留在學界的思考範疇，並沒有觀閱民間教派的著作，故其討論較無法深入宗教化的理學所呈現的民間思想。雖說如此，然王氏的研究應證了理學被宗教化的事實與現象，頗值吾人思考。

〔註25〕任先生認為，宋明理學體系的建立，也就是中國的儒教的完成，它中間經過了漫長的過程。宗教的教主是孔子，其教義和崇奉的對象為天地君親師，其經典為儒家六經，教派及傳法世系即儒家的道統論，有所謂十六字真傳，其宗教組織即中央的國學及地方的州學、府學、縣學，即儒教的專職神職人員。見《中國哲學》第三輯之〈儒家與儒教〉（上海三聯書店），頁9～10。

〔註26〕二者的論辯可詳參張立文《宋明理學邏輯結構的演化》之〈關於宋明理學的幾個問題〉（臺北：萬卷樓圖書，1993年）。

應出「儒生化」的現象，其所蘊涵的意識形態發展，不單包容了一些正統儒家思想，而且滲入了不少一般百姓所接受的通俗信仰，尤其乾隆以降，儒家的價值觀念更是被明顯的呈現出來，這些中下層的儒生，處於士紳與百姓之間，其影響實不容小覷。〔註27〕李孝悌先生的研究更是指出，十八世紀因人口數量的遽增，經濟的發展與受教育的機會增加，使得考試的競爭更激烈，不第或不得任官的現實，加深了被排除在官僚體系之外的挫折感，這種強烈的挫折感，致使士人從宗教的力量中找尋慰藉，〔註28〕而這些落榜的讀書人因與庶民社會最有直接的接觸，故受到民間宗教信仰的影響要大於中舉的士人。明代三一教主林兆恩便是典型的例子。〔註29〕這些讀儒家經典的讀書人，當他們將儒家經典以宗教形式呈現時，信徒們所接獲的已非傳統的思想，而是將之神聖化的宗教教義，此一宗教化的儒教，對於庶民社會的影響更甚於學術界的儒家。〔註30〕

清末民初，西學東進，傳統思想在此時被強烈的質疑，尤其是儒家思想所受的衝擊最大。許多知識分子鄙棄傳統的教育，追求西方所引進的新式教育，漸漸的中國傳統思想以及聖人的理想在知識分子的心中淡薄了。影響中國傳統社會甚遠的理學思想，在今日的社會中，已早被淡忘了，非文、史、哲學科的知識分子，甚至不知「理學」所謂何物？尤其在追求實證與功利的潮流中，儒家思想往往被斥為無用，傳統思想與文化淪落至此，不可謂之不悲！回首觀察民間社會，在民眾的信仰中，傳統的道德觀念與聖人理念，老百姓們正以其生命實踐於日常生活之中，問其所以然，他們可能答不上來，可謂「百姓日用而不知」，他們可能有的答案，將是因信仰的力量而落實於生活之中。因此理學思想雖在今日的知識分子之理念中消失，然卻存在於民間的信仰中，這樣的現象，不由得我們會心一笑，傳統的思想理念與文化傳承，

〔註27〕梁其姿《施善與教化：明清的慈善組織》（臺北：聯經出版事業，1998 年 3 月），頁 4。梁氏的研究雖以慈善機構為主，但也說明了當時老百姓的價值觀念實取自於這群地位不高的「儒生」，可知這些落榜的「儒生」對庶民社會產生莫大的影響。

〔註28〕李孝悌〈從中國傳統士庶文化的關係看二十世紀的新動向〉（《中研院近代史研究集刊》第十九期，1990 年 6 月），頁 307。

〔註29〕見林國平《林兆恩與三一教》（福州：福建人民出版社，1992 年），頁 5。

〔註30〕以三一教而言，明末清初已分裂為兩派，繼承林兆恩學術思想的一派在民間影響不大，清初即湮沒無聞，另一派則繼承林氏的宗教遺產，其影響遠超過林兆恩在世之時。見同上註，頁 134。

竟以宗教的修行觀而保存。

　　理學思想在民間的信仰中落實其理想，在現有的觀察面中，必須有一疑問：他們如何詮釋聖人之言？如何在原有的注疏傳統中對儒家經典進行再詮釋？他們又如何將儒家經典宗教化？這些都是將要解決的問題。而本文即是藉由民國以來民間教派對《大學》、《中庸》之宗教詮釋，藉此探討理學思想對民間信仰之教義的影響，以及民間宗教家對學界理學思想的轉化、批評與發明。

二、民國以來民間教派解讀儒家經籍之著作經典地位確立

　　當今研究民間教派、信仰者，面對民間教派所出版的書籍，通常以「善書」〔註31〕一詞指稱，然而這樣的稱謂，實應須再商榷。雖然張之傑將善書的來源

〔註31〕　臺灣對於善書的研究乃受到日本學者酒井忠夫《中國善書の研究》的啟發（東京：國書刊學會，1960年，影印本）。臺灣學術界最早注意此書者乃蔡懋堂教授，其曾翻譯該書之第一章至第三章以及第七章，發表於《國立編譯館管刊》第一卷第二期），並開始蒐集流通於民間的善書，陸續發表〈臺灣現行的善書〉、〈臺灣現行的善書（續）〉（《臺灣風物》第二十四卷第四期、第二十六卷第四期），爾後開啟了臺灣學者研究善書的風潮。近年來臺灣學者對於善書的研究也日有所成，善書的研究領域亦蔚為大觀。我們觀察當代學者們對善書的研究，或從其社會意識型態改變的功能面考量，如包雅筠〈明末清初的善書與社會意識型態變遭的關係〉（《近代中國史研究通訊》第十六期）即說明善書是支持領導階級維持其領導權的一種方法，善書的作者多半反應當代的社會經濟的改變，而有意地利用因果報應的信仰來保護社會秩序；或者可以說他們試著把社會階層的關係回歸到一個理想化的過去色彩，每一個階層都應該安份的扮演好社會領導者所給予他們的角色。當然，在這種情形之下，因為鄉紳與士人握有最大的權力，善書的思想就有鞏固他們的領導地位的效果。或從西方心理學上的「慈善」（charity）與「利他行為」（altruistic behavior）的觀念來研究善書，如朱瑞玲〈中國人的慈善觀念〉（《中央研究院民族所研究集刊》）及〈臺灣民間善書的心理意涵：從傳統到現代的轉折〉（《本土歷史心理學研究》，臺北：中央研究院民族所，1992年。）朱氏認為，中國人慈善的價值觀是受儒家經典的教化，但是只有透過民俗宗教的神秘權威性，才有具體的行善動機。或從善書的傳播管道考察，如陳兆南《宣講及其唱本研究》（臺北：中國文化大學中國文學研究所博士論文，1992年）及〈臺灣的善書宣講初探〉（《本土歷史心理學研究》，臺北：中央研究院民族所，1992年。）陳氏指出，明清時期，宣講活動曾普遍的被地方政府用來傳播政令，宗教團體用來傳播教義。對近代中國社會而言，宣講對庶民道德觀念的確立，不可忽略。因為傳統中國的社會底層，多數民眾的教育水準低落，如無傳播性活動轉述，明清間龐大的善書將不具任何社會意義，勸善的功能更無從發揮。或從歷史的發展檢視宗教類善書，進而對臺灣的鸞堂與善書間的關係作一探究，如宋光宇〈清末和日據初期臺灣的鸞堂與善書〉（《臺灣文獻》四十九卷

分為五類，〔註32〕即佛教經典、道教經典、儒家經典、民間宗教文獻（其中又分神仙頌授、扶鸞著造、先賢著作）、其他，然而這樣的講法依然有問題，一則張氏亦將所有民間教派、信仰所出版印製的書籍統稱善書，再者其中民間宗教文獻一類，可概括所有的類別。因此，面對民間教派詮釋儒家經典之作，應從信仰者以何種眼光看待這些作品著手，而非從研究者的角度定義。

　　西方學者史密斯（Wilfred C Smith）在其論述中一再強調，宗教經典的確立乃在於「人」，亦即信徒們，而不在於經典本身，離開了人，經典的意義也不存在了。〔註33〕蔡彥仁先生更是指出，「人」主觀的賦予經典各類意義，進而崇拜、學習與實踐；另一方面，經典型塑信仰者的生活，並且引導、激勵、慰藉信仰者。從這個角度來看，每一經典都會衍生其註解傳統，此一註解傳統有其師承、流派、詮釋方法與假設。因此宗教經典並非如同一般俗世典籍，常人可一讀即悟，必須經過宗教專門人才的講解與詮釋，其義理或寓意方能豁然清楚。〔註34〕就此而論，每一教派皆有其經典的神聖性，而且信徒們奉為圭臬。民間教派在傳統的影響中，對於儒家典籍有其敬畏感，在以修道為主的理念中，對於儒學經書進行再詮釋，若將此一宗教思想類的詮解之書亦編列為「善書」，並不妥當。因為忽略了宗教之主體——「人」的作用，也漠視了宗教經典的神聖性。

　　在民間教派中，對於儒家經典的再詮釋屢見不鮮，尤其是對《四書》的重新解讀。對於《四書》的熟悉度，主要受傳統社會的影響，當《四書》列入科考的範疇中，百姓們以所能接觸的教育資源作為他們所理解的儒家，因

第一期）、〈書房、書院與鸞堂——試探清末和日據時代臺灣的宗教演變〉（《國家科學委員會研究彙刊：人文及社會科學》八卷三期）；王見川《臺灣的齋教與鸞堂》（臺北：南天書局，1996 年 6 月）、〈光復前（1945）臺灣鸞堂著作善書名錄〉（《民間宗教》第一輯）。或從善書的蒐羅，對某一宗派從事較深入的研究，如林萬傳《先天道研究》（臺南：靝巨書局，1986 年訂正二版）、王志宇《儒宗神教之研究》（臺北：中國文化大學史學研究所博士論文，1996 年 12 月）。這些對善書的研究，對於我們理解善書何以在民間流傳、通行，及對信仰的理念與教義的傳達有相當大的助益。

〔註32〕張之傑〈民間的善書〉（《宗教世界》三十三期），頁 56。

〔註33〕史密斯（Wifred Cantwell Smith）對於聖典研究的看法，參蔡彥仁先生〈What Is Scripture?A Comparative Approach（何謂聖典？一個比較觀點）〉刊載於《新史學》八卷二期。

〔註34〕蔡彥仁〈比較宗教經典與儒學研究〉（《漢學研究》第十五卷第二期），頁 244～245。

此，儒生對於整體儒家思想的傳達，有著重要的地位。

　　然而，當儒家逐漸宗教化之後，信仰者對儒家經典的觀察角度已與學界的解讀有所不同，當儒家經典已被神學化時，面對這些材料，研究者的詮釋態度是否也應有所轉移，以宗教的角度觀察儒家經典。所以面對這些民間宗教家的詮釋之作，必需從一個信仰者的立場來感知他們的信仰世界，甚至要將他們的觀察與體驗置於更廣泛、更普遍的闡釋系統之中。〔註35〕因為宗教的本質是內在的生命，惟有藉著內心的探討，才能把握宗教的真義，是以唯有在意識中具有宗教體驗的人，對於宗教問題才能較深刻的了解。所以解讀民間教派的作品時，需以宗教信仰的角度觀察，如此才不會與作者原意相違。因此，藉由民間教派所流傳的書籍探討儒教的宗教化，以及正視民間教派對儒家經典再詮釋的命題，也就值得我們關注。

　　面對儒家經典被宗教詮釋的事實時，應當了解，每一宗教社群皆有屬於他們的宗教經典。而在中國社會裏，儒家經典本來就一再地被詮釋。而民間教派的傳道者在此一詮釋傳統中，找出他們「安身立命」〔註36〕的出路，以宗教的方式傳播儒家思想，並且將儒家的理想落實於現實生活中，這樣的影響力，其實是大於學界所作的知識性與學術性的傳達。〔註37〕因此閱讀這些材料時，必須以宗教經典的角度研讀之。因為宗教經典對於信仰者具有引導、激勵與慰藉的作用，是信仰者在修行之路的指導方針。蔡彥仁先生在視「經典」為一廣義的宗教現象的前提下，提供探討儒家經典的幾個方向：討論其「神聖性」問題、研究其詮釋與註解傳統、處理其「正典化」問題、討論其角色與功能、探討其「動態」層面，〔註38〕這樣的觀察角度，正可讓我們思考探討民間教派解讀儒經典時的詮釋系統，作一全面性的思考。

〔註35〕 參斯朗特（Frederick J. Streng）著、徐鈞堯等譯《宗教生活論》（Understanding Religious Life）（北京：今日中國出版社，1992年2月），頁7。

〔註36〕 黃進興先生認為，「終極關懷」倘若轉換成儒教語言，「安身立命」一詞便不作二選。因為可去除前者陳義過高的缺失，復能彰顯個體的生命抉擇。見〈作為宗教的儒教：一個比較宗教的初步探討〉（《亞洲研究》第二十三期），頁269。

〔註37〕 以林兆恩的三一教為例，明末清初的三一教分裂為兩派，一派繼承了林兆恩的學術思想，在民間的影響不大；另一派繼承和發展了林兆恩的宗教思想，最後完成了三一教向宗教演進的過程，使三一教成了嚴格意義的宗教。此一象徵說明了宗教比學術探討對一般民眾更具有號召力，更能動員下層廣大群眾。也就是說，宗教性的儒家較為民間所能接受。參林國平《林兆恩與三一教》（福州：福建人民出版社，1992年），頁134。

〔註38〕 同註34，頁247～252。

儒家經典在民間教派中至今仍一再的被詮釋，這是我們研究儒家思想時
不可忽略的資料，本文以民國以來民間教派對《大學》、《中庸》所作的註解
為範疇，希冀由其中觀察民間社會對儒家經典的注疏系統，更期盼將來能更
全面的觀察民間社會對儒家經典的詮釋體系，並且確立民間注疏之作的經典
地位。

三、民國以來《大學》、《中庸》被宗教詮釋的探究

自宋以來，《大學》、《中庸》一直是讀書人必讀的儒家經典，因而對於此二
書的註釋之作自宋以來絡繹不絕，然大部分的研究焦點泰半集中於學界知識分
子的著作，對於民間的詮釋注解則較少人問津，實為可惜。尤其明清至今，許
多民間教派以宗教修道的角度重新解讀《學》、《庸》，這些作品在歷史的洪流中
常因不受知識分子的青睞而失傳，導致研究者只能從部分流傳的書目中推測當
時的註解之作，或從當今存在的書籍引文推想該書所談論的內容，對於實際的
內容卻不可得知，這樣的現象，對於民間文化的理解而言，實教人引以為憾。

近人倫明所作的〈大學書目八十六種提要〉、〈中庸書目四十三種提要〉，
〔註39〕其中編錄的作品，許多即是以民間教派的宗教觀點解讀，只是作者並
沒有注意學者的論述與宗教家闡釋之間的差異，而將所有的書籍依年代而作
書目提要，並沒有另作分類，以說明其間的同異處，如此則容易使人誤解其
所編列的書籍盡是學界中人所作。倫明所編錄的作品雖沒有將之分類，但已
收編了一些民間的作品，更何況泰半的知識分子所關注的乃學界中人的著
作，罕見談及民間的著作。因此，對於這些屬於多數黎民百姓所信奉的理念
與民間文化所流傳的觀念，若將之忽略，對於研究儒家經典詮釋的作品而言，
亦是另一種遺憾。

為什麼《學》、《庸》會被以宗教觀點詮釋？其中除了涉及《學》、《庸》
本身的思想性格，〔註40〕文中談論的性與天道思想，讓人容易以形而上的超
越觀點及宗教的神秘性解讀。而這當中的變化，主要在於宋明以後，讀書人
以理學的觀念注釋《學》、《庸》。當《學》、《庸》漸漸被以形上的本體論解讀

〔註39〕見國立高雄師範學院國文系編輯委員會編《大學論文資料彙編》、《中庸論文
資料彙編》（高雄：復文圖書出版社）。

〔註40〕如李杜先生即以神性義的天道觀點解釋《大學》、《中庸》文中所提及「天」
的意義。參氏著《中國古代天道思想論》（臺北：藍燈文化事業，1992 年 9
月）。

後，民間教派則在此傳統中，發展屬於宗教性的《學》、《庸》註解，開創其宗教式的儒學注疏之學。以傳統教育對儒家經典的認識來看這些民間所註解的《學》、《庸》，許多的解釋讓人感覺扞格不入，因為我們對儒家經典的理解乃站在所熟悉思想家的詮釋角度，但是民間教派則是站在宗教的詮釋立場。因此，若以傳統對儒家經典的認識來看民間教派對《學》、《庸》的詮釋之作，恐怕無法進入他們的詮釋體系與理念。不僅是儒教，在宣揚三教融合的民間社會裡，許多對釋、道經典的再詮釋亦與原來的思想有極大的不同。因此必須分辨，宗教性的創作與思想性的論述並不相同。思想性的論述以哲理為主，配合思想家的邏輯理念，闡述其對真理的要求；宗教家雖也有屬於哲學家追求真理，實踐人生的一面，但就宗教家而言，追求與宇宙主宰同體同德的終極真實，尋回性命的真我、永恆不變的我，才是其根本的目標。因此，宗教家所追求的終極目標與思想家、哲學家大不相同，〔註41〕看待這些以宗教觀點詮釋《學》、《庸》的作品，必須抱持這樣的觀察角度。

　　本文所研究的範圍雖以民國以來的宗教著作為主，但已注意了思想家與宗教家對於《學》、《庸》不同的觀察角度。尤其八百多年來，《學》、《庸》被提升至「經」的地位，漸而被宗教家以聖典的態度詮釋之，這其中的變化，是一般研究者所忽略的。因此，藉由被宗教化的《學》、《庸》研究，可以彌補當今對《學》、《庸》的研究，較疏忽了民間的註解的遺漏，並在學術界原有對《學》、《庸》研究的基礎上，開展另一觀念面向。

　　觀察民國以來民間教派與理學思想的交流、互動，以及民間教派如何吸收、轉化理學思想，成為宗教修行觀，此乃研究民間《學》、《庸》註解之作所面臨的思想傳承問題，也是本文應處理的根本。在儒家經典的注疏傳統中，不應有學界與民間之分，因此確立民間教派著作的經典地位，則是本文努力

〔註41〕哲學家所重視的是屬於邏輯、哲理的追求與探討，而宗教家所思索的則是屬於神學。所謂的神學，依西方理論，廣義而言，就是天主（上帝）的知識。亦即以天主（上帝）為對象的知識，與天主（上帝）自己擁有且又藉著聖寵傳授給人的知識。就狹義而言，神學是研究天主（上帝）之所啟示及人之所信仰，亦即藉著信仰而接受啟示的學問，見同註22，頁19～23。以一種較符合民間宗教的說法，神學即是藉著宗教信仰的認知，表達信仰者對於修道終極意義的關懷。這是人類面臨生死時，最迫切的緊要問題。因此神學所要處理的，不是哲學的思考問題，也不是道德的修養問題，而是人由何處來，該歸往何處的生命終極認知，是回溯與宇宙同體同德的終極真實。而民間教派所提出修道的最終目的，正是對這種生命終極認知的追尋。

的方向。確定了前二者的研究目標，則從解讀民間註解《學》、《庸》作品著手，在實際的材料中釐清為什麼民間教派將《學》、《庸》宗教化，以及他們詮釋《學》、《庸》的基本觀念與關鍵所在，以了解民間教派所認識的《學》、《庸》，與學界所理解的《學》、《庸》其中之異同。以不同的研究材料與角度，相信可以為《學》、《庸》研究開啟另一思想方向。

第二節　資料的釐定及其來源

以宗教的角度詮釋儒家經典，在民間教派所流傳的書籍不在少數，但多屬綜合式的討論，〔註42〕若專論某一部經典，以專書的形式呈現者，則是少數。本文即以後者為主要的研究對象，乃就民國以來民間教派對《大學》、《中庸》二書的詮釋，從中探討儒學被詮釋而宗教化的過程，以及民間教派如何對這兩部經典進行再詮釋，並且從中思考其與學界之異、同，在原有學者的研究基礎，探討傳統學者與民間教派對儒家經典的不同解讀角度。

一、資料的訊息──末世思想的傳達

「末世思想」民間教派傳教時所宣揚的教義思想之一，更是民國以來民間教派詮釋《學》、《庸》的主要重點。「末世」的觀念承繼於道、釋二教的思想，配合民間傳教者的理念，加以發展，成為民間教派的末世論。

佛教的「末法」觀念，意謂去佛世長而教法轉微末之時期；或言釋迦牟尼佛去世後佛法之傳與演變，其間經歷正法五百年，像法一千年，末法一萬

〔註42〕如清宣統三年於觀禮堂扶鸞而著的《三教真傳》之〈孔教真理〉即以主題式的方式討論孔教內容，共計二十章：聖學心法、孔教真傳、養心寡欲、克己慎獨、洗心明性、毋意毋必、毋固毋我、防欺心、防欺人、質鬼神、質天地、敦倫常、篤忠信、處世故、博愛濟物、責己求仁、善養浩然、指後世迷教、學佛道培功、孔教全功（此書蕭天石列為道藏精華第十一集之一，筆者根據大陸版本比對，發現此書應為民間教派扶鸞所作，而不知為何，有關扶鸞的資料，在蕭氏的編輯中一一不錄，不知蕭氏所收的版本本就不全，或因蕭氏欲將此書列入道藏續編故隱藏此一訊息，不可得知）；清同治年間光月老人之《三教心法》之〈四書說約〉則以問答的方式談論儒門中的主題（臺北：文史哲出版社，1987年9月）；1921年出版的同善社楊毅庭之《毅一子》亦以性道、倫常、明辨篤行、格物、窮理、存心、養氣、盡性、至命等討論儒教（中國子學名著集成編印，影印本）；其他在民間所見的著作，以綜合式討論儒家之主題者不勝枚舉。

年，末法時期所傳之教，與釋佛所言漸行漸遠。「劫」的意義有二種，一名器世間，就世界成壞而立之數量而言，〔註 43〕一言歲數劫，算晝夜日月之數量而言，二者都是屬於時間的計量。在佛教的時間概念中，世界的消長必須經歷成、住、壞、空四劫，宇宙必在「劫」中毀滅，在不斷的成壞過程，無始無終。〔註 44〕

　　道教在六朝時期就已創發了其末世論，在魏末晉初的〈大道家令戒〉，即有「末嗣」與「末世」的說法。「末嗣」的意義是指朝廷嗣命的微末，傳統中國的社會觀念，朝代與帝王的嗣命是一體的，一個王朝的天命將終，將會讓百姓感到朝代末的「末世」感，而整個王朝的權威也將斷絕、轉替，這乃「末嗣」通之於「末世」的中國傳統政治。在宗教家對於時局的觀察，「末世」的觀念就由一個王朝的終結，而更深一層廣泛地涉及整個世界的終末，也就是從人倫、社會的失序，以至於宇宙的失序，讓修道者對於人性的罪惡表現充滿著危機感與焦慮感，因而痛感「天地崩壞」，而在末世來臨之時，基於使命感與悲憫心而興起拯救世人之心，故此時有關救劫與濟度的經文紛紛出現。〔註 45〕對於黑暗世間與人性的沉淪，道教思想家直指爲人性的反常，並且深刻省察人的罪及罪的後果。儒家所注重的恥感文化，偏重於人在道德上的自律，藉以形塑其內在的道德主體。而宗教人則加深了善惡二元化的思考，認爲人性在起心動念之際，從未犯之心念以至已犯之行動，都是犯了輕重不等的罪。爲了避免犯罪就要奉道。這種「道」的實踐可具體化爲條

〔註 43〕　參高觀盧主編《實用佛學辭典》（臺北縣板橋：正一善書出版社），頁 590、758。
〔註 44〕　關於四劫的基本定義如下：（一）成劫，是世界生成的時期，即第一期。其間分爲兩大階段，最初一小劫形成器世間，以後十九劫形成有情世間。在前一世界壞時的一些眾生，漸漸轉生爲天、人、阿修羅，再轉生爲畜生、餓鬼，再後轉生無間地獄，至此成劫已滿。（二）住劫，是世界安住的時期，即是第二期，其間也有二十增減劫，有了器世間，眾生得以安住，人壽經無量歲，後又漸減。在減劫末期，有飢饉、疾疫、刀兵三劫。（三）壞劫，世界毀壞的時期，是第三期。分成兩階段，初十九劫是壞有情世間，最後一劫壞器世間。有情世界的毀壞是從最底層地獄開始，最後上升至餓鬼、畜生、阿修羅依次毀滅。隨後是器世間一片空寂，最後一劫，大火四起，世界付之一炬。（四）空劫，世界空虛的時期，即第四期，世界已燃燒毀壞。在每一三千大世界都要經歷成、住、壞、空四劫，世界是不斷成壞的過程，壞滅又凝成，凝成又壞滅，無始無終。參方立天《佛教哲學》（臺北：洪葉文化，1994 年），頁 181～183。
〔註 45〕　參李豐楙〈傳承與對應：六朝道經中「末世」說的提出與衍變〉（《中國文哲研究集刊》第九期）。

律式的戒律，即是自我面對諸神的積功累德、修煉心性，如此「善人」與「惡人」的相對，就是區分「奉道者」與「不奉道者」的信教問題，並以此作為在末世苦難中是否得救的標準。〔註46〕

以上乃就釋、道的末世觀作一簡述。其實釋、道二教的末世論在六朝時即已被史家被混為一談，根據魏收編撰《魏書·釋老志》之〈道家部〉云：「又稱劫數，頗類佛經……及其劫終，稱天地俱壞。」又《隋書·經籍志》之〈道經〉項下亦言：「說天地淪壞，劫數終盡，略與佛經同。以為天尊之體，常存不滅。每至天地初開，或在玉京之上，或在窮桑之野，授以秘道，謂之開劫度人。」可知當時的史學家認為二者的末世論是相差無幾的，〔註47〕更遑論是庶民百姓。然類此釋、道末世論的混同之說，對於日後民間教派的末世論卻有極大的助益。

道教的末世觀是在與佛教的末法觀念結合後才於民間盛行。主要在於道經的傳授有其秘傳性與原則，不是人人可得，而百姓們對於道教的劫運觀念，主要來自於在教外廣為流傳的類書《雲笈七籤》。而佛教則以較通俗的「寶卷」傳教，傳播「救劫與度劫」的末劫思想。然當時代政局的轉變與百姓所面臨時代末所造成的苦難，末世與劫變的觀念開始於民間流傳，類此末劫、劫運、劫變的語彙幾乎是民眾與宗教家所熟悉的語詞，用以指陳嚴重的世厄危機。所以類此宗教語言成為慣用語之後，隱含著民眾群體心理深處一種較深沉的災劫將至與如何度過災劫的問題，〔註48〕而民間教派乃在此一宗教傳統中，開創「三期末劫」：青陽期、紅陽期、白陽期的末世論。

「三期末劫」明清至今的民間教派所宣揚的重要理念。末劫的觀念雖承傳道教「開劫度人」末劫思想與佛教末法的觀念，然在此傳承中，又新創「三期末劫」之說，並結合佛教過去世、現在世、未來世。三期之說其實應與河圖相配合而論，「青」在東屬春，代表一切剛開始；「紅」則為南屬夏，一切都在蓬勃發展的狀態；「白」在西屬秋，則是萬物凋零的肅殺時期。因此「三期末劫」說明了在肅殺降劫的時期，天地即將毀滅之，天不忍玉石俱焚，故

〔註46〕參李豐楙〈六朝道教的末世救劫觀〉，收於沈清松主編《末世與希望》（臺北：五南圖書，1999年10月），頁148。

〔註47〕其實佛、道二教的末世論有其差異性，李豐楙先生曾就其異同而提出辯證，同註45，頁93。

〔註48〕參李豐楙〈救劫與度劫：道教與明末民間宗教的末世性格〉，收於黎志添主編《道教與民間宗教論集》（香港：學峰文化，1999年）。

降道以救世人。此乃民間教派融合道、佛之說而開衍的末劫理念。

　　了解的民間教派的末世思想，即可進一步思考爲什麼大量的《學》、《庸》注疏之作於民國之後一一出現？

　　本文將研究範疇定於民國以來民間教派對《大學》、《中庸》的詮釋之作，一則清末民初中華民族所面臨的動盪不安，許多教派救劫的理念因此被廣爲傳遞，面對中國當時所處的局面，儒家的修齊治平思想在此時被考量，而儒家眾多經典中，可以適用於世局又可以符合修持需求者，以被視爲性命之書的《大學》、《中庸》最適合，故此時無論是扶鸞之作或宗教家再作詮釋的作品紛湧而出。再者，民國以來的民間教派一再強調，人類所居住的時空已進入白陽期，一場天崩地裂的浩劫將至，整個時空將面臨前所未有的集體毀滅，此時唯有修道之人能夠免於浩劫來臨時的苦難，而因《學》、《庸》的思想性格可以賦予宗教解說，故此時許多注疏之作一一出現，是以宣導末劫訊息可說是這個時期解讀《學》、《庸》的一大特色。

　　就所蒐集的資料歸納，民間教派對《大學》、《中庸》的詮解可分爲兩類，一爲仙佛扶鸞之作，一爲宗教家的詮釋著作。宗教家的詮釋之作乃因應傳教時所闡釋的教義，故較無可議，而較具特色者，乃藉先聖仙佛之名而降靈扶鸞的作品，在介紹研究資料之前，必須先對此一現象進行解說。

　　扶鸞又稱扶箕（乩）、飛鸞，是一種神人交通的方式。〔註49〕扶鸞的儀式

〔註49〕一般論及扶乩的由來，學者認爲是成於宋代（參許地山《扶乩迷信底研究》，臺北：臺灣商務印書館，1986年2月五版，頁32；David K. Jordan & L. Overmyer Flying Phoenix: Aspects of Chinese Sectarianism in Taiwan（Princetion: Princetion University Press，1986）p.36。他們認爲，早期以占卜爲主的扶乩，到了宋代漸流行於文人之間，作爲讀書人問功名或科舉試題之用。許地山即指出，明清科舉時代，幾乎每個縣府的城市皆有乩壇，並且有不信乩就不能考中的心理（頁32）。然而扶乩內容，除了問功名與猜測試題之外，道德性的訓誡也充斥其間。到了十七世紀，留傳下來的乩文，泰半數於道德性的訓示之文，這些乩文結集成冊之後，就有了寶卷的產生，明清時期這類以乩文所寫成的寶卷不在少數。根據David K. Jordan & L. Overmyer的研究，最早乩文寶卷是成書於明天啓二年（1622）的《玉律寶卷》，此書的內容主要在闡述道德性的戒律，謂之天戒律（p46～54），而往後的扶乩內容，主要也以道德性的勸戒爲主。我們由此可知，這種以仙佛神靈降臨於人身的創作方式，漸漸爲民間宗教家所使用，成爲傳道上的有力工具。上述對於扶鸞的由來與功能，乃就現存的文獻資料而論，但就從宗教救劫的角度而論，類似仙佛降靈著作的歷史，六朝道教已有之，而其主要的功能乃爲濟度眾生與救劫。參李豐楙〈六朝道教的末世救劫觀〉，收於沈清松主編《末世與希望》（臺北：五南圖書，1999

在由正鸞生經過請鸞的儀式後，仙佛神靈即降附於人身，推動筆或桃枝於沙盤中寫字，經由旁邊的唱鸞生逐字報出，再由錄鸞生寫下，成為一篇鸞文，如此累積至一定數量後便集結成書，這就是一般所見的鸞書。

為什麼以仙佛降靈的方式詮釋《學》、《庸》？這個疑問，須從上述所言傳統中國宗教所宣揚的「末劫」觀念解釋。

早在六朝的道經中，即已有以神靈身分從事創作的現象，這些經典的出現，最主要的目的乃為了拯救末世中的百姓群生。〔註50〕就此觀念則可知，許多宗教性的神靈之作，其主要目的乃為拯救百姓免於劫難之苦。「末劫」思想是明清至今，民間教派所宣揚的重要教義之一，藉以勸導世人同步修行之途，以躲劫避難

民國初年，中華民族正處於內憂外患之時，戰亂頻頻，民不聊生。就宗教的角度，實乃「末世」來臨，是以扶鸞作品的出現，乃象徵著民間教派實踐「末世救劫」的具體作法，藉著闡述聖人之言，以達其渡人濟世的本心。而因這些著作乃天上仙佛神靈之言，故具有宗教的神聖性，是故信仰者以恭敬不違之心看待，更突顯其宗教經典的神聖地位。

自民國後，《學》、《庸》二書一再地在民間教派中以宗教的角度詮釋，故藉民間教派對此二書的詮釋，可探討儒家思想如何被宗教化與宣揚三教融合的理念裡，《學》、《庸》如何扮演其傳道的角色，為什麼民間教派如此重視這二書的思想理念，而一再的詮釋解說？這是本文將要釐清的問題。

年10月），頁131～156。

〔註50〕李豐楙先生就六朝道經所載之末世救劫觀，依其思想特徵可按其行動者區分為四類：（1）道經的「出世」是天尊所說或仙真所誥，並非有可確定的作者，具有「天啟」或「神誥」的特質。因其為至高之神所說的經法，是以具有宗教的預言、啟示的性質，表現其神聖而不可致疑，因此具有絕對的權威性。（2）傳授濟世經法者，乃是作為神人之間的中介者、傳訊者，就是「天地神師」、一個溝通天地之間的神媒；或是先知先覺者，因末世而激發其慈悲與愛，對於現世產生高度的焦慮與微機感，鄭重稟告諸天尊，而經由神秘的降授方式得受經訣，以濟度種民。（3）救世主式的真君：傳布的救世主降臨的訊息，重新塑造為解救世難的真君，在開結度人的神秘年降世，接受神聖的任務，完成拯救世人的使命。（4）上選的種民，即為末世的苦難中能被拯救者，乃是人中之種子，相對於不信道者，因其遵行善道得為善種，終能度越世厄而在神秘年獲致解救，在新天地中新生，成為太平世來臨的「希望」所在。參同上註，頁135～136。以此觀念來看末世救劫而出現的扶鸞作品，則可知鸞書的神聖性與其拯救世人的用意。

為了便於對資料的理解，茲將所欲研究的資料區分為仙佛扶鸞之作與宗教家的詮釋著作二類，並且以出版年代之先後而排序說明解釋之。

二、民國以來以扶鸞方式創作的著作

就目前所蒐集有關《大學》、《中庸》的扶鸞書籍，共有四種，依出版年代介紹於下：

（一）《大學證釋》

本書乃救世新教〔註51〕於民國十五年（1926）扶鸞而出，目前所見此書之出版者有：臺灣紅卍字會臺灣分會、江海善書流通處、嘉義玉珍書局，這三處所出版者乃屬於同一版本影印出書，較接近原版；近有陳吉明將此書重新整理編輯，於民國八十二年交由臺北三德出版社出版，本論文所採用的是為嘉義玉珍書局所出版者。

根據救世新教「訓條」第十三條言：「凡《大學》、《中庸》所揭櫫之學說，須深究其要旨」，〔註52〕就此可見對《學》、《庸》之重視。此書乃以孔子臨壇校正《大學》版本及講明經義為主，在其書目中詳列臨壇的聖賢仙佛，計有：宗主（孚聖）呂嵒即呂純陽、宣聖孔子、復聖顏子、宗聖曾子、述聖子思、亞聖孟子、文中子王通等。

在本文之〈序列〉說明了本書著作的用意，其言：

> 夫子此次證釋《大學》，其誤處自當改正，然相沿已久，世人不明其故。夫子慮或有疑，命於正誤處詳加述明，並將原本對列互勘，使人易明。至其章節本末分，後人雖別為各章，於聖人原旨未合，但敘其次第，無庸分作幾章，使人知一貫之義。（復聖序列，頁1）

由其所言可知，他們重新詮釋《大學》的原因，在於原本的《大學》原典本來就有問題，再加上朱子將《大學》分段，破壞了《大學》的原意，因此他們的主要用意，乃在呈現原始《大學》的真貌與其經義精神。

〔註51〕救世新教是由悟善社發展、改組的，成立於 1924 年（1924），也就是甲子年正月。根據吉岡義豐的解釋，因為中國人自古就有陰陽五行和讖緯的思想，而甲子年是一個新紀元的開始，象徵萬物一新。因此救世新教選在甲子年設立，代表民眾把當時混亂社會變為正常的希望，寄託在這個具有歷史性意義的歲次。參《中國民間宗教概說》（臺北縣中和：華宇出版社，1985 年 6 月），頁 201。

〔註52〕引自上註，頁 209。

　　《大學證釋》的特殊處，在於對《大學》的分段處作了極大的改變，為了便於讀者分辨其不同，亦將朱子的分段印製於後，其言：

　　此次宣聖臨壇所應注意者，即宣聖及諸賢所示，與今本訓解不同，均須拈出，使人注意。蓋經文已傳讀數千年，註疏亦閱時已久，人人奉為定義，如不聲明，人將誤會。而宣聖之意，擬將此次訂正本，單獨編印。如各儒注疏，不悖經旨者，亦可附錄，但字體略小，使人易明。（宗主序列一，頁1）

由於多數人耳熟能詳者乃朱子之版本，將之印製於後，使人清楚了解其中的不同，亦便於其講解改動原文與文本放置處不同的原因。因此，從思想的角度而言，《大學證釋》亦循傳統對《大學》原文究竟是什麼的思考路線，加入宗教的理念，對《大學》進行改本的工作，只因為是民間教派所作，故被目前學術界研究《大學》改本者所忽略。〔註53〕再者，他們對朱子所作「格物致知」並不滿意，故以宗教形式對「格物致知」重新詮釋，由此可知，民間教派在某些地方與學界的思維是類似的。朱子的「格物致知」補傳在學界引起極大的討論與影響，這樣的現象也反應在民間教派中。

　　就全書段落大意而言，《大學證釋》分為：全書綱領、明明德、親親新民、止至善、總結綱領、格物致知、誠意、正心修身、修身齊家、齊家治國、治國平天下，在原文解說之末又附講述全書大旨，共計十二大段落。

　　原書雖然合為一本出版，但卻分為上、下冊，上冊乃由全書綱領以至修身齊家，下冊則由齊家治國以至講述全書大旨。其說明區分的原因云：

　　本經自此後皆言教化，故教化必自家始，由近及遠，由親及疏，教之道也。所謂令及喻，皆指教也。……聖人重在以身作則，推其教化，由家而國而天下，以成其明明德之功之旨。（上冊，頁58）

分冊的原因在於上冊所重強調自身的修持，而下冊則由己推及家國天下，是教化的使命與影響，故雖合為一冊出版，但須區分，是有原因的。

　　就體例而言，主要在於原文與宣聖孔子的講解。在這十二段原文中，經文之後是「宣聖講義」，由孔子親自講述該段原典經義。全書以經文的字體最大，其次是孔子的「講義」，於「宣聖講義」之後，有時會有其他聖賢仙佛作

────────────

〔註53〕關於學界對《大學》改本的研究，可參李紀祥《兩宋以來大學改本之研究》（臺北：臺灣學生書局，1988年），李氏對宋以來學界對《大學》改本的研究分析甚詳，但很可惜並沒有參考民間對《大學》改本的看法。

補充，但字體較小，補充部分有附注、講述、疏述等。

　　本書最末之跋有三部分，分別是朱熹臨壇而作，呂純陽及時人姚震。其中呂純陽乃救世新教之宗主，而姚震爲教徒，較無可議。頗值得玩味者乃在朱熹的臨壇之作，並自慚往昔曲解聖意：

> 熹不敏，隨宣聖之靈，與臨斯壇，時聞講述，頓開心識，誠人天未有之盛，今古獨見之事，聞聲者猶當仰慕，親炙者曷勝奮起。熹生前略習經書，參求師說，嘗於古訓有疑，不得其義，蚤夜紬繹，莫解聖人之旨。窮年累月，至於皓首，猶有所慊，不得於中。今際逢盛會，飫受陶鎔，乃知聖意自明，經義至當。……強爲詁解，遂失眞意。由今思昔，内疚良深。（下冊跋一，頁 1）

這段文字以朱熹自認以往對《大學》的曲解深感內疚。就對朱子治學態度的認識而言，其中所言，皆屬實情。然由不免產生疑問，何以於書末以朱子自愧其誤解《大學》聖意的認錯之言，作爲書跋的第一篇？這實是探討理學對民間教派教義影響時，所應思考之處。

（二）《中庸證釋》

　　本書乃於民國十八年由救世新教扶鸞而出，與《大學證釋》屬同一系列，此二書雖由同一教派出版，但目前坊間《中庸證釋》較早的版本已不多見，常見者乃署名慈慧將此書重新整理編輯，於民國八十二年付梓臺北圓晟出版社，本文所採用的版本即是慈慧重新編排的版本。

　　此書應是民國十五年《大學證釋》完成後接續扶鸞的書籍。《大學證釋》說：「《大學》、《中庸》，固一篇而次第之，以傳者非一人，故分爲二書，讀者不可不貫通之也。」（上冊，頁 41 左）可知就該教的認知而言，《大學》、《中庸》本應爲同時閱讀，不可分離；又於書末言：「至於論道之精義，成德之詳旨，須於講《中庸》時及之」（下冊，頁 77 左）可知二書須相輔相成，方可窺儒教之全。

　　本書在作法上與《大學證釋》類似，將《中庸》全文段落作極大的變動。雖說沒有更動原有的文字，但對於原本章節、段落的放置，做了很大的改動。以思想的角度觀其變動原本章節，雖合乎儒家的中庸之道，但與原本的中庸有很大的差別，既不是《禮記》中的段落，也不是朱子的分章方式。在其〈宣聖序例〉說明經文段落更動之因：

> 《中庸》一書，係門弟子所記，編入曲禮，與《大學》同。其初無章

節可言，不過記所聞之言，順其義而列之，有前後耳。迨秦亡，漢諸生出諸藏板，或遺失、或蝕毀，存者十六，率顛倒無序，經諸儒生手訂而意理之。文之斷者補之，篇之殘者截之又合以他書有同異者去取之，遂成今傳之本。雖不免乖昔人之真，究猶獲見遺經之蹟，亦不可湮沒其功而揚其過已。惟文以明道，書以述教，書中一言之微，一句之簡，皆含深義。殘缺不完，固不見其精；錯亂移補，亦不申其旨。是以教日以晦，道日以衰。脩學之士，未由揣摩，力行之儒，不知門逕，數千年來，感慨於此，《中庸》亦其一也。蓋《中庸》之為書，純為儒家傳授之義，作聖之功，成王之治皆備，必明治之，始可窺夫堯舜之道，文武之規，不獨余所授諸子者已也。（頁25）

據其所言，《中庸》全文早在秦漢之際就已非原始孔子弟子所記載的內容了，目前所見的文本，乃漢代諸子所補遺而成。職是之故，聖人的宗旨已遭泯滅，聖人傳道的本意亦遭扭曲，聖人之意不傳，則「教日以晦，道日以衰」正是孔子最深的感慨。《中庸》所傳聖人之道乃堯舜文武明王之道，儒家傳授之最精義者，故本應人人可學可習，惜乎本意已非原來孔子所傳，經義傳達亦有舛誤，是以為使人人可達聖人之道，故須將原始《中庸》之精義傳達於世人，而重新校訂《中庸》的意義亦在此。觀其所言，今本《中庸》無法使人體悟聖人之道才是最大的問題所在，是故回溯《中庸》本意，使人人皆可以達作聖之功，成為講述《中庸》精義的重點之一。

全書共計十大段落，前九章乃講述《中庸》之義理思想，最末與《大學證釋》相同，有一〈講述全書大旨〉將之前諸位聖賢所言再作提示，故就體例而言，與《大學證釋》相差無遠。

（三）《增註大學白話解說》

此書乃署名呂純陽於民國三十年（1941）在純陽壇降靈扶鸞所作，[註54]此書因早期在一貫道道場流傳，故易找尋。本文所用的版本乃由臺南法輪書局經銷，學人書局翻印。

此書扶鸞著作之因，據其「活佛師尊」（即南屏道濟）序言云：

昔《大學》一書，兼全內聖外王之道，而格物致知，因秦失火，其

〔註54〕本書之著作所署的年次為「辛巳年桂月」，然根據序言濟公活佛所寫的序文乃書寫為「活佛師尊序」，而稱濟佛為「師尊」是屬一貫道系列教派的稱謂，據此可知應為1941年所作。

二章則失之矣。今考古之《大學》，本末十章，乃曾參之註，格物致
知，失之以久，而今補之，以繼末世之法。依此修內者，則依其行；
兼外者則參其道。竊考諸三王不謬，建諸天地不悖，質鬼神且亦不
疑，故將《大學》始終補全，不負聖賢遺經，以垂憲萬世。（頁1）

觀此中所言，可知本書之作的主要目的在於為「格物致知」作補傳。就民間
教派對儒教修持的認識而言，《大學》所涵蘊的內聖心法極為重要，而心法之
樞紐在「格物致知」，然而「格物致知」毀於秦火，致使聖人之道不彰，造成
後人無法洞悉儒教真意。如何回歸「格物致知」的真意，使人人了解儒教修
行之路的方法，實為本書扶鸞著作的主要用意。

就體例上而言，本書對於《大學》的分章與朱子相同：經一章傳十章。
每一句經文之後有〈字解〉、〈節解〉、〈演說〉等，以詮釋該段經文之意。〈字
解〉乃解釋該段經文的字詞意義，〈節解〉則解釋整段經文之涵義，〈演說〉
乃就整段經文中加以闡釋，以宗教修持的觀念說明在經文中上天所涵攝的弦
外之音，故多引三教經驗證。每一章結束後都有〈總論〉，總結之前所言；而
在全書講解結束後並有〈大學全書總論〉，對《大學》再作提綱式的說明。

本書除了「格物致知」補傳與朱子不同之外，另在第十章經文結束，〈總
論〉之前有一「歌曰」，作為經文之結語，其言：「明德新，親新民，三綱振，
八目勤，天下人民共享太平春。」說明若人人能行大學之道，則所呈現的效
果將是「天下人民共享太平春」。

（四）《學庸淺言新註》

《學庸淺言新註》是當今一貫道道場用來詮釋《大學》、《中庸》的扶鸞
作品。此書乃為孚佑帝君（即純陽帝君呂洞賓）於民國三十六年春季在西京
乾元堂扶鸞所作，此書分為兩部分：〈大學淺言新註〉與〈中庸淺言新註〉，
合而曰《學庸淺言新註》，以宗教者的修道理念論述《學》、《庸》二文。《學
庸淺言新註》可能因一貫道道場經常使用，因此出版者頗多，筆者所見最早
的版本乃民國四十八年四月，由臺中乾記出版社所發行之版本；目前最常見
者，則是臺北縣板橋正一善書出版社所發行，本文使用之《學庸淺言新註》
即正一善書出版社所印製的版本。

此書扶鸞著書的原因，孚佑帝君於〈大學淺言新註〉之「自序（一）」言：

《大學》一書，儒教內聖外王之道也。體之分化，用之關合，無不皆
備矣。

又乾元堂之教徒王心齋與朱秀梧言：

> 蓋學庸一書，乃聖門心法之傳，內聖外王之道也。（序（二），頁2）

> 蓋學庸者孔氏之遺書，啓發天下後世覺性之初，盡性之徑也。（序（三），頁2）

由此可知，《學》、《庸》二書在宗教上的意義在於孔氏所傳之心法與內聖外王之書，此二書足以覺後世之人的本心原性，故乃爲性命之書，可惜後人未見聖人所傳心法之奧妙，徒於文字作文章，故須再詳細說明原旨，使世人了解其中眞義。本書之主要目的，孚祐帝君云：

> 降及末運，頻仍諸劫，濃雲毒靄，現出悽慘陰沉之幕。……究其劫始，乃係人人悉以儒教爲腐，學經廢弛之咎耳。余因有見於此，繼之以思，如欲挽此浩劫，扶此狂瀾，除勸善以正人心外，非續之以根本解決不可。何曰根本解決？格物、致知二章是也。……時值三期，道劫並降，道以覺迷，劫以警世。……余恭奉皇天明命，應運補述格致二章……咸令登人造域者，初步有所階梯耳，此謂根本解決。（頁1）

此書雖以宗教儀式對《大學》、《中庸》進行註解，但最重要的乃是爲「格物致知」作補傳，以解千年來大家對「格物致知」疑惑。再者，傳達末劫訊息是此書著作的主要目的。民國以來，許多知識分子對儒學的鄙視與誤解，以致儒教不彰，故在末劫時期，奉「天」之命扶鸞著書以救世人之原靈，期人人朝向修道之路。道、劫並降是民間教派時常宣揚的理念。在末劫時期，上天降劫懲罰世人，然上天不忍玉石俱滅，故降「道」拯救黎民蒼生，許多鸞文之著在此背景應運而作，故《學庸淺言新註》的產生及其對「格物致知」的補傳，主要目的在於傳達末劫訊息，形成「開劫度人」的宗教現象。〔註55〕

　　就體例上而言，《學庸淺言新註》分爲三部分：〈本文〉、〈字解〉、〈節解〉。每一段落都有〈字解〉與〈節解〉，〈字解〉即解釋《大學》原文中的文字意

〔註55〕「開劫度人」的觀念乃源自道教的度脫觀念。西漢末期道教即有末世的說法，當時的修道人已轉變只修煉自身的想法，形成所謂「開劫度人」的修持理念。亦即他們將修道的觀念，轉變成爲救度天下芸芸眾生，解救處於末世苦難的黎民百姓，類此末劫度人的解救觀念，雖與當時混亂的時代背景有關，然而卻可由此體現修道者救劫救人的悲憫胸懷，而在後代許多民間教派中，「開劫度人」的救劫理念亦成爲其教義思想的特色。關於道教的度脫觀，詳見李豐楙先生〈六朝道教度脫觀的綜合考察〉，「道家、道教、與中國文化國際學術研討會」論文（成都：四川《大學》，1994年）。

義，重在信仰上的解釋；〈節解〉則詮釋每一段落大意，在〈節解〉的詮釋中，可見此一教派的信仰核心與修道理念。

本文段落的分章方式與朱子相同，《大學》以經傳分別，由「大學之道……未之有也」的解釋，有一〈總論〉總結經文之旨，可知將此經一章視爲一大段落，一直到全篇經文結束之後才又出現〈總論〉，可知其分章方式深受朱子影響；《中庸》的分章亦復如是，共分三十三章，由「天命之謂性……萬物育焉」有一〈總論〉，直至全文結束後才又有〈總論〉說明其宗旨，可知其段落分章方式與朱子無異。

此書對往後一貫道道場闡釋「格物致知」影響甚大，大部分一貫道信徒對於《學》、《庸》的註解，幾乎都採用本書的說法，尤其是彙編當作教材之用者。

以上是目前所蒐集的扶鸞著作，以宗教的角色來看，這些民間著作皆屬於天啓式的扶鸞作品，而且是屬於積極型的啓示：即神祇的臨現，透過語言與人而顯露，〔註56〕這些書的呈現乃透過扶鸞的宗教儀式，表達神靈仙佛的旨意，藉以說明仙佛勸世與救劫的苦心。

三、民國以來宗教信徒的詮釋著作

民國以來，《大學》、《中庸》在民間教派中不斷地被詮釋，許多人以宗教體驗註解二書，尤其是一貫道道場對二書極爲重視，因此許多著作因應著信仰者的閱讀需求而出版，以下即民國以來以宗教詮釋《學》、《庸》的作品說明於後：

（一）王守庭（丹陽）《大中真解》

本書原名爲《大中祕竅》，民國四年出版，筆者所用的版本乃民國六十一年由臺北萬有善書經銷處翻印。

王守庭又號臥雲老人，祖籍雲南，後遷遼東，生於咸豐年間，根據其子

〔註56〕西方學者謝勒（Max Scheler）將啓式分爲自然啓式與積極啓式。自然啓式是指神祇藉以展現的事物與事件，屬於一個原則上人人可以掌握的秩序；積極啓示是指神祇的臨現，透過言語與人而顯露。超越的實在界若被理解爲一個位格，則它只能在積極啓示中顯露自己。此中的差別影響了啓示之物與啓示的樣式，因爲人與語言可以展現上帝的某些性質。自然啓式較局限於上帝的化工，積極啓式則可以推源於上帝的「自由決定」。詳參詳見 Louis Dupre 著，傅佩榮譯《人的宗教向度》（臺北：幼獅文化，1986 年 12 月），頁 269。

王德一（大成）在書末的序言所云，王氏出生有一段神奇之事發生：

> 吾祖母……咸豐六年十二月二十五日，日旁午假寐，矇矓間，聞有款
> 扉者，起而視之，見一道冠老人入中堂，手捧一物，形同日月，光華
> 奪目，投入懷中，膚熱如火，一驚而覺，而至亥分遂生吾父。（頁43）

根據王氏出生時的神奇感應之說，似乎爲往後走入宗教修持之路作一解說。
王德一又談及其父作此書之因緣：

> 吾父從幼時穎悟過人，性嗜讀，過目了了……尤好丹經，慕元始釋
> 迦之爲人。志學而後，於學庸周易等書，得閒，知儒教不異佛老，
> 惟不得端倪，於二時得閒則徧訪名家，卒無當。及邁海龍梅村，訪
> 鴻洲老人於銀州，受性命之學焉。……然悲三教離經，求眞傳不易。
> 思欲有以會合三教，統一心法。俾後人知三教體用一原，而易於追
> 隨也。此大中祕竅之所作也。……浩浩窮天大地，亙萬世，絕議卓
> 識，契然於學庸者，大中祕竅也。……夫學庸孔孟心法，古今賢聖
> 大儒，莫不留意於此。（頁43～44）

由此可知，王氏自幼便流露出追尋終極實體的宗教性格，稍長，徧訪明師，
以求性命根源。在宗教體驗中，體會三教聖人所談實一，只是後人不知「心
法」眞傳，聖人心法亦因此不彰。又其認爲孔孟心法在《學》、《庸》二書，
故著書以明心法眞意，便於後人入聖人之門。

本書原名《大中祕竅》，作者對此一名稱的定義言：

> 《大學》、《中庸》聖經一章，先聖未發之祕訣祕竅，今洩露之，因
> 名之曰：大中祕竅。（頁1）

其認爲《學》、《庸》精義盡藏於第一章，再觀其對書籍的命名，可知其乃由
宗教之神秘處入手，以宗教的體驗詮釋《學》、《庸》的聖人眞傳，藉以幫助
後人進入儒教之門。

本書共分爲三部分，除了《學》、《庸》首章，另附《論語》「學而章」的
註解。其對《大學》、《中庸》的解釋僅止於第一章，因爲王氏認爲，二書所
傳達的聖人眞意盡在第一章，餘者只是爲詮釋第一章之用，故欲解聖人心法
眞傳，必須透徹了解二書的第一章。

對《大學》的詮釋，王氏採取「逐句」與「逐字」的詮釋方式。例如「大
學之道」，他先講明「大學之道」的意義，再將「大」、「學」、「之」、「道」逐
一拆開解釋，並以造字的原理說明聖人所言字字有其根據，故聖人之言有其

不言之密，而講解此一聖人不傳之言，則是其著作之旨。王氏對《大學》經文逐字解釋乃由「大學之道」至「則近道矣。」而從「古之欲明明德於天下者」至「未之有也」則採逐句解釋，由此推測，王氏較重視個人的修持，故而對個人修持的方法論講解極爲清楚。由於個人體認聖人心法眞傳已屬不易，因此必須講述明白，以授後人，而由個人以至家國天下的講論，相較之下則顯得微薄。

　　《中庸》經文的講解則採以經文意義爲主的段落式解釋，將《中庸》分爲「天命之謂性」、「率性之謂道」、「修道之謂教」、「道也者，不可須臾離也，可離非道也」、「是故君子戒愼乎其所不睹……故君子必愼其獨也」、「喜怒哀樂之未發謂之中……和也者天下之達道也」、「致中和，天地位焉，萬物育焉」等段落詮釋之。

　　本書之出版於民國四年（1915），但觀書中姜耀章之〈中庸秘竅序〉乃寫於光緒三十二年（1906），作者所作之〈中庸秘竅原序〉則成於宣統三年（1911），可知此書之寫作乃歷經數年才完成，然因其於民國四年才出版，故亦列入本文之研究範疇。

（二）江希張《新註四書白話解說》（本文採用其《新註大學白話解說》《新註中庸白話解說》）

　　此書乃當時有神童之稱的江希張於民國九年（1920）著作出版，江氏進行註解四書時，時齡九歲。根據書中張安睿的〈四書白話解說始末記〉所言，江氏之父江壽峰終生爲復興儒教不遺餘力，眼見清末儒道衰微，痛心疾首，於是終日心香跪禱上帝，盼能聖教重光。光緒三十三年正月初二江氏出生前夕，其父夢至上界，見神人羅列往來，內有一行乞叟，突然化爲嬰兒，江父遽抱之，歸有一老母，切囑謂：「此子後日，於孔教關係至大至重。」（頁4），由江氏出生之傳說，即可知日後與孔教復興息息相關。江氏五歲時被稱爲神童，並被迎至太學講解《大學》，七歲時即被康南海所賞識，並參與籌設萬國道德會，因此就萬國道德會的成立，江氏亦屬重要之人。

　　江希張的著作，目前坊間流傳者有民國四～五年間所著的《息戰論》、《大千圖說》〔註57〕等。筆者所用的版本乃民國十五年所印製，民國五十四年六

〔註57〕江希張於1985年時仍健在。他在接受中國大陸學者訪問時表示，幼時所作的《四書白話解說》完成是他父親的意思，當時他才七、八歲，因此這部書一半是其父之弟子寫成，一半是他自己完成的。在被訪問的過程中，他強調《大

月由臺南法輪書局所翻印，今日常見者則由板橋正一善書出版社重新排版整理。

以宗教的力量改善當時戰爭頻繁、動盪的社會，挽救人心，此一宗旨乃江氏著書之目標，早期所作的《息戰論》之「自序」中即言：

> 今天下之戰，則非兵革之實力所能息，而必以宗教之遺言息也。……
> 惟以宗教之遺言息戰，則戰方能息也。宗教不講權利，專止爭殺，
> 一家興讓，一國興讓，天下興讓。是宜急急提倡，消爭弭殺，靜民
> 氣而攝人心。……天帝痛惡全球爭殺已極，而特假手於童子以過其
> 機也，是真有天意存乎其間，而非人力所能勉為也。（頁7～9）

提倡宗教，發揚宗教的平等、仁愛精神是江氏面對當時戰亂的時代背景，極力推行之事，以信仰的力量改變世人爭殺之心，停止戰爭對人類的傷害。因此，他認為他只是上天的代筆者，其中宣揚的理念實是上帝的用意，是故以宗教的精神著書乃江氏著作之一大特色。

江氏註解四書時，亦本著宗教的力量挽救當時鄙視儒學，道德淪喪的時代，其於〈新註四書白話解說條例凡十二〉之「註書依據」言：

> 以外國教授宗教之法行之，本書適用處，就在這上頭呢！（頁10）

又杜秉寅為此書作序言：

> 索觀全書，取海外傳授宗教法。（頁3）

可知江氏乃以傳教的方法註解四書，將儒學視為宗教，以期將四書傳達全世界。

江氏對《大學》經文的註解乃以古本（即禮記之經文）為主，就體例而言，分為〈字解〉、〈節解〉、〈演說〉。〈字解〉乃解釋字詞的意義，〈節解〉解釋整句經文的涵義，〈演說〉則就其心得大加發揮，在〈演說〉中常會加入佛、道二教的說法以作應證，最末則以〈全書演說〉作結束。

千圖說》一書與他完全無關，是別人藉著他的名義寫成的。見《歷城文史資料（第二輯）》（中國人民政治協商會議歷城縣委員會：文史資料研究委員會編，1986年12月），頁19～31（這分資料由東海大學歷史所夏明玉小姐提供，於此致謝）。江氏這段話，有關《大千圖說》他完全不知一事，筆者頗為懷疑，因為在《四書白話解說》自序中，時見其言及《大千圖說》與《息戰論》二書。筆者以為，因二書所談論皆宗教之事，江氏曾在文化大革命時遭批鬥，故懼而在心，因此在受訪的過程中一再強調他是無神論者，而《大千圖說》所言乃佛、道天界之事，故其一再說明此書與他無關。

（三）《學庸白話解》〔註58〕

　　本書無著作者姓名與出版年月，然由其中第五章〈釋致知〉經文係採用扶鸞所作《增註大學白話解說》之「格物致知」的原文，及其第十一章〈釋格物〉採《學庸淺言新註》扶鸞而出的「格物致知」據此推測，此書應晚於民國三十六年。此書分爲兩部分：〈大學白話解〉與〈中庸白話解〉。經文的分章段落方式與朱子相同，只是在《大學》的「格物致知」部分增添先前扶鸞資料。

　　本書作者在《大學》經文前先將漢、唐兩代經文排序之不同作一說明，並解釋今本《大學》乃定於朱子，但朱子對於「格物致知」的補傳並不令人滿意，故仙佛又重新補之（頁 2），並以仙佛所作爲定本，由此可見此書之作乃一本宗教之旨對《學》、《庸》進行註解。

　　以《大學》而論，亦以經、傳方式區分。對於傳文章節的標題則爲：釋明明德、釋新民、釋止於至善、釋格物、釋至知、釋誠意、釋正心、釋修身、釋齊家、釋治國平天下，最末又有釋格物，共有十二大段。《中庸》則以段落區分，但沒有明顯的分章說明。

　　本書的體例有〈解說〉與〈參考〉。〈解說〉乃說明全段經文意義，〈參考〉則附錄作者所見的資料再加以解釋，書中時見江神童及《大千圖說》之說法，或結合《道德經》、《金剛經》以詮釋《學》、《庸》，意欲結合三教之說，可以推測當時民間教派詮釋《學》、《庸》的角度。

（四）《文外求玄──學庸註解》

　　此書乃樵山老人於民國四十九年所作。民國八十六年由林立仁整編，付梓板橋正一善書出版社，本文係採用後者。

　　根據樵山老人的自序可知，著作此書之目的乃爲提供修行者洞徹三教眞理，使有心修道者能得正法而行，不致有望洋而嘆之悲，其云：

　　　　文外求玄一書，廣集三教之精粹，搜索文外之玄眞。可以說明者，
　　　　則詳細縷述，不便明洩者，則藏頭露尾。或稍露端倪，或引起神機，
　　　　或取他山之石以攻玉，或以測海之蠡以探珠，以備志修者之索引。
　　　　（頁 1）

廣蒐三教精華，貫徹三教意旨，求尋三教的文外之意乃其著作之目的。由此可知，每一教派皆有其神秘處，故許多修行方法皆須進入教門方可得知其眞

〔註58〕本書乃宋光宇教授所蒐藏，論文寫作期間，向宋老師借閱，於此致謝。

意，許多文字以外的意義，如非該教派信徒，實無法知其奧妙，故若於文字表義用功，窮盡終生之力亦不得其樞紐。他感慨地說：

> 三教性理真傳，心印大法，萬古隱秘，不得明洩。雖是經中，處處隱藏玄機，不許容易窺瞻。不但初入門者，茫無頭緒，雖佛門尊宿，亦難見其端倪！……經典、道書，種類孔多，實是汗牛充棟。經文釋義，玄機幽深；常見學子搔頭，不知從何入手？何處尋根？道為何物？理從何出？德為何事？德本何來？真理何處可尋？但是翻前亦不見其形，翻後亦不見其影；句句玩索，亦不解其義；字字咀嚼，亦難知其味。（頁 2）

因此，樵山老人欲藉由此書之作指導修行者，從何入門，從何了手。因為，若無明師指導，縱使參遍千經萬典，亦無法明白經典中的玄機。宗教中藏有神秘不言之處，而這些神秘處正是指引修持者追根溯源的根本之道，因此，若不明根本，則將從何而修？是以在此所提出的許多疑問，已指出修道與道德修為並非同屬一事，一般所說的「行善」乃屬道德修養，這是修道人必備的基本條件，故非終極目標。修道人所追求的，乃對宇宙與自我終極實體的追求，以達洞本溯源。是以此書之作乃為引導修行者邁入終極實體的根本追求，故其又言：

> 本書所集精粹，考諸大家之註釋。刪繁就簡，取長補短；深者淺之，杳者明之；藏者發之，隱者顯之；取譬者解之，言此意彼者導之；巧掩者露之，曲折者直之。以期簡而易知，明而易悟，便於參考，利於索引，俾讀書一見而了義，由義而悟。（頁 3）

宗教中雖存在許多密而不宣之事，然為使欲修持者易於了解修道的終極本旨，樵山老人將聖人所隱晦的語言以較便於了解的詮釋方式引導初學者。其以《學》、《庸》為對象，主要原因在於《大學》「乃述孔子所立言之『性理大道』，而述其所傳也，為初學入德之門。」（頁 5）；中庸則是「列聖相傳，心心相印，不外乎性理心法。」（頁 101）。

　　此書的體例可能受之前的書籍影響，故在詮釋上分〈字解〉與〈節解〉。其分章方式亦與朱子相同，所不同者，在於講述「格物致知」時，加入孚佑帝君於《學庸淺言新註》所扶鸞的經文。值得我們注意者，其於詮釋《大學》經文之前，談論「大學之道」時乃引用一貫道十五代祖師王覺一所著《理數合解》之〈大學解〉的說法，由此推測，樵山老人應屬一貫道系統之信徒。

（五）《中庸輯義》

本書之著作者與出版年月並無清楚，根據嘉義玉珍書局於民國五十一年（1962）所印製的《四書說約》後之出版書目猜測，此書應成書於民國五十一年之前。目前坊間所見者乃由板橋正一善書出版社於民國八十五年重新編排出版，筆者所用即是此一版本。

本書依朱子之分法，將《中庸》分爲三十三章，並且延續朱子將《中庸》三十三章分爲四大部分的作法，以「支」稱謂之。第一支乃由第一章「天命章」至十一章「素隱章」；第二支由第十二章「君子章」至第二十章「問政章」；第三支由第二十一章「自誠章」至三十二章「至誠章」；第四支則是第三十三章的「衣錦章」。

這樣的分法，根據作者所說，第一支「首章子思立言，下十章引夫子之言，以終此章之義。」（頁1）；第二支則是「第十二章子思立言，下八章引夫子之言以明之」；第三支爲「第二十一章，子思承上章夫子天道人道以立言，下十一章，子思反覆推明此章之意。」；第四支「第三十三章子思因前章極致之言，反求其本。德自下學立心之始，推言戒懼愼獨之事，以馴其極也。又贊其妙，至於無聲無臭而後已焉。」此一解說，基本上是朱子的說法再加以衍繹。

從其分「支」的作法，可知其乃一本子思得孔門心法的立場以立言。分爲四支，皆以子思立言而引孔子之語以深論之，以子思得心法的角度將《中庸》分成四大段落詮釋，可知此書的觀察角度乃重在心法之傳。

就體例而論，有〈註〉、〈講〉、〈補〉、〈章旨〉。〈註〉乃解釋各章的字詞，〈講〉則講述各段的段落大義，〈章旨〉則就各章之重點再作說明，偶爾會有〈補〉，將前人所說列於內，每一支的結束有〈附錄〉，藉以講解每一大部分其中連貫相續的原因，並再作簡短的說明。

此書後來被一貫道某些道場所使用，筆者所蒐集由浩然所編輯於民國六十年初版，六十九年再版的《中庸心德》（又名《中庸講義》）即是採取四支的分法，並採此書的說法，所不同者在於《中庸心德》加入朱子的《中庸章句》序，餘者大致相似，故而本論文乃以《中庸輯義》爲主要的研究範疇。

（六）《大學一理解剖》

此書乃於民國五十八年所作，作者與出版者不詳。根據書中所闡釋「理」、「氣」、「象」的意義與書中所言「三佛收圓，定活佛師尊，月慧菩薩，領命

三曹盡度，開設金船，渡一切苦海，登上彼岸。」（頁 16），推測應是一貫道信徒所作。

對於《大學》的詮釋只有「大學之道，在明明德，在親民，在止於至善。知止而后有定，定而后能靜，靜而后能安，安而后能慮，慮而后能得。物有本末，事有終始，知所先後，則近道矣。」等句。

既名之曰「解剖」，故其撰文方向以「逐字」的解析，作爲其詮釋方法，故其每一字皆以「＊字解剖」作爲標題。而所用的解釋方向則先以「拆字」的方式講解每一字的造字用意，表示聖人經典處處有玄機，如「大字解剖」言：

> 大，一人也。一人合成大字，論大，就是開天闢地，生人本性一人
> 也，就是無極聖中也。（頁 1）

類此解釋造字的意思之後再對其所要解剖的字體進行義理上的詮釋，這樣的註解方式是否受《大中眞解》所影響，無法得知，不過民間教派的書籍彼此流動閱讀是不爭的事實，其中極有可能交通相融之處。

此書的另一特色在於每一字解剖釋義完畢之後，以所闡釋之字爲起首作一四句詩，作爲對這一字解釋的總結，如「大」字之最末所寫「大者無二是維皇，開天闢地爲主宗；萬物生育由此化，一炁盤旋貫十方。」（頁 2）以此作爲對此字闡釋之結語。

（七）《學庸小註》

此書乃由夢湖所編述，分成〈大學小註〉與〈中庸小註〉兩部分，成書於民國六十八年，由嘉義玉珍書局所出版，夢湖乃一貫道的道親，故此書之著主要爲一貫道道親講述而用。其對《學》、《庸》經文的分章方式乃採朱子的分法，並且加入朱子〈大學章句〉、〈中庸章句〉引言，對於「格物致知」的詮解，則加入《學庸淺言新註》所扶鸞之「格物致知」，藉以詮釋「格物致知」之義理。

根據其自序之言，在作者的心中，《學》、《庸》二書是修道者的必讀之書，學道者必須參透其中的奧妙，方不負聖人立言之心：

> 《大學》以明德新民爲宗旨，《中庸》以成己成物爲依歸。明德者，
> 成己也。新民者，成物也。故《大學》與《中庸》互爲體用也。《大
> 學》注重誠意。求道後信心要堅定，有誠意，認眞去修才能成功。《中
> 庸》以鬼神之奧妙來代表道，叫人對神要尊敬。《大學》入手是格物
> 致知，要去行功，定要格除物慾，才能生出智慧。《中庸》叫人明白
> 至善寶地，才能明善復初。《大學》有絜矩之道，如果只有誠心修

道、辦道、但犯了很多罪、過、錯，經加、減、乘、除還有罪，也
不能成道。故要有絜矩之道，也就是要有《中庸》所說的忠恕之道。
《大學》以明明德於天下爲究竟，世人之明德皆能明，則進入大同
盛世，此乃最後之目的，也是最後之目標。《中庸》以贊天地之化育
爲目標，已達聖神大化之境，來去自如也。（頁3）

視《學》、《庸》爲修道之體用表裏是一貫道所強調的修行之方，夢湖在此提
出了二書的綱領、目標，指示研讀者須細心體悟聖人之言的重點，才能生眞
智慧，以達《學》、《庸》之最終目標。

就體例而言，有〈註〉與〈解〉以解釋經文意義。〈註〉重視字義，〈解〉
則重視經文義理。作者在文中時引釋、道二教經典以作註腳，可見作者欲融
通三教之心，與一貫道的教義相符。

（八）《大學性理闡義》（原名《大學研讀之參考》）

此書乃慧如閑人編撰，原成書時間已無法考察，然根據孟穎所著《四書
心德——大學中庸》書末所附的著作目錄可知，此書應成於民國七十五年以
前。筆者所用的版本乃由板橋正一出版社於民國八十五年所整編的的版本。

由書籍的原名可知，此書主要用意乃幫助信徒研讀《大學》，再參研其內
容，其中有許多是節錄前人對《大學》的詮釋，仔細觀察所引用的書籍，包
括：王覺一《理數合解》、江希張《新註大學白話解說》及扶鸞作品《大學證
釋》、《增註大學白話解說》、《學庸淺言新註》等，雖說如此，其中慧如閑人
所闡述的，才是本書內容最豐碩的結晶。

本書對《大學》經文的排序與朱子相同，但是並沒有經、傳之分，全書
的體例計有〈字句解〉用以解釋字詞意義，〈簡說〉說明每一句經文的內在涵
義，〈釋意摘要〉詳細說明每一句經文的多種解釋，但重在如何力行修道理念，
〈參研要旨〉則總結前面所說，並引前人之說以發明之；全書末另有〈總論〉，
不過這一部分作者沒有什麼發揮，僅錄前人之言。

（九）《大學中庸講義》

本書沒有詳細的著作者與出版年次。根據書中對理、氣、象的闡述，及
其中內容引用了王覺一對「大學之道」的說法應是早期一貫道道親所作。

對於《學》、《庸》的講述僅有第一章，並參引三教說法，以應證三教所
說本歸一源，內容可說名符其實——「講義」，屬於講述式的作品，筆者猜想

應是一貫道道親上課所用的課本。

（十）晚近一貫道信徒之著作〔註 59〕

孟穎《四書心德——大學中庸》、謝金柱《學庸簡解》、詹長順《中庸心法通論》、高斌凱《大學探源》。

早期一貫道的書籍泰半由萬有善書出版社所翻印，民國七十年代因學者的研究而漸揭其神秘面紗，而民國七十六年二月十一日合法立案後，許多書籍紛紛出籠，不勝枚舉。本文所謂「晚近」的意義在於一貫道漸被學者所探之後，亦即以民國七十年之後的出版作品。早期許多有關《大學》、《中庸》的宗教詮釋，一貫道信徒所作雖不在少數，但因社會背景的不同，一貫道所作的書籍都沒有表明自我宗教的立場，只能由其內容猜測是否一貫道的作品。然自從一貫道合法立案後，一貫道道親所作的書籍則明白表示其宗教立場，此一轉變，有別於早期之作，故本文的區別有這一層考量。

孟穎《四書心德——大學中庸》，民國七十五年青句書局出版。本書本為作者授課教學用的筆記，後編輯付梓成冊，目前在一貫道道場頗為流動。根據作者所言，此書的本意乃以「復自我靈明不昧之本性為依歸。」（前言，頁2）故本宗教講道精神以作，可由此得知。

本書對經文的排序與朱子相同，故分經一章傳十章，並加入朱子《大學章句》經文前的〈序言〉，作以說明《大學》乃孔門所傳授的性理心法，而《中庸》亦復如是。

此書在體例上有：〈彙音〉說明字音，〈註釋〉解釋字詞意義，〈意譯〉將經文以白話說明，〈心得要記〉則對每一段經文作詳細的說明，並廣納道、釋二教說法以補充，此一部分最可看出作者所要詮釋的宗教意旨。

謝金柱《學庸簡解》，民國八十七年正一善書出版社再版。本書的成書時間恐怕早於一貫道合法立案之前，因為第二部分的〈中庸簡解〉與筆者於一貫道道場所蒐集早期善書樣式的印刷《中庸講義集本》（沒有標明作者與出版時間）屬於同一本，據此猜測，此書應屬於早期一貫道作品，但因作者重新排版出書，故列入此一系列。

〔註 59〕筆者另蒐有陳樹旺《大學心得集錦》，1999 年由正一善書出版社出版。此書乃一貫道基礎組全真天如單位講員訓練班的學員心得集錦。本書亦本朱子之分經、傳方式詮釋，而其解釋「大學之道」時，乃取王覺一《理數合解》之〈大學解〉作輔助，因屬於心得式的作品，較無特色，故不列入本研究之內。

　　此書對《學》、《庸》的分章方式與朱子相同，其中有某些部分乃抄錄自《學庸淺言新註》，體例上只有〈註釋〉，多著重在宗教義理思想上的闡發。

　　詹長順主筆《中庸心法通論》民國八十七年，高雄合信印經承印。此書在民國八十一年開始進行著作，八十二年完成，但直至八十七年才出版。

　　根據作者說明此書著作之因緣，源於作者在一貫道道場一位高姓點傳師所說的一段話：「修道一定要有自己的教材、自己的內容、自己的思想。如此才能使一貫道的精神、修道的理念、辦道的方向，不會大而化之、大而敗之，路才能走的寬廣而深遠，地基才能穩固而不動。後學也才在基礎上，深入研究發展，一代接一代，一燈接一燈，由隱而顯，由爲而著。」（頁 1）在此原動力下，作者結合該道場講師群合作完成。

　　由此一成書源由可知，此書之作純爲一貫道教義思想所作，換言之，乃藉著對經典的詮釋傳授一貫道的核心理念，故由此書可看出典型一貫道對《中庸》的詮釋。

　　此書乃循著朱子對經文的分章方式，在體例上有：〈章旨〉說明每一章的大意，〈漢音讀法〉標示漢語讀音，〈字解〉解釋字詞意義，〈句解〉詳細詮釋每一句經文的宗教涵義。

　　高斌凱《大學探源》，民國八十八年新竹至中出版社出版。這是一貫道安東組前人所作，此書乃結集高老前人在該道場「第一屆一貫人才專修苑」講述《大學》的內容，經其後學整理完成出書。

　　高老前人在〈前言〉中即說明了一貫道對《學》、《庸》的極爲重視的原因，他說：

　　　　我們一貫弟子中，對《大學》、《中庸》非常重視。祖師云：『大學道，
　　　　千秋金鑑；中庸理，萬古丹根。』由這句話可見《大學》、《中庸》
　　　　在道場中倍受尊崇的地位。所謂『千秋金鑑』是指一切的是非對錯，
　　　　雖經千秋萬世都照的明明白白。《大學》正是映照萬象，洞燭萬有是
　　　　非的明鏡，雖千年不易。從這兩句話得知，我們的祖師、師尊、師
　　　　母之所以對《大學》、《中庸》如此重視，是因爲《大學》、《中庸》
　　　　是人類文化最根本的經典，弟子們應善自熟讀體驗之。今天我們求
　　　　道了，雖然不是儒家的學者，可是「明師指點」，給我們開啓了入
　　　　德之門，從這一小扇門開始，我們要呈現至善寶地的光明，使人人
　　　　參與這行列。這是非常重的，今天講《大學》和我們學道有密切不

可分的關係。（頁 10～11）

《學》、《庸》二書所闡發的義理，對一貫道信徒而言，正是信仰的核心，故可提供已求道者修性之用。而《大學》所說的三綱領，在一貫道中有其特殊的宗教修道涵義，不僅只是停留於道德修養的意義，因此，從其所謂的「明師指點」、「至善寶地」所說的皆為一貫道詮釋《大學》時所用的語言，從而可知一貫道對《學》、《庸》的解釋，有別於學界的說法。

此書對經文的處理與朱子相同，分經一章與傳十章。而在體例上則有〈語譯〉說明經文的白話意義，〈探義〉則詳述經文內容所包含的修道意義。本書的特色，在於對「格物致知」的解釋，完成遵照原典，並且是一貫道書籍中極為罕見沒有加入《學庸淺言新註》中孚佑帝君的扶鸞之作，而且也沒有朱子的補傳，這是此書與一貫道註解《學》、《庸》書籍最大的不同處。

以上乃對所要研究的原典資料作一說明。在民間教派中，不同教派的書籍有流通相融的現象，雖是不同教派，但是各教派皆以宗教修道角度詮釋《學》、《庸》，故彼此之間都會相融交通。

在眾多的作品中，無論是扶鸞之作或宗教信徒的註解，他們對《學》、《庸》的認識，與學界的注疏不同。在這裡，並不刻意區分扶鸞作品與宗教家作品之間的差異，〔註60〕因為本文的重點在於《學》、《庸》的宗教詮釋，藉著這些民間教派的創作，了解《學》、《庸》是如何被宗教詮釋，這才是本研究的核心所在。

在這些作品的注疏體例中，可以發現彼此之間是相互影響的，以較早出版江希張《四書白話解說》為例，當時印了上百萬部，〔註61〕可知此書在民間廣為流傳，故影響之及可以想像，故其書寫形式成為日後民間教派的注疏之作所仿效，往後許多作品如有〈字解〉與〈節解〉者，幾乎承襲於此書的著作體例。扶鸞之作則以《學庸淺言新註》的影響最大，尤其是文中「格物致知」補傳，幾乎成為民間教派談論「格物致知」的標準版。

本研究雖以民國以後的作品為主，但在行文之間，另會參引清末「末後一著教」教主王覺一的《理數合解》，根據清代檔案的記載，王覺一的作品在

〔註60〕扶鸞作品常會因被降靈之人的意識而呈現該人的思想特色，並且會因學識之不同而所用的語詞雅俗有異，但這須另闢一專題深入研究，本文的重點在於《大學》、《中庸》的宗教思想研究，故於此並不擬深入探討。

〔註61〕同註57，頁 26。

當時流通率極高，〔註 62〕因此上列許多著作有的會引用王氏的說法作為輔助，是以在行文中將會參考《理數合解》之說，以見宗教思想之傳承與影響；另再參考同治九年（1870）出版的《四書說約》，〔註 63〕因為此書目前仍廣為流傳，彼此參照，期能較全面地了解民間教派對《學》、《庸》的詮釋。

四、資料來源之說明

　　本文的研究資料來源，泰半來自一貫道道場的收藏。

　　一貫道的教義思想確立於十五代祖王覺一，然正式名為「一貫道」根據《一貫道疑問解答》解釋「一貫道何時發現」時云：

> 十五代祖王覺一歸空時，瑤池金母降壇批示『東震堂始改為一貫，
> 稱曰一貫道』。再傳至十六代劉祖，遂轉東魯，三教合一。十七代路
> 祖，應運普傳。現在弓長師，奉承道統，繼續辦理末後一著。（臺北
> 縣三重：大興圖書，頁 7）

而在一貫道道場流傳的《道統寶鑑》也說十六代祖師劉清虛在光緒十二年奉天承運接掌祖師，改稱「一貫道」。〔註 64〕

　　一貫道在民國二、三十年間，傳遍中國大陸的大江南北，主要關鍵在於第十八代祖師張天然的推展之下，使一貫道成為全國性的宗教。民國三十年後，許多一貫道道親奉命來臺開荒辦道，至今成果斐然，已成為臺灣的大宗教之一。清末民初，因時局混亂，許多新興教派在此時紛紛興起，然於現代社會中泰半已沒落，甚至名不見經傳。一貫道則在這數十年間，經過各種考驗後，將道務發展至國外，現在在海外華人地區，幾乎皆有一貫道道場。〔註 65〕

〔註 62〕清代月摺檔的資料可參同註 23 拙文第二章。另 1921 年出版的同善社楊毅庭
　　　　之《毅一子》（中國子學名著集成編印，影印本）曾有「一貫聖經曰：自天而
　　　　分謂之命，主持形體謂之性」（頁 21）之語，筆者對照原文，其所說的「一貫
　　　　聖經」的文句，乃引自王覺一《理數合解》中〈一貫探源〉頁 118 的內容，
　　　　由此可知，王氏的著作在當時極為流傳。

〔註 63〕筆者所用的版本乃上海知足堂存版，1962 年嘉義玉珍書局的翻印版。此書的
　　　　內容與《三教心法》之〈四書說約〉（臺北：文史哲出版社，1987 年 9 月）內
　　　　容是相同的，但民間教派只翻印儒教部分，可知他們對四書的重視。

〔註 64〕見《道統寶鑑》（臺北縣板橋：三揚印刷），頁 32，該書全名為《奉天承運普
　　　　渡收圓正宗道統寶鑑》，所載內容為民間教派所言「三期普渡」與「三期末劫」
　　　　及歷代祖師之由來。

〔註 65〕有關一貫道的研究，現在已有許多學位論文專論。而一貫道的歷史可參閱宋
　　　　光宇先生的《天道鉤沉》（臺北：元祐出版社）、《天道傳真── 一貫道與現

由於一貫道重視對「道」的體驗與實踐，早期一貫道較重視渡人辦道，比較不重視著書創作，因此為道親開釋道義時，往往直接採用三教經典的原文，〔註66〕或以仙佛扶鸞之言訓示，或採當時流傳在民間的善書。而其所採用的書籍中，許多是其他教派的書籍，但一貫道道親並不因此而排斥，他們認為只要有益於修道，任何書籍都是可參閱的。這樣的閱讀取向，乃以無形之「道」為中心，有形的語言文字只是幫助修道的工具，可說是「萬經皆我註腳」的讀經態度。他們雖不重視著書創作，但一貫道道親對書籍的珍視是令人感動的，他們重視每一本立德之言之書，也因此在今日一貫道道場中，幾乎可以找到當時民間教派所流傳的書籍，雖不盡是一貫道信徒所作，但一樣珍惜之，許多民間教派的書籍也因此而被保留下來。

今日筆者所蒐集的研究資料，泰半來自一貫道道場。雖然早期一貫道道親並不重視創作，然感於講解道義時教材的缺乏，許多信徒開始編製講義，因此可看到許多資料是講稿式的編排，或是講師們為授課上的方便所作講稿。

一貫道乃以儒家思想為主要修行理念的宗教團體，尤其重視《大學》、《中庸》二書，此一現象實值得研究者關注，故其對《學》、《庸》之解讀可做為研究者的活材料，因此本文將另立一章節討論一貫道對《學》、《庸》的詮釋關鍵。

第三節　研究方法與範疇

解讀民間教派對儒家經典的詮釋是本文的研究方向，藉由這些教派的著作，探討民間社會對於儒家思想的理解及其傳承之道，故而本文的研究目的，乃在原有的學術基礎中，探討民間社會對儒家思想的理解與轉換，並為當今專以知識分子為重的思想史研究，作另一角度的探究與補充。

面對民間教派對於《學》、《庸》的註解作品，首應理解，民間教派如何以宗教體驗解讀《學》、《庸》？亦即探討上述作品的「意蘊」（meaning）是本文所要闡述的重心。然而所謂「意蘊」的原本所指為何？在人文科學的研究

代社會》（臺北縣板橋：三揚印刷）、林榮澤（孚中）《一貫道發展史》（臺北：一貫義理編輯苑、三揚印刷總代理）。

〔註66〕一貫道在教義上雖言五教合一，然其中心思想以儒家為主。在三教經典的教授上，儒家以四書為主，尤重《大學》、《中庸》；道家則以道德經、清靜經、莊子為要；佛家則以心經、金剛經、六祖壇經為主。

中，無人可避開這樣的問題：著手理解、解釋典籍之前，是認定典籍中已包含有可獨立於理解之外的意旨或意蘊（meaning），還是假定典籍中的意蘊仍處於未定狀態？〔註67〕因此，解讀作品的原典──亦即文本，成為本文的論述重心。

傅偉勳先生參照當代詮釋學的成果，提出「創造的詮釋學」：實謂、意謂、蘊謂、當謂、必謂五個層次，作為分析中國哲學的方法論。〔註68〕在此基礎上，提出儒學詮釋學（Confucian hermenutics），〔註69〕而此方法論目前在學界已廣泛被接受採用，成為詮釋中國經典的考量。此時學術界正在發展儒學詮釋學，〔註70〕若也將此方法論運用於民間教派的經典詮釋，相信必能事半功倍，釐清民間教派解讀《學》、《庸》的關鍵所在。因此運用「儒學詮釋學」理論的同時，將之轉換於民間教派的《學》、《庸》注疏之作的文獻上，則我們可以提出：

實謂層次：民間教派的著作說了什麼？

意謂層次：民間教派的著作想要表達什麼？

蘊謂層次：民間教派的著作可能要說什麼？

當謂層次：民間教派的著作應當說出什麼？

〔註67〕 參殷鼎《理解的命運》（臺北：東大圖書，1990年），頁47。

〔註68〕 傅先生所說的五大層次之意義如下（一）實謂：原思想家（或原典）實際上說了什麼？（二）意謂：原思想家想要表達什麼？或，他所說的意思是什麼？（三）蘊謂：原思想家可能要說什麼？或，原思想家所說的可能蘊涵什麼？（四）當謂：原思想家（本來）應當說出什麼？或，創造的詮釋者應當為原思想家說出什麼？（五）必謂：原思想家現在必須說出說出什麼？為了解決原思想家未來能完成的思想課題，創造的詮釋學者現在必須踐行什麼？見傅偉勳《從創造的詮釋到大乘佛學「哲學與宗教」四集》（臺北：東大圖書，1990年），頁10。

〔註69〕 傅偉勳《佛教思想的現代探索「哲學與宗教」五集》（臺北：東大圖書，1995年），頁38～41。

〔註70〕 關於儒家經典詮釋的建構，其先驅為已故的傅偉勳教授，1984年3月以「創造的詮釋學」為題，於臺灣大學哲學系演講。（見《從創造的詮釋學到大乘佛學──「哲學與宗教」第四集》，臺北：東大圖書，1990年，頁1），爾後更有所發揮（見《學問的生命與生命的學問》，臺北：正中書局，1994年，頁220～259）。1990年於第一屆「當代新儒學國際學術研討會」中，正式提出「儒學詮釋學」（Confucian hermeneutics）之名；而當今學術界仍在進行的「中國的經典詮釋傳統」研究計畫（臺灣大學通識教育中心主辦），也正在進行有關儒學詮釋學的研討，而所提到的「儒學詮釋學」以傳統知識分子著作為主，至今仍不見學者對民間社會儒家經典詮釋的注意，實為可惜。

必謂層次：民間教派的著作必須說出什麼？

實謂的層次說明了民間教派《學》、《庸》著作的內容，意謂、蘊謂則是上述作品所要闡述的思想主題，這些都是本文將加以回應的問題；當謂乃涉及價值判斷，必謂帶有探究時代的意義，與讀者、研究者的主觀意識有關，這些都已超出了民間教派之「原典」所要表達的宗教意義，故本文擬暫不處理，本文名之為「思想研究」主旨即在於探究民間教派的詮釋作品，主要想表達的是什麼？

詮釋學理論中有「詮釋學循環」（hermeneutical circle）的說法，也就是「部分與整體」間的關係。整體意義的獲得乃來自個別成分，但若要確切理解個別成分，必須聯繫整體，此一構成了詮釋學循環。〔註71〕

黃俊傑先生談到儒學詮釋學時以「句」──「文」──「書」的循環關係（見下圖），解讀其中的義蘊。他認為經典的文句所呈現的概念並不是孤立的存在，這些概念的確切的意義必須就整篇文章，乃至整部經典的思想脈絡中，才得以確切掌握。因此「句」──「文」──「書」循環關係，密不可分。因為詮釋者如不了解「部分」就不可能了解「全體」。但「部分」的真正了解卻又弔詭地寄託在「全體」上。黃氏以「行水蛟龍必在千層波浪中始見其矯健」，形容在方法論上「部分」與「全體」之間所存在一種發生程序的緊張性。〔註72〕若運用此一方法解讀民間教派的《學》、《庸》著作，觀察傳統社會之釋解對他們的影響，以及他們如何吸收與融合傳統註解，以宗教的修行理念詮釋《學》、《庸》。如此，從民間教派對《學》、《庸》之名稱定義以至內容的詮釋，其中每一環結，都是本文所要論述的重點。

在研究方法上，除了理論的運用，另外應重視宗教生活的實踐。

我們對於宗教研究不能停留於觀察者的角色，而應重視各宗教內在的本

〔註71〕參張汝倫《意義的探究》（臺北：谷風出版社，1990年），第三章。殷鼎《理解的命運》，頁33～38。

〔註72〕黃俊傑《孟學思想史論・卷二》（臺北：中央研究院中國文哲研究所籌備處，1997年6月），頁90～93。

質。上帝、神靈、靈魂、教義、終極實體，此乃各宗教基本的實質內涵，而若欲了解其中所隱含的宗教意義，從一位信仰者的角度進行研究，似乎成為本文不可避免的事實與現象。

前已述及，筆者成長於一貫道信仰的環境，因此在研究的過程中，宗教性體驗的闡釋將會出現於本文之中。結合信仰的本質與學術研究，一直是筆者努力的目標，冀望生命與學問能夠融合為一。是以文中的論述，將會以「局內人」（insider）之同情的理解看待這些民間教派的作品，當然，這其中包含筆者的宗教體會。筆者相信，宗教研究雖重視方法學之理論的運用，但是信仰者的宗教經驗是不可忽視的。因此，理論的運用與實際的宗教體驗，都是本文將會使用的方法論。

確立了研究方法，研究範圍的設立也是本文須說明的，如此才能回應研究動機與預期達到的目標。

宋明以來，理學可說是儒學正宗，以心性之學詮釋《學》、《庸》者，不勝枚舉。然而在這些註解中，最容易產生歧異者，乃在二書的第一章與《大學》的「格物致知」，〔註73〕而民間教派對《學》、《庸》的詮釋中，亦復如是。尤其他們認為二書的根本在於第一章的三綱領，因此最費力解釋者，亦在第一章的三綱領與《大學》「格物致知」的認識。

由於研究《學》、《庸》之第一章即可知民間教派對此二書的理解與態度，因此本文將重心置於民間教派如何將此二書宗教化？如何詮釋《學》、《庸》第一章之三綱領？如何解讀「格物致知」與為之作補傳？以及如何解讀誠意、慎獨？這些範疇將是本文的主要重點，而本文的撰述方向亦將循此而展開。

第四節　預期目標與關鍵字說明

三教融合是唐宋至今民間社會對信仰的態度，因此民間教派闡釋《學》、《庸》義理時，經常使用釋、道二家的說法，用以證明三教聖人所說同指一事，只是語言文字之形容有別。當然，其所使用的語彙是否為釋、道二教的

〔註73〕因所見的義理不同，是以學者對《大學》首章的旨趣亦各異其說。如孔穎達、王陽明將重點放在「誠意」上；朱子則置於「格物致知」上；董應舉《大學略》、高攀龍《大學知本大義》將重點放在「知本」；羅汝芳以「求仁」說《大學》；王艮以「安身」說《大學》。見高明〈大學辨〉載於《禮學新探》（香港：香港中文大學聯合書院中文系，1963 年 11 月初版），頁 125。

本意，這不是本文的重點。然而從其詮釋的角度觀察，民間教派賦予了某些語詞新的解釋，使得這些語詞有了不同的解讀角度。為了避免在本文中發生觀念的歧見，在此先將民間教派經常使用之語彙作一說明：

道統：早在孟子時即有道統的觀念，韓愈亦以聖人之道相傳的道理闢佛。而將歷代祖師代代相傳，載之於書者，應屬禪宗。宋李元綱作《聖門事業圖》（成書於1172年）之第一圖「傳道正統」已將儒家聖人之傳以表列示之。迄至朱熹則正式用「道統」二字，並將聖聖相傳之道，以心傳心，代代相傳。民間教派紹承了朱熹道統的觀念，只是所列之代表者在孟子以後彼此分道揚鑣，其所列者，皆為民間教派所謂之「祖師」，也就是「救世主」的意思。道統之傳，在民間教派中，象徵著在傳道過程中，「真道」的傳襲者，以辨別孰為正信，孰為旁門。

心法：心法的觀念來自禪宗，禪宗五祖弘忍傳衣缽給六祖慧能時說：「法則以心傳心，皆令自悟自解。自古佛佛惟傳本體，師師密付本心」（《六祖法寶壇經·行由品》）說明了禪門傳法時心心相印的奧妙。由於六祖壇經在民間極為通行，民間教派也深受影響，故也有所謂的心法之傳。民間教派對於心法之傳有其宗教儀式上的神秘性，透過入教儀式求得心法之後，再以宗教實踐體悟心法，與原本禪宗所說已有不同。

天命：天命一詞來自《中庸》，而在民間教派的詮釋中，天命乃是具有上天之命的「救世主」或「神職人員」，由他們負責傳受聖人之道之大任。

道降火宅：「火宅」是佛教的專有名詞，譬喻三界之生死，譬如火宅。《法華經·譬喻品》曰：「三界無安，猶如火宅。眾苦充滿，甚可怖畏。常有生老病死憂患，如是等火，熾然不息。」〔註74〕而在民間教派中，將在入世在家修道比喻為「火宅」，因為在家修道所面臨世間的一切困難，較之於出家，其苦甚矣，如火烹煉之，故稱「火宅」。而所謂「道降火宅」則指修道方式已經改變，為了在末劫時期普渡眾生，真道已降臨民間，人人皆可得，故其「火宅」之意義已與佛教不同。

本性的形容詞：明德、金剛、舍利子、谷神、玄牝民間教派認為，人之所以須要修道，乃要尋回未生之前與天同體的本來，他們認為，三教聖人所傳之經典，主要的目的即是藉由語言文字，表達本性的本然狀態。以儒家經典而言，他們採用《大學》之「明德」，而且是理學家所解釋「虛靈不昧」的

〔註74〕引自高觀盧主編《實用佛學辭典》（臺北縣板橋：正一善書出版社），頁488。

本體；釋則採《金剛經》之「金剛」二字，表示其永不毀滅的永恆，〔註75〕「舍利子」〔註76〕的引用主要在《摩訶般若波羅密心經》所說的「舍利子，色不異空，空不異色」之「色」、「空」的本然；道家則取《道德經》中所言之「谷神不死」、「玄牝之門」之意義，描述人人皆有的本然之性。

　　上述乃閱讀民間教派書籍最常見的語詞，說明了其所代表的意義，就可以較容易解讀其著作之涵蘊。

　　本文以解讀民國以來民間教派註解《學》、《庸》之作爲主，主要目的乃要了解民國以來的民間教派如何看待《學》、《庸》二書，並且如何將之宗教化，成爲宗教聖典。再者，往昔對《學》、《庸》的研究，多數留意於學界的作品，罕見涉及民間，故而忽略了民間社會的詮釋系統，而本文乃在學術界對《學》、《庸》研究的基礎上，探討民間社會如何解讀儒家經典，進而歸納分析其註解系統，爲當今的思想史作一補遺，是以本文的預期目標，可說明如下：

　　第二章　儒家思想宗教化形成之探討

　　本章重點在於借助所用研究材料，探討儒教之形成與歷史淵源，從心法與道統的角度觀察民間教派如何將之宗教化，以及孔子在民間如何被「神」化，成爲儒教教主。在傳教的過程中，神道設教在民間教派的修道觀念中，雖是末流，但卻是成全眾生，不得不使用的傳教方式，從這幾個觀察面考察儒家思想宗教化的過程。再者，理學思想對民間教派的影響頗爲深遠，故本章亦討論理學思想對民間教派的影響，從四書的經典化以及民間教派如何轉化、解讀理學名詞，而成爲其信仰核心的教義思想與修道的觀念。

　　第三章　後人詮釋《大學》、《中庸》思想之角度轉變的探討

　　這一章主要說明《大學》、《中庸》的思想在歷史上被詮釋角度轉變，以及民間教派爲什麼對《學》、《庸》進行再詮釋的原因。對於《學》、《庸》思想解讀角度的大轉變乃於宋代，尤其朱子作《四書章句集註》，將《學》、《庸》推入儒家經典的地位，此一影響中國社會至今八百餘年，故以理學詮釋《學》、

〔註75〕佛教所言之金剛，乃以金剛金中之精者，世所言之金剛石也，其性堅利，百煉不銷，故佛經中常以金剛喻堅利之意。見同上註，頁945。

〔註76〕舍利子有二義，一指佛陀弟子多舍利弗羅，又稱舍利佛；另一義乃指釋迦既卒，弟子阿難等焚其身，有骨子如五色珠。光瑩堅固，名稱舍利子。同上註，頁935。

《庸》已與漢唐有頗大差異，易言之，此後學子所讀之《學》、《庸》是理學思想解讀的《學》、《庸》，而非原始的《學》、《庸》，故由此探討其影響；而在四書當中，爲什麼《學》、《庸》二書被以宗教詮釋較《論》、《孟》來的明顯，以及爲什麼民間教派對《學》、《庸》二書再詮釋的原因何在？這些主題將是本章的重點。

第四章　民國以來民間教派對《大學》、《中庸》第一章之釋義

當民間教派以修道的眼光看待《學》、《庸》，此二書的意義已非學術界所理解的內容了。從二書的命名以至內容的詮釋，皆以修道爲重點，而在義理的闡述，本章的重點著重於《學》、《庸》之三綱領的詮釋，此乃民間教派最重視者。而在目前的民間教派中，一貫道對於《學》、《庸》最爲重視，故一貫道對《學》、《庸》之詮釋亦列入本章討論。

第五章　民國以來民間教派對「格物致知」與誠意愼獨之詮釋

自朱子爲「格物致知」作補傳後，成爲學界討論《大學》的主題之一。在此一大傳統的延襲中，民間教派亦參與了此一補傳的行列。不論他們是否反對朱子的看法，對於朱子的補傳與解釋，他們並不滿意，因此對「格物致知」的補傳與詮釋，成爲民間教派解讀《大學》一大主題；而在修道的過程中，誠意愼獨具有其重要的意義，因爲二語詞已與原來的意義有極大的差異，著重於明德本性的詮釋。我們將藉此了解民間對「格物致知」與誠意愼獨的理解。

第六章　結　論

將本文研究結果，作一綜合性討論，並提出幾個思考面向，回應研究動機，作爲本文的結論。

本文的主要目的乃探討民國以來民間教派如何解讀《學》、《庸》，並且肯定他們在儒家經典的注疏傳統中，有其貢獻與意義。民間教派開創了有別於學界的解讀角度，而這些材料目前被學術界所忽略，因此，相信本文的研究，將會爲專以知識分子爲主的思想史研究，與研究儒家經典的註解者開啓另一新視野。

第二章 儒家思想宗教化形成之探討

　　關於儒家的宗教思想的層面，大多數都由「禮」的方面作深入的探討，然就宗教涵蘊的層面而言，儀式雖是宗教中重要部分，但是並不是整體。〔註1〕因此，若專以儒家的祭祀禮制探討儒家的宗教思想，這樣的觀察，恐怕無法了解在宗教中，指引人們孜孜不倦的精神與理念是什麼？而這股背後的力量，才是信仰者終其一生力行的根源，依保羅‧田立克（Paul Tillich）所說，就是一種終極關懷（ultimate concern）。〔註2〕

　　儒家思想在中國的社會中，一直居於主導地位，影響百姓生活甚為深廣，因此從「儒家」以迄成為宗教的「儒教」，其中的演變與民間教派如何將儒家思想神學化，使孔子成為教主？再者，在民間教派中，信仰者如何以宗教的角度解釋儒教的歷史演變？此為探討民間教派詮釋儒家經典所面臨的探源問題。本文將以宗教形成與演變的角度觀察民間教派如何將儒家宗教化，探討

〔註1〕宗教形成的因素很多，然就人類歷史裏得到的外在表達而言，儀式（ritual）、情感（emotion）、信仰（belief）、理性化（rationalization）則是展現了宗教本身所具有的面向或元素。詳參懷德海（A.N. Whitehead）著、蔡崑鴻譯《宗教的創生》（Religion in the Making）（臺北：桂冠圖書，1995年）。

〔註2〕見保羅‧田立克著、魯燕萍譯《信仰的動力》（臺北：桂冠圖書，1994年）；又林安梧曾以儒家的觀點對所謂「終極關懷」作一詮釋，他說：『『終』有完成的意思，而『極』代表頂點，完成代表圓滿，而頂點不是相對的，而是絕對的。這麼說，『終極關懷』其實就不是相對的，而是絕對的，不是暫時性的、有所缺的，而是恆久的、圓滿的，這樣的一種關懷。』。林氏以儒家的入世理念對「終極關懷」作一詮解，有其創見，但是，在此必須強調的，他所說的是「儒家」的終極關懷，若欲以宗教修道理念而言，仍有所不足，但林氏行文之中每每以「儒教」談論，恐與民間信仰中的宗教相混淆，故在此說明。林文見〈論儒家的宗教精神及其成聖之道——不離於生活世界的終極關懷〉刊載於《宗教哲學》創刊號。

儒教的宗教世界。

第一節　儒家思想的宗教性與被宗教詮釋之討論

　　儒家的宗教觀有系統建立，大部分以《禮記》的成書作為指標，作為祭祀體系的完整建立。傳統的宗教將世界分成現實人間與鬼神世界兩個空間，而儒家卻要將這兩個世界貫通，讓人從心理上與感情上將生死、人鬼看成是一體的，以生之道敬重死者，如此才是完整的人道，〔註3〕以禮教或儒家重視祭祀的觀點論儒家的宗教性，這是談論儒家宗教性的主題時，泰半學者的主張，尤其是從禮樂文化論述儒家之宗教傳統者更是比比皆是。〔註4〕

　　宗教強調死及死後的解釋，而儒家注重對祖先的祭祀，所以日人加地伸行在其著作《儒教是什麼》曾經提及，儒家通過對於祖先祭拜的儀禮，使自己的生命在子孫中得以延續，基於這樣的考慮，以消解對死的恐懼與不安的心理，〔註5〕因此若從祭祀的傳統來看，儒家的宗教性是存在的。黃俊傑先生認為，在中國連續的文明中，人對大自然與超自然充滿了孺慕之情，故而儒家的「宗教性」與這種連續性的文明有關；而在儒家思想的傳統中，己心與天命之間確實存在著連續性的關係，儒家的宗教感，就是源自於這種聯繫性的思維方式。黃先生更具體的說，在儒家傳統中，「宗教性」融入於「禮教性」之中，徹底展現中國文化中「宗教」的「人文化」的性質。〔註6〕因此，從禮教的傳統討論儒家思想的宗教性，可以確切地說，儒家思想本自具有宗教的內涵，只是儒家並不是西方定義下的「宗教」，因為儒家思想中並沒有絕對唯一的神，也沒有所謂死後世界的論述或是終極世界的描繪。是以劉子健先生認為中國的信仰是屬於複合式的，人們可同時信奉其他的信仰、宗教，但是必須以禮教為準則，至少，不能和禮教有大衝突。〔註7〕故劉述先先生即明白的指出，從祭祀與天道

〔註3〕參牟鍾鑒《中國宗教與文化》之〈試論儒家的宗教觀〉（臺北：唐山出版社，1995年），頁114～115。

〔註4〕這方面的專論可參謝謙《中國古代宗教與禮樂文化》（成都：四川人民出版社，1996年7月）。

〔註5〕這段說法引自小島毅〈儒教是不是宗教——中國儒教史的新視野〉，收於周博裕主編《傳統儒學的現代詮釋》（臺北：文津出版社，1994年12月），頁29。

〔註6〕參黃俊傑〈試論儒學的宗教性內涵〉刊載於《臺大歷史學報》第二十三期。

〔註7〕劉子健先生認為，想要解釋中國式的信仰體系，必須從基本的觀念與類別了

的觀點可以看出孔子思想的宗教意涵，我們必須了解，孔子從未懷疑超越天的存在，孔子對天一直保持一種敬畏讚頌的態度，但孔子強調天道之默運，有賴於人的努力，是屬於「天人合一」的形態，了解孔子思想中之人事與天道有不可分割的關連性，才能確切掌握儒家思想中的宗教意涵。〔註8〕

　　確定了儒家思想本自具有宗教性與宗教感，接著必須思考，為什麼儒家經典在中國的詮釋傳統中被賦予宗教意義？

　　在孔子「天人合一」的宗教基礎上，孟子暢談「盡心、知性、知天」，《大學》的三綱領八條目，《中庸》的天命、性、道、教，易傳以陰陽、生生不息的說法，為儒學注入一股新動力。尤其理學家在釋、道二教思想的衝擊下，融合、吸收、轉化二教思想，提出了屬於儒家思想的本體論與宇宙論，開創了儒家思想的另一黃金時期。理學思想因政府的響應與科考政策，影響中國社會八百餘年，故而談論儒家經典被賦予宗教意義，須從理學思想談起。

　　理學在本體論與心性論有其異於前朝的突破發展，以理、氣說明天地之生與人性之本，而此一說法涉及了宗教上「人生從何來？」、「人性的本來是什麼？」、「人性善惡的解釋？」以及「死該歸往何處？」等說法，故而理學的本體論與心性論思想影響民間教派甚為深遠，民間教派在理學思想的基礎下，將之神聖化，使之成為宗教意義的理學。

　　大抵而言，理學以「理」為本體根源、「氣」為生成動力。〔註9〕故而民

解。中國文化關於「教」的觀念，是指一切應該信服實踐的教導。教包括不以超世的神為主的信仰，也包括崇拜神的宗教，也就是說，乃是家長老輩給子弟年輕人講的道理，用現代話說，就是代代相傳，文化傳統的延續，凡是教，都該信，是通過訓導而具有的信念。因此中國以往的信仰體系，整體而言是多種的，因為是多種的，所以是複合的。大體上可以分為四類：（一）社會的禮教。（二）團集的崇教。（三）少數人的別教或個別宗教。（四）大眾的宗教，屬於上下都盛行的大宗教，還有許多民間繁雜的宗教。前兩類，禮教與崇教，都不以超世的神為主，故不是西方定義所謂的宗教，但是中國人信服很深。後兩類與西方所謂的宗教性質相同，但信法不同，因為同時存在其他的信仰，相互複合。見氏著《兩宋史研究彙編》之〈中國式的信仰——用類別來解釋〉（臺北：聯經出版事業，1997年4月初版第二刷）。

〔註8〕　參劉述先〈由當代西方宗教思想如何面對現代化問題的角度談論儒家的宗教意涵〉，收錄於劉氏主編《當代儒學論集：傳統與創新》（臺北：中央研究院中國文哲研究所籌備處，1995年5月），頁19。

〔註9〕　張載是氣本論者，他以氣為本的主張，受到程、朱的批評，然而其所謂氣乃生物之具，在思想史中有重大的影響力。明清雖有學者亦承襲張載的理論，以氣為本，但因民間受到朱子的影響頗巨，故而多數教派大多以理為本體，

間教派對於「理」的詮釋朝向神聖化的宗教義涵，並且解釋成為宗教家所追尋的終極實體，使得以儒為宗的民間社會，在本體論的發展上有其可證性，「理」的意義在此背景下，轉向宗教性的詮釋。

心性論的影響則在於為什麼要修道的解釋說明。理學家認為人之本源於理，故人性之本純善無惡，之所以為惡的原因則是張載所提出的天地之性與氣質之性的分別。人之所以為惡乃後天氣質之性所拖累，此一命題牽涉了人如何回到最原始的本真，也就是為什麼要修道的根本探討。因此討論儒家經典被宗教詮釋，不可不知理學思想對民間教派的影響以及如何被轉化成為宗教意義。

了解了儒家思想本具的宗教性與其被宗教詮釋的主因，在此前提下，就可以探討儒教的形成與民間教派對理學思想的吸收與轉化，從此角度切入則可以具體地理解儒家思想被宗教詮釋的背景與原因。

第二節　儒教之形成與歷史淵源

就文獻可徵的史料上，儒家的形成與成熟乃以孔子為代表。然在孔子之前，中國文化已逐漸邁向文明之路，尤其備受孔子贊歎的周文化。就文化的傳承而言，孔子可謂集大成者。〔註10〕

自漢武帝罷黜百家、獨尊儒術後，儒家思想一直居於中國社會的主流，尤其科舉舉士的選才文化，儒家經籍成為知識分子的必讀書。暫且不論孔子思想在此一歷史洪流中是否變質，然在耳濡目染的閱讀環境之中，儒家思想儼然已成為讀書人的共同志趣，孔子「至聖」的形象成為學子共同景仰的對象。在精英文化的上層社會中，孔子的「至聖」地位是一種在文化、道德上

以氣為生成之動力。

〔註10〕孟子稱讚孔子乃聖之時者，集大成者。徐復觀教授從知識分子的自覺說明孔子在中國文化史上的地位，而孔子對文化的承繼與其微言大義可由下列幾點說明：（一）在中國文化史上，由孔子而確實發現了普遍地人間，亦即打破了一切人與人的不合理的封域，而承認只要是人，便是同類，便是平等的理念。（二）孔子開闢了內在人格世界，以開啟人類無限融合及向上之幾，此一內在人格世界，可以用一個「仁」字作代表。（三）由孔子開始有為學方法的自覺，奠定了中國學術發展的基礎。（四）教育價值之積極肯定，及對教育方法的偉大啟發。（五）總結整理了古代文獻而賦予新義，從文獻上奠定了中國文化的基礎。（六）人格世界的完成，統攝上述各端性與天道的合一。見氏著《中國人性論史》第四章〈孔子在中國文化史上的地位及其性與天道〉（臺北：臺灣商務印書館，1988 年 11 月九版），頁 63～76。

的精神指導，並沒有宗教上所謂「神」的性格。這是一種以自我實踐的道德、自覺的行動力，孔子的德性是每一學子的共同目標，因此可說是一種道德自覺的力行。而在廣大的社會群眾中，當儒家逐漸被宗教化之後，孔子具有「神」的性格被突顯出來，在儒學被宗教化的過程中，大傳統〔註11〕的文化力量實居主流。因此，以宗教的角度詮釋、探討儒家思想之時，許多傳統儒家思想的歷史根源，及其如何被以神學觀點解釋，這些問題都是值得思考的。

一、堯舜心法所衍生的宗教涵義

　　《中庸》云：「仲尼祖述堯舜，憲章文武。」在此雖讚揚孔子，說明孔子乃承繼堯舜之道，卻也道出了堯舜之道乃儒家思想發展的根源。雖說堯舜時代的太平盛世，多處於傳說，但是關於堯舜聖人的形象，乃由孔子發展而來，這是無庸置疑的。《學庸淺言新註》即說：「堯舜君臣之道備焉，無為而治萬民，性如海量，心似源泉，莫盛於堯舜之時者。」（頁131），此一說明，堯舜之德是人人所共同學習的目標，而堯舜之治，則是後人所嚮往的理想國境，堯舜之治在民間的神聖性可由此略知一二。故此一「祖」字使得民間教派探討儒教根源時，有了理論性的根據，《大學證釋》即言：

　　儒教傳自堯舜，皆已君臨天下。故言明德，必以平治為極；而平治，必先親親。（上冊，頁24左）

　　儒者為教，溯自二帝三王，以迄有周之季。其間賢聖輩出，垂法立義，無非表章堯舜之治，而禮教文物增損不與焉。蓋教者，立其本以示人，本者，道也。道之所立，天地不違，而況人乎？故其教，

〔註11〕大傳統（great tradition）與小傳統（little tradition）的觀念乃由芝加哥大學人類學家雷德斐爾德（Robert Redfield）於1956年發表《鄉民社會與文化》（Peasant Society and Culture）所提出的觀念，用以說明在比較複雜的文明中存在兩個不同層次的文化傳統；而在西方近代史學界 Peter Burke 則提出精英文化（elite culture）與通俗文化（popular culture），二者名詞雖異，實質上的分別卻不大。所謂大傳統或精英文化是指都市文明，小傳統或通俗文化是指地方性的鄉土文化。更廣地看，大傳統是社會精英及其所掌握的文字所記載的文化傳統，其所展現的是社會上層生活和知識階層所代表的文化，即是所謂的雅致文化；小傳統是鄉民社區俗民（folk）或鄉民（peasant）生活代表的文化傳統，亦即一般社會大眾的下層文化。詳閱余英時〈中國文化的大傳統與小傳統〉，收錄於《內在超越之路》（北京：中國廣播電視出版社，1993年1月）及陳來《古代宗教與倫理──儒家思想的根源》（北京：三聯書店，1996年3月），頁12。

互萬世不可易,雖有賢聖,不得失也。(下冊,頁43左)

在此說明儒教乃始自堯舜,堯舜之時,政教合一,故其言德必言政,言政必明修德。故後代必以堯舜爲宗,發揚堯舜之德治。而後人立教,亦本堯舜之道以教。可知,「儒」之淵源在於堯舜之德與政,故後儒總不離入世精神,與其本源有關。

在民間信仰的理念之中,儒教的根源始自堯舜,這只是歷史性的知識,並不是他們最關切的主題。堯舜在宗教上的特殊意義,乃在於心法上的傳授。

「心法」一詞乃佛教的專有名詞,〔註12〕尤其是禪宗「以心印心」的傳授。〔註13〕而將「心法」用在儒學的傳承上者應推程、朱,尤其朱子確立了儒家道統之傳始自堯舜後(見後),對堯舜的聖人相傳之道大加發揮,闡發「十六字心傳」的意義,做爲聖人傳授之道的驗證。堯舜相傳之道乃語見《論語・堯曰》與《尚書・大禹謨》,唐孔穎達爲此十六字所作的注解云:

> 居位則治民,治民必須明道,故戒之以人心惟危,道心惟微。道者,經也,物所從之路也。因言人心,遂云道心。人心惟萬慮之主,道心爲眾道之本。立君所以安人,人心危則難安,安民必須明道。道心微則難明,將欲明道,必須精心;將欲安民,必須一意。故戒精心一意,又當信執其中,然後可以明道以安民耳。(《尚書正義》,十三經注疏本,臺北:藝文印書館,頁56)

在此雖已談到「心」的作用,然其重點在於政治上的治民之道,說明了堯、舜、禹傳授之道首重於安民,其中所談的精心、一意、明道則屬於個人的修養,並不涉及所謂的「心法」問題。而朱熹則在二程以《中庸》乃孔門傳授心法的理念裏,以堯舜禹爲始,將「十六字心傳」與「孔門心法」連繫起來,使之明確可徵,他在〈答陳同甫〉云:

> 所謂人心惟危,道心惟微,惟精惟一,允執厥中者,堯舜禹相傳之密旨也。……夫堯舜禹之所以相傳者既如此矣,至於湯武,則聞而

〔註12〕 佛教對心法的解釋:「一切諸法,分色心二法。有質礙者爲色法,無質礙而有緣慮之用,或爲緣起諸法之根本者爲心法」見高觀廬主編《實用佛學辭典》(臺北縣板橋:正一善書出版社),頁464。

〔註13〕 禪宗五祖弘忍傳衣鉢於六祖惠能時言:「法則以心傳心,皆令自悟自解。自古佛佛惟傳本體,師師密付本心。」(語見《六祖壇經・行由品》)說明了禪門傳法時心心相印的奧妙,而在民間信仰中則以此做爲其傳教儀式中有關神秘部分的解說。

知之，而又反之以至於此者也。夫子之所以傳之顏淵、曾參者，此
也；曾子之所以傳之子思、孟軻者，亦此也。……此其相傳之妙，
儒者相與謹守而共學焉，以爲天下雖大，而所以治之者，不外乎
此。……今若必欲撤去限隔，無古無今，則莫若深考堯舜相傳之心
法。(《朱熹集》(三)卷三十六，四川教育出版社，頁1598～1600)

分析這段文字可知，朱熹認爲十六字心傳乃堯舜禹相傳之「密旨」，而孔子
及孔門弟子中唯有顏淵、曾子、子思、孟子得此「密旨」，可知心法之傳，
並非人人可得。故「密旨」象徵儒學的延續有一傳授心法，後世聖賢乃通過
內心體悟，以心傳心，心靈感悟，藉以發展聖人之道。朱熹認爲，漢唐聖人
之道未明，即是不明聖人之道的「密旨心法」，故將漢唐諸儒排除於道統之
列，朱子並對此十六字心傳作了精湛的詮釋。〔註14〕

　　自朱子將聖人傳授以「心法」相傳，且以十六字心傳作爲儒家心法之始，
成爲「孔門傳授心法」，此一思想對後代產生極大的影響。在民間教派中，
則篤信「堯舜之心傳，孔門之心法，一脈相承，無二理也。」的說法(《四
書說約》，頁81)，故而心法密旨成爲傳教者說明儒教之旨，主要在於「心法」
之得，而非訓詁文字，並且藉以說明儒教的流傳始末，清「末後一著教」教
主王覺一即言：

三代而上，主傳斯道者，堯、舜、禹、湯、文王、周公也。三代而
下，主傳斯道者，三教聖人也。故人心惟危，道心惟危，惟精惟一，
允執厥中，一十六字之傳，出自唐虞。故世躋仁壽，治臻上理，此
中天大同之盛也。維皇上帝，降衷於下民，若有恆性，出自湯誥。
克明峻德，出自堯典。《大學》之明德，《中庸》之率性，其本此此
乎。文王演卦，周公明爻，孔子作傳，洙泗心法，祖述憲章，上律
天時，下襲水土，良不虛也。(頁82)(《理數合解》，臺北縣板橋：
正一善書出版社)

又言：

道雖無時不有，而太古以前，荒渺難憑，故孔子著書，繼自唐虞，

〔註14〕關於「聖賢心法」朱熹更進一步與「格物致知」相比擬，他推崇「格物」即
爲「精一」之旨。見黃進興〈理學、考據學與政治──以《大學》改本的發
展爲例〉，收於《優入聖域：權利、信仰與正當性》(臺北：允晨文化出版公
司，1994年)，頁359，另可參蔡方鹿《中華道統思想發展史》(臺北：中華
道統出版社，1996年2月)，頁423。

> 此道傳中天之所由來也。自是以來，堯以是傳之舜，舜以是傳之禹，
> 禹以是傳之湯，湯以是傳之文武周公；此時天無二日，民無二王，
> 此所謂三代以上，道在君相。教之整也，整則不分。自昭穆以降，
> 教漸陵夷，迨至幽厲，頹焉莫救，教之衰也。於是孔子教於杏壇，
> 老聃傳於柱下，而釋迦文佛化起西域，此所謂三代而下，道在師儒，
> 教之散也，散則分矣。（頁125）

這裡說明了儒教心法之傳始自堯十六字心傳，往後儒門之作皆本此心法之精
義而發明，是以湯、文、武、周公之德政，即是一本心法的核心精神。當時
的主政者即是傳道者，政教合一，道與教不離，因此開創令後人稱羨的太平
盛世，此時即所謂道在君相；爾後漸漸政、教分離，故心法之傳亦不在君相，
轉向師儒，三教聖人亦因此應運而生。

　　隨著心法傳授者的轉移，心法密旨在民間教派中已漸有神秘之意。尤其
朱熹於〈中庸章句序〉提到「孔門傳授心法」，更是引人深思。孔子弟子三
千，有七十二賢，為何得孔子心法者僅顏淵與曾子？同授於孔子門下，應只
有資質上的差異，為何只有顏、曾二人得到孔子真傳，以至子貢有夫子之性
與天道不可得而聞也之感慨？朱熹弟子黃榦以哲學性的發展詮釋此意，他認
為，萬物肇始太極，藉陰陽以運行。允執厥中之中乃堯得之於天，舜得之於
堯。堯命禹則曰「人心惟危，道心惟微，惟精惟一，允執厥中。」此人心、
道心、精、一四者乃禹得之於舜。文、武、周公又得禮、敬、義諸德之教於
禹。孔子則得其統於文、武、周公，並以之傳於顏淵以博文約禮之學，且傳
曾子〈大學〉之格物之學；〔註15〕牟宗三先生則以「道」之傳與「技藝」之
傳的不同說明顏、曾所得孔子之真傳。〔註16〕對心法真傳的解說，古今學者
皆以哲學式的思考解決其中的矛盾。而在民間教派中，「心法」如何傳？又
如何得到真傳？而此真傳中，所「傳」究竟是何物？

　　《學庸白話解》即云：

　　堯傳舜說允執厥中，舜傳禹也說允執厥中。中字乃帝王傳道統的心

〔註15〕參陳榮捷《朱學論集》（臺北：臺灣學生書局，1988年），頁17。
〔註16〕牟先生又說：「此是真實生命之事。師生相承只是外部之薰習，若夫深造自得，
　　　則端賴自己。然大端方向亦必有相契，方能說傳。否則背師叛道，不得云傳。
　　　生命之事至為特殊，亦至為共通。若能相契，則前後相輝，創造即重複，所
　　　謂其揆一也。有引申，有發展，有偏注，有集中，然而不礙其通契。此之謂
　　　傳。」見牟宗三《心體與性體（一）》（臺北：正中書局，1991年），頁258。

法。……如此這個中字，在天爲理，在人爲性。(頁3)

此章又提出仲尼，可見繼往聖絕學，開萬世太平，道降師儒，全在孔子一人身上了。堯傳舜是允執厥中，舜傳禹也是允執厥中，這中字是道的心法。孔仮說仲尼以堯舜爲祖，要傳堯舜的心法，就是要傳中。(頁50)

儒教心法之傳乃在得之於「中」，此一中的核心即是理、是道，是萬物的根源，也是人性之本來，以修道人而言，就是要從此一本源修煉，以成正果。故十六字心法經過宗教信徒的體悟，已成爲宗教悟道的涵義，故《大中眞解》即言：

這個○關竅是眞止於至善也。儒爲存心養性，釋爲明心見性，道爲修心煉性。此後天之先，先天之後。在世兼出世之際。……此聖人所遺十六字之心法眞傳也。(頁3)

所言「○關竅」民間教派認爲乃是三教共同修煉之處，此爲心法的最奧妙處，亦即所謂之「中」，然要得此心法並非時時可得、人人可授，其中有所謂的「天時」的限制與奧密。故在三代，道降君相，三代以降，道降師儒，然亦非人人可得，《學庸淺言新註》於此作一說明：

是以在至聖時，乃單傳獨授者也。……是以在至聖時，乃先修而後得。夫此時，則不然。因時代之不同，天道應費，亦是浩劫空前、總結束、大糜爛所致。故理域皇中不惜眞寶，普渡大開，天道心法，垂示人間，人人皆有得道佛緣，人人皆具希聖之體，故曰先得而後修也。然修者何，實踐中庸之道，以成己成人。(頁141)

在此即將爲何顏、曾得孔門心法眞傳，而其他弟子則無法親聞夫子之性與天道，原因在於當時乃單傳獨授，故在當時欲得心法眞傳者，必須眞修實煉，方可得心法之傳，得此心法，即知人性根源，亦即民間教派所謂的「得道」，知「道」之根本，方可修成正果。直至明清，無生老母與三期末劫信仰是許多新興教派中心理念，[註17] 其中宣揚末劫時期已至，宇宙主宰無生老母不忍芸芸眾生輪迴生死、迷昧性靈，故廣開普渡，挽救原靈。故在明清的許多教派中，皆以天時轉移，在大道廣開普渡的時期，凡是有緣者，皆可得心法

〔註17〕無生老母信仰可參鄭志明《無生老母信仰溯源》(臺北：文史哲出版社)，而明清民間教派所宣揚的三期末劫理念，可參洪美華〈明末清初秘密宗教思想信仰的流變與特質〉收於《「明清之際中國文化的轉變與延續」研討會論文集》(臺北：文史哲出版社，1991年2月)。

眞傳。因此,在宗教的體驗中,心法眞傳乃得之不易,非時不傳,非人不授,
須在普渡時期才有機緣得授眞傳。《大中眞解》即言:

> 孔門心法,上天所最秘,要輕洩露,恐受天譴,故隱而不宣也。今
> 逢三期時至,天開黃道,普度東林。……余生也晚,未得親登孔氏
> 之門,猶幸得遇明師,傳授孔門心法。(頁27)

「尋明師、覓正道」是明清教派所強調宣導之修行理念,〔註18〕在此前提下,
「心法」已含有宗教上的神秘意義了。因爲沒有普渡的天時、明師與正道等,
皆無法得到孔門心法眞傳,必須所有條件具備才有機緣得到心法。得到孔子
心法密傳乃民間教派之修道人最重視的事,而心法的根源乃本之於天,是故
依此而修,人人皆可成道。據此可知,堯舜心法在宗教家的體悟裏,已具有
宗教上的神秘意義與修煉意義了。

二、道統所代表的宗教意義

儒家「道統」的意義由朱子正式闡釋之,〔註19〕朱子在闡發堯舜心傳與
肯定孔門心法的基礎上,發揚「道統」二字的意義。此一觀念影響民間教派
甚深,尤其在孔門心法的道統上,信仰者篤信孔子 → 曾子 → 子思 → 孟子的
說法,使儒教在心法傳承上有所徵驗。雖然後代許多知識分子對朱熹所說《大
學》爲曾子所述,《中庸》乃子思所著的論點提出質疑,但是民間教派對四
子書的論述與作者深信不疑,且其立論的觀點與朱子相同,「心法」之傳才
是他們主要關心的。《論語》與《孟子》的作者問題爭議性並不大,因此對
於此二書之作者鮮有發揮,故而對《大學》、《中庸》之作者多有著墨,並且
強調四子之傳即是「孔門心法」的眞傳。

就《大學》的作者而言,民間教派承繼朱子於《大學章句序》所說:「(孔

〔註18〕 參拙撰《王覺一生平及其《理數合解》理天之研究》(臺北:國立政治大學中
國文學研究所碩士論文,1995年5月)

〔註19〕 「道統」這一概念乃出自南宋李元綱所作《聖門事業圖》(成書於1172年)之
第一圖「傳道正統」,但仍未將「道」、「統」二字連用,直至朱熹做《中庸章
句序》才將此二字連用,並賦予其實際內容,參陳榮捷《朱子學新論》(上海:
三聯書店,1991年),頁21~22。然據劉子健先生所作的考察,最早道統的語
彙應出於南宋的官書,即李心傳所作的《建炎以來繫年錄》(1136年),只是後
來朱子學派加以規定,才成爲他們的專有名詞。雖然如此,「道統」觀念的確
定成於朱子是無庸置疑的。見劉氏〈宋末所謂道統的成立〉收入《兩宋史研究
彙編》(臺北:聯經出版事業,1997年4月初版第二刷),頁260~261。

子）三千之徒，蓋莫不聞其說，而曾氏之傳獨得其宗，於是作爲傳義，以發
其意。」（頁 2）朱子將《大學》分爲經一章與傳十章，經一章乃孔子之言
而曾子述之，其傳十章則曾子之意而門人記之，民間教派即承襲此一說法，
且其重點在於心法的相印。由此可知，朱子將《大學》分章的作法雖受到非
議，然自元皇慶二年（1313）至清光緒三十一年（1905）朱子的四子書成爲
國家策試選才與學校教育的基本書籍，故而學子們所接觸的《大學》是朱子
分經傳的版本，而非《禮記》的原典，因此讀書人所理解的《大學》乃是朱
子分經傳的方式。此一影響甚爲深遠，致使民間所知道的《大學》段落乃是
朱子所編定「經一章，蓋孔子之言而曾子述之；其傳十章，則曾子之意而門
人記之。」（頁 4）的說法。尤其民間教派所注重的是「心法」，而非學術界
的考證。朱子此一分經傳的方式，即使受陽明心學影響甚深的明三一教教主
林兆恩，〔註20〕仍保留朱子的說法，其中的要點，亦在於「心法」的傳承，
其言：

> 孔子之經，曾子之傳也。……世相傳大學之道以下，謂之聖經，孔
> 子之言也。所謂誠其意以下，皆是賢傳，曾子釋之之辭也。……孔
> 子之心，曾子之心也。曾子之心，我之心也。以我之心，而通於曾
> 子之心；以曾子之心，而通於孔子之心。此乃釋經傳之大義矣。（《三
> 教正宗》卷八第二十二卷，頁 2871～2872）

林氏對此一經傳分離的方式在詮釋上雖以陽明「心即理」之心本論的立場解
釋，然而我們卻由此可知，即使是陽明後學，他們雖然不滿朱子對《大學》
的詮釋，更不滿朱子的「格物致知」補傳，然而朱子此一經爲孔子之言，傳
爲曾子之意的說法是可以讓當時的知識分子認同。而在民間教派中，這樣的
說法更是廣爲流傳，《增註大學白話解說》即言：

> 以上的原文，是孔子傳授曾子所說的。包括著三綱領、八條目的要
> 言。（頁 11）

> 《大學》一書，全部的宗旨，乃曾子繼夫子的大義，依明德、新民、
> 至善爲全書的宗旨。（頁 59）

〔註20〕參馬西沙、韓秉方《中國民間宗教史》第十三章〈林兆恩與三一教〉（上海：
上海人民出版社，1992 年 12 月），林國平《林兆恩與三一教》（福州：福建人
民出版社，1992 年 2 月），韓秉方〈從王陽明到林兆恩──兼論心學與三一教〉
（《宗教哲學季刊》第二期），頁 112。

《大學》之綱領與條目的概念乃由朱子明確提出，而民間教派注釋《大學》時亦依此脈絡詮解。因此在整體的社會脈動中，民間的學理本源與上層社會息息相繫，雖說他們亦有自己的想法，然在大主流中，環環相扣，其所選擇的要點在於「修道」的本體，而非文字的枝節。《學庸淺言新註》即言：

> 《大學》一書，……孔子言曾子述，一篇經文，總括意義，無非令人人各覓其大。（頁12）

此中所謂「大」即是修道的本體，依《學庸淺言新註》對此的解釋爲「性」，其在〈節解〉即說「《大學》者換言之，即令人學習發揚性天之學也」（頁6）又於經文〈總論〉說「大學之道者，即令人人學其覓性之道也」此一詮釋已背離了學術界的說法，而朝向宗教上的追求本體的理念。

《中庸》之作，依朱子在其《中庸章句序》說：

> ……及曾氏之再傳，而復得夫子之孫子思，則去聖遠而異端起。子思懼夫愈久而愈失其眞也，於是推本堯舜以來相傳之意，質以平日所聞父師之言，更互演繹，作爲此書，以紹後之學者。

又於《中庸章句》引言說：

> 此篇乃孔門傳授心法，子思恐其久而差也，故筆之於書，以授孟子。
> （朱熹《四書章句集註》，臺北：鵝湖出版社，民國73年9月，頁15、17）

朱子一再強調《中庸》乃子思遠紹堯舜相傳之意，直契孔門心法，因恐心法失眞，故筆之於書，以授孟子。此一說法使朱子四子書的道統得以聯貫。而這樣的說法亦使《中庸》一書在民間信仰中具有神聖的地位，故而民間教派對於《中庸》的理解與源由亦本朱子的說法：

> 按此《中庸》一書，乃孔門要傳授世人，至貴無上之心法，最奧秘之眞傳也。子思子因恐年久月深，或有流傳差錯，所以筆載於此書，以傳授於孟子。（《文外求玄──學庸註解》，頁104）

> 子思憂道之失傳也，乃述孔子所傳之意，以作《中庸》。曰，列聖相傳，心心相映，不外乎性理心法。（《中庸輯義》，頁4）

「孔門心法」賦予了《中庸》的神聖性，也使得《中庸》在民間教派中成爲信仰者的必讀書，藉著閱讀以體悟心法的奧義，與聖人相契。因「心法」在宗教中所含的神聖性與神秘義，故而許多信仰者在闡述子思作《中庸》之意旨時，加入了宗教上的神秘義：

> 子思子述堯舜以所傳之意，本十六字心法之傳以立言。曾子得十六
> 字心傳，作《大學》十章。十六者二八也，乾坤由太極生兩儀四象，
> 内藏八卦之義。子思子得十五字心傳作《中庸》。十五者三五也。
> 由四象五行，内藏三才三元之義，暗隱三三，以此立言行。望後學
> 者，當體三十三章，以超出三十三天之外，至於無聲無臭而已焉。
> （《大中眞解》，頁 35）

在此先肯定了曾、思的心法相傳，但其對「十六字心傳」的意義又添增了其他的詮釋。「十六」數字乃爲「二八」，象徵著宇宙之始，由太極生兩儀，兩儀生四象，四象生八卦，從此生生不息，故其認爲「十六字心傳」乃暗含宇宙的天機與生機，故已與易經的數術結合，藉以解釋「十六字心傳」的神秘義。

而子思所得之十五字心傳，即《中庸首句》「天命之謂性，率性之謂道，修道之謂教。」而此「十五」字的奧義在於「三五」的重要性。「三五」的觀念源自於周敦頤《太極圖說》「無極之眞，二五之精，妙合而凝，乾道成男，坤道成女。」周敦頤所說的「二五」乃指陰陽五行，乃物質現象所必備的基本條件。然就生命的本質而言，只有物質現象不足以稱之生命，最重要的乃在於啓動物質現象的原動力。此一無形的動力，依周敦頤所說即是「無極之眞」，而民間宗教家亦在此加以發揮，清末王覺一的《禮數合解》即言：

> 人之所由生也，二五之精，生有形之身；無極之眞，妙合其間，做無
> 形之性。三五相合，有無混一。天寓乎人，人寓乎天。人中之所寓者，
> 雖天之一點，而至理無分，至神能通，實天理之全體也。（頁 2）

民間宗教家將「無極之眞」引申爲「無形之性」，此一無形之性乃性命動力的根源，而修道者所修者亦指此。在河圖當中，五十居中屬土，乃最重要者。故民間宗教家將此無形的本源與有形的河圖結合，說明人身中有一無形的「一五」，此「一五」爲性，「二五」爲命，修道者乃藉有形的「二五」修無形的「一五」，以達「三五」圓滿，故《大中眞解》解說子思作《中庸》之旨趣時，又以另一角度詮釋。而其所謂的「三元三才」〔註21〕主要要說明子思作《中庸》三十三章乃別有所指，乃要我們超越三十三天，與宇宙主宰同體同德，不再輪迴生死。

朱子所賦予《中庸》「心法」的意義，在民間宗教家的修道理念中被宗教

〔註21〕三才指天、地、人；三元在道教的修道義則爲天、地、水。

化了。其實，將《中庸》分三十三章是朱子的作法，而非《中庸》的本來面貌，但宗教家以他們所接觸的教育資源，根據宗教修行的體悟與所理解的佛、道修行理念結合，藉以說明三教修道的終極目標是一致的。

關於孟子得心法於子思，在「心法眞傳」的道統傳承中，民間教派亦本朱子的說法，而使孔門四聖之間得以聯繫：

> 孟子親炙於子思，深得孔門心法之眞傳也。（《四書說約》，頁66）

> 孟子本此明性善之說，此可見曾思授受一脈之傳。（《中庸證釋》，頁399）

就孔門心法的道統而言，民間教派基本上承繼他們所接觸的教育資源，故仍以朱子所創的心法道統爲核心。就此而言，孟子以後心法失傳，道統斷絕，而宗教家們又如何解釋他們所傳授的修行法門乃承繼孔門心法的道統眞傳呢？

就先天道與一貫道的系統〔註22〕而言，心法傳承的道統中，都有一「單傳獨授」時期，在一貫道道場所流傳的《認理歸眞》即言：

> 道統者，單傳獨授，一代傳一代，繼往開來的眞道不二法門也。……
> 代代相傳，單傳獨授之眞天命道統祖師也。孟子以後，道脈西遷，心
> 法失傳，儒脈泯滅，業經盤轉西域，釋門接衍，釋迦牟尼爲西域領天
> 命爲第一代祖，眞法又單傳……單傳摩指心法至二十八代，達摩祖
> 師。梁武帝時，達摩奉天命來東土，眞機妙法，復還於中國，諺所謂
> 「老水還潮」也。自達摩入中國，眞道乃一脈相傳，達摩爲初祖，單
> 傳給神光二祖，三祖僧璨，四祖道信，五祖弘忍，六祖慧能。單傳至
> 六祖，衣缽又失傳，有南頓北漸之稱，其實道統暗轉儒家。六祖曰：
> 釋家從我絕宗風，儒家得我正法通，三期末劫收圓事，正心誠意合中
> 庸。（萬有善書出版社，民國六十三年四月，頁19～21）

朱子認爲孟子之後道統失傳，宋儒可以承續孔孟心法乃在於千聖相傳，以心印心。朱子堅信千聖相傳之心才是道統的根源，故其對道統成立的基礎在於此心此理的體認，藉此體認，直契孔孟之學，〔註23〕故孟子之後雖心法失傳，

〔註22〕根據林萬傳的考察，先天道與一貫道所記載的祖師系統，在十三祖楊守一、
　　　　徐吉南之前二者是一致的，自十四祖之後，二者的祖師系統才不同，據此，
　　　　二者就源流而言，有密切的關連。參林萬傳《先天道研究》（臺南：靝巨書局，
　　　　1986年4月訂正二版）。

〔註23〕參劉述先《朱子哲學思想的發展與完成》第八章〈道統之建立與朱子在中國

然宋儒仍能遙契孔門心法。而民間教派則以「道脈轉移」來說明孔門心法失傳，故此一道統並非不存在，而是心法西傳釋迦牟尼，直至達摩東來，心法復傳中土，此時仍以釋門修行方式為主，直至六祖慧能。在《六祖壇經》中，五祖弘忍囑咐慧能「衣為爭端，止汝勿傳」（〈行由品第一〉）說明衣鉢不傳之原因。然在民間教派的詮釋中，此乃心法轉移的密語，象徵著儒家又將再次掌理道統的天機，其中所說六祖所作的偈語雖是可疑，但是卻可作為心法道脈轉移，儒家接掌道統的證明。

然而，民間教派又為什麼要強調心法重新回到儒門的修行方式呢？我們可由通俗小說中的一段描述來說明：

> 從來混沌初判，便立下了三教。太上老君立了道教，釋迦祖師立了佛教，孔夫子立了儒教。儒教中出聖賢，佛教中出佛菩薩，道教中出神仙。那三教中，儒教忒平常，佛教忒清苦，只有道教學成長生不死，變化無端，最為瀟灑。（馮夢龍《古今小說》卷十三〈張道陵七試趙昇〉）

從這段引文可知作者對道教有特別的偏愛，但由其中所說「儒教忒平常」一語可知，就大多數的老百姓而言，儒教雖說「平常」，卻是最接近他們的生活。也就是說，就修道途徑而論，釋、道二教的修行方式都必須在他們原本的生活中作極大的改變。釋教的修行須出家，〔註 24〕已違背了中國的倫理觀念，道教則須有明師指導，亦非人人可得，而儒教的修行方式在原有的生活中並不須要作極大的變化，老百姓可以一方面保有傳統價值觀中的生活倫理，一方面也可以在修道之途上精進，尋求宗教上的歸屬感，是以雖提倡三教合一，但在教義上卻以儒教為宗，此乃其主要的原因之一。

從歷史的角度來考究民間教派的道統傳承，或許有許多謬誤，〔註 25〕其中所謂七佛治世、三佛收圓，東方十八代祖師以及西方二十八代祖師，以至達摩東來傳至惠能的禪宗六祖〔註 26〕（見附錄一），其中的傳承若以學術性嚴

思想史上地位之衡定〉（臺北：臺灣學生書局，1984 年 8 月）。

〔註 24〕佛教亦有在家修行的居士，但通常所言，以出家為準。

〔註 25〕宋光宇先生曾對此一道統傳承之說法提出指正，他說「按照歷史學的眼光來看，這個道統說誤謬百出……但是這道統說既然已形成，且廣泛流傳，我們就不能以『假歷史』為藉口而一筆抹煞。必需從別的角度來探索其中所含的意義。」只可惜宋先生未再對民間教派的道統作一深入研究。宋文見《天道鉤沉》（臺北：元祐出版社，1985 年），頁 101。

〔註 26〕有關所有祖師之記載與傳說，參閱《道統寶鑑》（臺北縣板橋：三揚印刷）

肅的眼光來看，問題重重，但是不能因此而認定它沒有研究、參考的價值，必須從道統觀念在民間教派所存在的意義思考。反而可以藉此思索由朱子所發揚的「道統」，在孟子之前，民間教派與理學家的描述幾乎一致，其中最大的不同在於朱子所列盡是儒家之人，而民間信仰則取孔子問禮於老子之說，說明孔子之心法乃得之老子：

> 老子乃傳道之祖，故東度孔子成至聖，闕里傳猶龍之嘆。西化胡王悟真經，函關現紫氣之祥，青牛西去，道傳天竺。（《理數合解》，頁62）

> 昔孔子三十四歲問禮於老聃……老子親傳火侯於孔子，知中國有聖人，方騎牛出關西度，孔子方得大成。（《大中真解》頁12）

> 要知儒教之承二帝三王之遺，得上古天真之傳，源於道宗，已非一日，孔子又親炙老子，加以問學，而後教授諸賢，筆之書冊。（《大學證釋》下冊，頁68右）

據此說法，孔子之道得之於老子，故在民間教派的道統表上，老子列於孔子之前，老子西出函谷關，並且將道傳予釋迦牟尼，為往後釋門承接道統作伏筆。而民間教派與理學家之不同除了添列老子外，最大的歧異在於孟子心法失傳後，彼此分道揚鑣。若從民間教派傳道渡人與救劫的理念來看，此乃天命與天時之運轉，是以其道統觀念雖承襲朱子，然在內容上已全然宗教化了。民間教派將整個道統的時間分成三期，這就是明清民間教派所宣揚的「三期末劫」：

> 第一期曰青陽劫……道君掌教，燃燈主持，道降於君王將相……第二期曰紅陽劫……釋迦掌教，佛陀主持，道降於師儒……及至本會為第三期，曰白陽劫……道降儒門，彌勒掌教，儒童主持，道降於庶民火宅，大開普渡。

> 按此道降世，均係應運而傳，三代以上傳君相，一人而化天下，為青陽劫。三代以下，傳之師儒，三教繼續而出，各傳一方，為紅陽劫。現值三期末劫，世風頹壞，浩劫流行，不有天道挽救普化世人，不能轉為堯天舜日，於是道降庶民，真法普授，得之者人人成道，個個成佛，為白陽劫也。（《認理歸真》，頁18、21）

其中所謂「三期末劫」心法的掌教者與主持者或許無法考證，然而可以將此一道統所分三期的時間與歷史上的宗教信仰作一對照。所謂第一期道降君相的青陽期，與朱子所列的人物相差無幾。而道降師儒的紅陽期，即是所謂孟

子以後心法失傳，故此期掌教者乃佛教之創始者釋迦牟尼佛。自漢佛教進入中國以至魏晉南北朝佛教中國化，尤其達摩東來，對佛教產生很大的影響，直至唐代禪宗盛行，故其所謂「老水還潮」承接道統心法者皆為禪宗人物。或許會有人質疑，漢至唐中國本土宗教道教在此時亦屬蓬勃發展的時期，為什麼沒有進入民間教派所列的道統承傳者，我們不要忘了，在民間教派中，老子乃傳道之祖，在東方他傳心法給孔子，在西方他傳心法給釋迦，因此老子在整個道統中所象徵的地位可以涵蓋整體的道教。

六祖惠能之後，衣缽不傳，在民間教派中有所謂的「道降火宅」的說法。所謂「道降火宅」乃道統的承繼者已在民間，「火宅」即是老百姓生活所住的屋宇，因為此時修道不必出家，可以在家修。在家修道所面臨的事務遠比在一個神聖地修行更加艱難複雜，這樣的修行方式如火在煎熬，故稱「道降火宅」。

可以試著思考為什麼在「道降火宅」之後，由儒門掌接道統？在唐代，三教所處的局面乃是彼此相互批評與融合，三教合一的宗教觀此時已漸漸深入民間。如前所述，三教的修行方式，可以符合中國社會倫理又可以滿足人類對宗教的歸屬感者，儒教乃上上之選，故明清的民間教派雖以「三教合一」為其修行理念，但在修行方式上仍是「以儒為宗」。

由「三期末劫」的切入理解民間教派所編列的道統，從整個歷史洪流觀察，可以發現他們的系統不只是強調「三教合一」而已，而是與整個大傳統是息息相關的，只是他們從宗教的觀念出發，尋求屬於他們的宗教歸屬。是以他們雖承襲朱子的道統觀念，但在修道的前提下，開創屬於宗教式的道統觀，配合救劫的理念，在民間生根發芽。

三、儒教神學化的正式成立——孔子為教主〔註27〕身分的確定

司馬遷在《史記・孔子世家》對孔子發出贊歎之言，他說：

〔註27〕在三教融合之際，儒、釋、道三者皆自稱其為源頭。《清淨法行經》云：「佛遣三弟子震旦教化，儒童菩薩彼稱孔丘，淨光菩薩彼稱顏回，摩訶迦葉彼稱老子」，說明儒、道二教乃本源於佛。然《清淨法行經》大藏經不載，蓋偽經也。而「儒童菩薩」在佛經中本為釋迦前生為菩薩時之名。另據成唯識論掌中樞要卷上所釋，「儒」為美好之義，「童」為少年之義，指美好少年。此外，文殊師利菩薩又稱為儒童文殊菩薩，係用此語形容讚歎其德極，而非幼小之謂。參高觀廬《實用佛學辭典》及《佛光大辭典》（高雄縣大樹：佛光文化，1988 年），「儒童菩薩」條。

高山仰止，景行行止，雖不能至，然心鄉往之。余讀孔氏書，想見
其爲人。……天下君王，至于賢人眾矣，當時則榮，沒則已焉。孔
子布衣，傳十餘世，學者宗之。自天子王侯，中國言六藝者，折中
於夫子，可謂至聖矣。（瀧川龜太郎《史記會注考證》，臺北：洪氏
出版社，頁 765）

從這段對孔子的景仰之詞，我們可以知道，後代對孔子的紀念，乃是以文化
傳承者的角度看待孔子之聖。孔子對中華民族的影響，不隨時間的推移而消
滅，他的生命理念，〔註28〕已深植於後人心中，即使是資訊科技發達的今天，
依然不自覺地深受孔子的影響，老百姓們可能日用而不知其所以然，然此正
可說明孔子精神深入生活文化之中。故孟子言：「孔子，聖之時者也。孔子之
謂集大成。集大成也者，金聲而玉振之也。金聲也者，始條理也；玉振之也
者，終條理也。始條理者，智之事也；終條理者，聖之事也。」（〈萬章下〉）
孟子以「金聲玉振」象徵孔子集往聖古賢思想之大成，讚美孔子對中華文化
的貢獻，歷來對孔子理想人格的尊崇亦由此而來。

在中國社會的士庶文化中，孔子佔有極高的地位。而在民間教派中，孔子
偉大的人格不僅只是文化中精神心靈的崇尚象徵，甚至已被神格化了。〔註29〕
在宗教中，他們承傳大傳統對孔子的仰慕與崇敬，對於孔子的聖人形象有不可
言喻的嚮往，在儒學宗教化的過程，他們延續學界肯定孔子在文化上的貢獻，
視孔子爲文化之承先啓後者：

〔註28〕 在此我不用「思想」而用「生命理念」，因爲，孔子的精神最重實踐，唯有力
行生命的實踐才能更深刻體驗孔子之言。另可參林碧玲《存在與實踐——從
孔子的生命歷程論「儒之道」的顯發》（臺北：國立政治大學中國文學研究所
博士論文，1995 年 7 月）。

〔註29〕 早在漢代今文學家曾藉讖緯之學將孔子神格化，許多緯書的災異符命之言皆
僞託孔子之言,孔子儼然成爲預言的神祇，不過今文學家欲將孔子樹立成教主
的作法並沒有成功。參馮友蘭《中國哲學史新編‧第三冊》第三十一章〈緯
書中的世界圖式〉（臺北：藍燈文化事業，1991 年 12 月）、金春峰《漢代思想
史》之〈讖緯與宗教〉（北京：中國社會科學出版社，1997 年 12 月）、趙吉惠
等著《中國儒學史》第五章〈讖緯之流行與反讖緯之鬥爭，經學之衰微〉（鄭
州：中州古籍出版社，1993 年 4 月）。清末民初，康有爲創立孔教會，他仿照
西方基督教的形式組織，奉孔子爲教主，以孔子所作「六經」爲聖經，以儒
家的「忠孝仁恕」爲信條，以尊孔之典爲宗教儀式，全國遍設孔廟，令士庶
男女膜拜祭祀，康氏的主張，隨著 1917 年 7 月張勳復辟的失敗，孔教運動也
宣告破產。參房德鄰《儒學的危機與嬗變——康有爲與近代儒學》第三章〈從
聖學會到孔教會〉（臺北：文津出版社，1992 年）

　　蓋教之傳也久矣，唐虞之世，契爲司徒，官則司之。夏商及周，猶
　　率舊章。孔子繼周公而聖，不在其位，教以師授。……故論儒教，
　　必以孔子爲宗也。孔子祖述堯舜，憲章文武，二帝三王之遺，備諸
　　一人，所謂集大成者也。（《大學證釋》，頁41左）

　　儒教自堯舜傳至夫子，原一系所傳，治平之道，精一之德，皆在《大
　　學》、《中庸》中。……夫子之功在述而不作。（《中庸證釋》，頁424）

就文化承傳的觀念上，孔子象徵中華文化綿延不斷的啓承之處，在於孔子所傳
之道乃堯舜文武之道。對於先王所遺傳的文化，孔子本著「述而不作」的態度
闡述發揚先聖的文化傳統。〔註30〕因此《中庸》所謂「仲尼祖述堯舜，憲章文
武。」即是說明了孔子承襲先王之道，正如孟子所言孔子乃文化的集大成者。

　　從道統傳承的角度來看，孔子之前乃天子之位的「治統」與聖人之教的
「道統」〔註31〕合而爲一，是以主政者即是教化者，以民間教派的說法，此
時即所謂的道在君相。孔子後，治統與道統各主其事，亦即所謂的政教分離，
而孔子的偉大即在於他讓聖人之教綿延不斷。是以自孔子後，才有所謂「教」
被獨立出來，以「教」來傳達聖人之意，而此時即民間教派所說的道在師儒。
因此，就傳教眼光來看，儒家的立教者應是孔子，而非傳心法之祖的堯帝。

　　然在民間教派中，道之傳與教之傳並不相同。教乃指教育與教化，而道
則是信仰之修行的終極目標：

　　蓋教者，立其本以示人，本者，道也。道之所立，天地不違，而況
　　人乎？故其教，互萬世不可易，雖有賢聖，不得失也。（《大學證釋》
　　下冊，頁43左）

「道」是「教」之本，故「教」之立，必須以「道」爲根本。教乃溯道之本
以教人，因此，教是一種方法，而非本源，道才是信仰的核心。是以聖人立
教，乃欲以教育的方式讓人尋回根本，而「道」與「教」之不同即在此：

　　道、教總須分清，不宜混言。然教中心法，係由道中心法所生。是
　　以欲明道中心法，必須實踐中庸之道，洞澈教中心法後，始能傳授

─────────────

〔註30〕孔子雖以「述而不作」表明自己對文化承傳的理想，但就六經的制定，孔子
　　　　並非只是述而不作，而是以"述"爲"作"，寓"作"於"述"，孔子將自
　　　　己擺在所謂"述"的位置，這可以使他免除「不知而作」的弊病。詳參徐遠
　　　　和《儒學與東方文化》（北京：人民出版社，1993年12月），頁10～15。
〔註31〕王夫之於《讀通鑑論》卷十三言：「天下所極重而不可竊者二：天子之位是也，
　　　　是謂治統；聖人之教也，是謂道統。」

道中之心法也。(《學庸淺言新註》，頁141)

由此可知，道之心法才是信仰的核心根本，而教中之心法則是修行中所經歷的一個過程，必須洞穿教之心法，方可得道之心法。然因教之心法泰半之人已無法體會，更遑論道之心法的體驗。故而孔子立教的重要處，即在於孔子乃得道之心法，以道之心法的精神，立教傳達聖人之意：

> 聖門言道，首自堯典允執厥中。及舜授禹，更以人心惟危，道心惟危，惟精惟一三語，推論執中之要。其義已備，其文尚簡。……故教義備於禮經《中庸》、《大學》二篇，蓋所由來者遠矣。孔子既爲祖述堯舜，憲章文武，其所教人，莫不本於堯舜之道心人心，精一執中之訓。(《中庸證釋》，頁20)

又

> 試以仲尼之學言之，堯舜道統所由開也，仲尼則奉爲祖而傳述之。
> 如人心惟危，道心惟微，以義利之辨述之，惟精惟一，允執厥中，
> 以博約之教述之，皆所以遠宗其心法也。(《中庸輯義》，頁196)

心法道統之傳雖始自堯帝，然而將心法發揚立教傳人者，則以孔子爲始。因此，孔子在道統的地位，不僅只是心法的傳承者，更是聖人之教（注意：不是聖人之道）的發揚者。孔子藉著他對心法的體悟，以道立教，藉以尋覓可得道之心法者，延續道統心法：

> 此章又提出仲尼，可見繼往聖絕學，開萬世太平，道降師儒，全在
> 孔子一人身上了。堯傳舜是允執厥中，舜傳禹也是允執厥中，這中
> 字是道的心法。孔伋說仲尼以堯舜爲祖，要傳堯舜的心法，就是要
> 傳中。(《學庸白話解》，頁50)

「道降師儒」是孔子在民間教派中被樹立成教主形象一個很大的因素，因爲天時的轉移與道脈的輪轉，從「道在君相」而至「道在師儒」。在儒教中，孔子乃以布衣的身分承接道脈，因此孔子在宗教上的意義不只是一位教育家，更是一位傳道者。故在宗教的解讀裡，心法道統的內容已具有神秘意義。故而以上引文所說，心法之傳即在於傳「中」，然而「中」所代表的意義爲何？在《論語》中，曾子因了解孔子的「一貫之道」而得到心法眞傳，繼而名列道統之位，身負孔門心法之傳的重任。這其中的奧妙，使得許多孔子之言漸漸被以宗教詮釋，而儒學在宗教家的理解中，逐漸神學化了。

因此，從堯舜心法的傳承到立教授徒，孔子的聖人形象逐漸多元化，就

文化傳遞的角色，他使堯舜文武之道得以傳承，《中庸證釋》即說：「夫子生為天縱，幼而老好學，既秉仁聖之德，復諳禮樂之道，以集古人大成，而表章六藝，以傳先聖至教，而行著《中庸》。蓋堯舜之道，由之大明，文武之政，於焉遠紹。」又言：「明夫子之教，即堯舜文武之教也。」（《中庸證釋》，頁455、457）可知三代先王之道，端賴孔子的努力遠播紹揚；若以聖人之道角度來看，他則是一個「古今來能至誠盡性、修道立教、集群聖大成，得天地全德的一大聖人。」（《新註中庸白話解說》頁 15 左）；而在宗教上，堯舜心法之密傳與立教修道，才是孔子被神聖化的主因：

> 吾夫子仲尼，乃統天道而不廢，人道之功，總集堯、舜、文、武、周公，心法之大成者。祖述堯、舜者，遠宗其「人心惟危，道心惟危，惟精惟一，允執厥中」十六字心法真傳，以繼往開來也。（《文外求玄——學庸註解》，頁 235）

> 夫子慨乎道之失墜，乃昌《中庸》之教，而將以紹唐虞之德，紹堯舜之道也。故「中庸」二字，雖始見於此書，而其德固溯源於古人，明於堯舜之時，非自夫子發之。其立為教者，則自夫子始也。（《中庸證釋》，頁 289）

由此可見，對心法的承繼與其中的奧密乃使儒學步上神學詮釋之途，而修道立教則使孔子冠上儒教教主之名，在這繼往開來、承先啟後的多重身分中，孔子在民間教派中的神格的角色已屹立不移。

四、神道傳教的原因與必要性

神道設教一詞出於《易經》之〈觀卦·彖傳〉：

> 觀天之神道，而四時不忒，聖人以神道設教，而天下服矣。（《周易正義》，十三經注疏本，臺北：藝文印書館，頁 60）

這段文字本義乃聖人觀察天地之間不言而行、不為而成的自然之道，藉以設教，垂化世人，不假言語，不須威刑恐逼，而百姓自然順服；故其原義乃藉「觀天之神道」而治理政事，以達「天下服」之目標，故在中國的歷史上，「神道設教」一直為主事者所倡導，長期不衰。〔註32〕孔穎達對「神道」的解釋說：「微妙無方，理不可知，目不可見，不知所以然而然。」（全上）孔氏的

〔註32〕參陳麟書主編《宗教觀的歷史·理論·現實》（成都：四川大學出版社，1996年 7 月），頁 30～34。

解釋，已賦予神秘意義，已與原義不同。關於宗教的創立，其所涵具的神秘義是不可忽視的，故而民間教派解釋儒教的創立，亦朝向「神道設教」的必要性詮釋之。

為什麼須以較具神秘性的神道方式傳教呢？

> 今國中人心無依，奸究以逞，巧詐以爭，自以為智，而犯上者多，自以為勇，而好亂者眾矣。……由今言之，較彼時為尤甚，楊墨雖詭以行，而猶假聖人以為言，今則非聖無法者遍天下矣。教之不作，國奚以保，民奚以生。故列聖憂之，降靈說道，以啓諸子。（《大學證釋》上冊，頁 40 右～41 左）

在人心詭譎，道德倫理淪喪的社會，天賦的良知日漸隱藏，上天不忍人間混濁，人性良知迷昧，故降靈說道，挽救百姓群生。然若欲力挽狂瀾，如果不借助神靈之力，恐怕無法令眾生信服。故藉神靈的威赫與顯化，喚醒黎民的良知，拯救百姓的心靈，使人人知有鬼神的存在，心生敬畏之心，進而入教修道。

就修道的宗旨而言，神道傳教只是一個過程，而其目的，乃是藉神道之靈，以救眾生之性靈，藉著鬼神禍福之事，警惕民心，引導百姓步修道之途：

> 神道之教，在以鬼神之德，禍福因果之事，警惕愚民，啓其敬畏之心，止其情欲之惡，固一義也。而其本旨，則在使人知生生之本，人道之原，而導於孝弟之行，盡其性道之德，以不失其真，永守其中，此聖人立教之微意。（《中庸證釋》，頁 240～241）

由此可知，神道設教的目標乃使人認識人之本、道之原；然若直接由其根源處入手，許多匹夫村婦恐不明其意，而許多知識分子亦將視為妄言，故須先以鬼神、禍福、因果等應驗之事，使之信服。故其在方法上，先警惕告誡以開啓對鬼神的敬畏之心，使其外在行為有所收斂，逐步向善，而最終的目標，乃朝向不失其真，永守其中的修道理念邁進，是故就神道設教的本意上，以修行的觀念來看，是有階段性的：

> 儒家以格物致知為誠意之本，毋欺慎獨之方……且以神道為下乘人說法……如其嚴之戒，自慊之訓，無非以神司鑒察，不爽毫髮。《中庸》以微顯見戒慎恐懼之語示人，以神之格思，誠之不可揜，皆為神道教人之本旨。蓋人生以情欲並生，而有萬物，身又有五官百體，皆易於致人不誠，而自喪其性真，非時時警惕，以盡其

> 敬畏之懷，則善念無由生，惡念無由遏。故致誠必先敬畏，謂敬
> 天畏神也。……學者以或未能明性道之真，必因天神而後能致其
> 誠。（《大學證釋》上冊，頁 31）

在此即說明，神道乃為下乘人說法而用，藉由鬼神的明察秋毫，使人心生警戒，不敢違背天理。人之降生有形以後，情欲隨之而生，如果不時懷戒慎恐懼之心，則必被惡習所染，是以神道乃以無形鬼神之靈，令有形之人身信服，藉著天神之力，時懷敬畏之心。是以就修道歷程而論，先借鬼神之力，使人深信鬼神之存在，以達惡念遏止，善念油生的初步目標。因此《中庸》的鬼神之說，以初步的認知而言，乃以鬼神之靈的外力，啟發內在的自省。《中庸證釋》即言：

> 聖人戒慎恐懼，存養省察之教，必以神道導之。而立誠守中，明性成
> 道之行，必自神道明之也。神為人生之本，天為人性之原，故明天神
> 之道，即以窮人生本原；敬畏天神之教，即以返本復始。（頁 242）

聖人藉著神道之力的引導，教人於自我的省察中，思考人之本原何在？體認聖人以神道教人只是引人入修道之門的方法，而非最終的目標。因此體證本體之真，明白自我根源，了解死生大事，進而與宇宙本體同體同德，方為聖人神道設教的最終目的：

> 聖人用神道以設教也。聖人以虛無真神，指破人人身中自神，人能
> 覺其自神，則虛無真神，遂起敬心矣，故齊明盛服以祭祀。齊明者，
> 持心齋而性始圓明，盛服乃誠於中，形於外之表現耳。以承祭祀者，
> 乃我之自神，與虛無真神結靈，真神受承，亦即我自神受承也。人
> 人敬虛無真神，人人覺圓明自神，則洋洋乎，道風昭然，慈雲籠罩，
> 祥雨盤桓。（《學庸淺言新註》，頁 83）

聖人神道設教之苦心，乃教人由有形之體省覺無形之神。而此無形之神，已非外在具有變化萬千的鬼神，而是自我內在本自具足的天賦自神。修道所要修煉者，正是自身所有的無形真神，此一真神非由外求，而在自身之中。因此，藉由外在的宗教儀式，祭祀外在神明，引導內心的自覺。因此，外在的一切典禮儀式，都是指示我們由外體內，可惜後人執於外在的祭祀，而忘了內在虛靈圓明的自我真神，若人人能回歸本體的虛無真神，則聖人以神道之方以教人之心，可謂有成矣。

　　體察自我本體的真神是神道設教的主要目的，然而對於經典的詮釋，為

什麼要以神道降靈的宗教儀式進行註解呢？

> 天降大道，以闢世人之蔽，而誨於人，免獲陷罟之害也，則神道設
> 教。而神者非怪力之言，依三教之經典，各參考其義，豈謬於三王
> 之道耳？蓋三教聖經非惑於人，而爲萬世之法也。（《增註大學白話
> 解說》自序，頁 3）

以自我的宗教體驗閱讀三教經典，這是民間教派的詮釋態度。通常我們面對
於某一教派的經典，閱讀角度會受到該教派的基本理念所局限，以致於不能
接受其他教派的說法，甚至視其他教派之說爲妄言，是故教派與教派之間常
因教義上的不同而爭論不休。以神道設教的方式解釋經典，最主要的目的，
乃主要以超越的觀點來教育世人，三教經典在文字上的說法雖有差別，然在
修道的終極目標上卻是一致的，是以借神靈之力來詮釋經典，並旁引三教經
典以相應證，則是神道設教的另一目的。

　　就以上所言，可知在民間信仰中，神道設教是必然的過程。其最終的用
意在使人去惡存善，知天地間有鬼神的存在，人人心存戒懼恐懼之心行事，
則國家社稷無亂事，百姓黎民居可安，性可明。進一步由外在的鬼神觀自我
內在之鬼神，體覺自我內在之神，此爲聖人神道設教的本心，《文外求玄——
學庸註解》言：

> 聖人欲以神道設教，故指破人身中所具有之鬼神，使人人自覺其神，
> 以證實大自然虛無之眞神之有在，更知體物而不可遺；在在有鬼神，
> 處處有神明，於默默之中自能潛移默化，以使天下人人肅然敬畏於
> 鬼神矣！試以祭祀之事以驗之，則可知其一斑矣。（頁 154）

神道教人一則可約束群眾的外在行爲，使知鬼神的眞實存在，人人敬畏鬼神，
必然潛移默化朝邁向善之路；更進一步，乃在使人體悟自身的鬼神，向修道
之途邁進，以證終極實體。因此，神道設教雖爲下乘人說法之用，然在民間
信仰上，卻是必備的條件，藉由神靈的威赫，以服人心，再循序漸進導入修
道之途。是故神道設教的好處與功效極多，一可勸人爲善，又可渡人修道，
體證道的本然，故在民間信仰上，神道設教已成其必然的過程。

第三節　理學思想對民間教派教義的啓發與影響

　　從中國學術思想的發展歷程來看，理學的出現與延伸，可說是跨時代的

變革，對後世的影響更甚於前朝。〔註 33〕本以五經爲中心的時期，在宋朝諸子的努力下，轉而以四書爲核心思想。尤其是朱子結集四書，並爲之作集註，確定了四書的經典地位。朱子此一進四書退五經的作法，隨著元仁宗皇慶二年（1313 年）《四書章句集註》成爲科考的官定本，自此以後，中國讀書人無不受《四書》的影響，〔註34〕而理學思想亦由此而深入中國社會之中。

　　《四書》是理學主要依據的經典，理學的價值體系、功夫系統以及討論的主題，常與這些經典有關。在理學家所討論的主題中，格物致知出於《大學》，知行出於《論語》，心性出於《孟子》，道心人心出於《尚書》，已發未發出於《中庸》，這些問題經過新的詮釋，獲得了新的意義。〔註35〕這些主題雖是學界所提出，但因理學思想影響中國社會近千年，因此許多名詞也深入民間社會中，而民間教派在此基礎下發展屬於宗教式的思想。

　　在理學的發展過程中，程朱與陸王學派雖因理念上的不同而爭議不已，直至清末兩派依舊口誅筆伐，〔註36〕莫衷一是。雖然學界呶嚷不休，但是兩派所傳達的思想卻在民間生根發芽，民間宗教家將理學思想吸收、轉化，成爲民間教派的孜孜奉行的理念思想。

一、四書的經典化

　　北宋初年，《大學》與《中庸》由《禮記》中脫穎而出，以單行本刊印，意義非凡。〔註 37〕繼之二程大力表章四書，而朱子論述尤詳，完成了「進四

〔註33〕 本文所採用「理學」的定義爲廣義的「理學」，包括程朱理學（或稱道學）與陸王心學，而非狹義的程朱理學。關於理學的定義可參陳來《宋明理學》（臺北：洪葉文化，1994 年 9 月），頁 10〜11，與董金裕〈理學的名義與範疇〉（《孔孟月刊》第二十卷第九期）。

〔註34〕 這段學術思想史的轉變，錢穆先生有詳細的說明，錢先生從漢唐之儒稱「周孔」與宋代以降稱「孔孟」之不同考察，認爲此乃中國儒學傳統及整個學術思想史的一大轉變；再加上朱子進四書退五經，已全然轉變之前的學術傳統，見《朱子新學案》（第一冊，頁13；第四冊，頁180〜181）（臺北：東大圖書公司，1989 年 11 月三版）。又黃俊傑先生從注疏學傳統的轉變，說明此一大轉變，見〈從朱子《孟子集注》看中國學術史上的注疏傳統〉收於氏著《儒學傳統與文化創新》（臺北：東大圖書，1986 年 8 月再版）。

〔註35〕 參陳來《宋明理學》，頁 14。

〔註36〕 見史革新《晚清理學研究》（臺北：文津出版社，1994 年 3 月）。

〔註37〕 王應麟《玉海》卷五十五，頁 46 下（臺北：臺灣商務印書館，文淵閣四庫全書）。

書退五經」的跨時代學術大業，自此後，四書取代了五經，成爲闡述儒家義理思想的根本依據，此後有關《四書》的注疏著作亦蓬勃興起。〔註 38〕自朱子以後，《四書》成爲中國社會的必讀書，而且必讀朱子《四書章句集註》，朱子所開創的四書學對後代影響之深可以想見。

　　當《四書》成爲人人必讀的經典，民間教派亦循此大傳統對《四書》的尊崇，並將《四書》神聖化，視《四書》爲發現人性根源處的重要書籍：

> 祗知一部四書，千章萬句，流傳於亙古而不朽者，總是教人照這書中
> 道理，各去存好心、行好事、說好話、爲好人，不失生初一點善性
> 耳。……讀四子書，但觀其命意所在，得意忘言，不拘章旨，縱橫串
> 合，會其精義，借以陶鑄自己，並造就同人。（《四書說約》，頁 1）

《四書》在理學家的闡述與創發中，由邏輯思維到生命的實踐，進而由生命體驗發展出個體的思想，在理學家的眼裏，「道德實踐」是讀書人必備的基本條件，而聖人之言才是代代相傳的主因。因此，思想的傳遞結合道德實踐是理學家特別重視的，其所在意的是文化的傳承與思想的創發。民間教派的著眼點與理學家外貌相似但內涵卻不相同，他們所在意的是如何藉由聖人所傳的文字體會聖人的言外之意，進而對終極實體的追求。因此，落實道德實踐，成爲一個「好人」，並且「不失生初一點善性耳」是他們讀《四書》的根本心得。在此基礎上，《四書》所象徵的宗教意旨也逐漸展露：

> 聖人曰，人之初性本善，故不教性乃遷。恐怕世間人，漸行漸惡，
> 著四書綱常倫從德，教人修性修道，待未會一到，家家戶戶，人道
> 實行，本性自見，可以超凡入聖，成仙成佛，此立世法、出世法相
> 兼，不可不知。（《大學一理解剖》，頁 15）

結合道德實踐與宗教體驗，賦予《四書》內涵的宗教使命，這是民間教派對聖人之言的看法。而在修行法上，他們不離儒家入世的本質，因此認爲若要超凡入聖，成仙成佛，必須以入世法接受人世間一切的磨練，再結合出世法對自我本體的洞察，體察聖人所說的珠璣妙語，達到修道修性的終極目標。肯定《四書》亙古不變的經典性，尋求其中的命意所在，藉由宗教體驗探索聖人之言的精義，此乃宗教家讀《四書》與理學家不同之處。

　　站在宗教的眼光看《四書》，其所呈現的意義不同於一般的著作，故民間教派認爲，《四書》之作有其神聖性，與一般的作品截然不同。換言之，《四

〔註38〕 參佐野公治《四書學史の研究》（東京：創文社，1988 年 2 月）

書》乃源於「天意」而作的：

> 天不忍道絕人間，特爲道而生孔子。然天雖生孔子以續其道，而不
> 使孔子驟洩其道，又生三大賢以漸發其蘊。則是孔子之傳曾子，如
> 太極之生兩儀也。曾子之傳子思，如兩儀之生四象也。子思之傳孟
> 子，如四象之生八卦也。……合觀聖賢闡道之言語，足徵天之愛道
> 甚重，而不肯輕洩於人，又見天之愛人甚深，而不忍不聞其道也。
> 讀四子書，須自始至終，通篇合看，打成一片，捏做一團，探本溯
> 原，提綱挈領，始悟聖賢教人之眞命脈，即得上天生人之大主腦也。
> 若徒誦章句，徒解書理，而不知脩身以道是背聖賢而違天意，斯人
> 也尚得謂之君子儒哉。（《四書說約》，頁3）

《四書》之作，在此已賦予宗教的神秘義。每一教派皆有其神秘性，這是可
以理解的，而其中的神秘性，正是在於眞「道」不易尋。由此可知，因爲眞
「道」難以尋覓，故天特派生孔子以闡其道，然而因眞道珍貴無比，故非人
人可得，故由孔子以至孟子，皆是單傳獨受，主要在於眞道無價。天降四子
闡道，乃因不忍道絕人間，眾生無眞理可尋，易入旁門左道；然既降眞道於
人間，卻非人人可求，乃在於眞道珍貴，不可輕洩。因此，《四書》之作乃四
子對道的詮釋，必須細讀體驗方可得知聖人的言外之意，若徒窮於文字訓詁，
不但無法得到聖人的眞言，反而誤解聖人眞意。是故閱讀《四書》須以體悟
「聖賢教人之眞命脈，上天生人之大主腦。」爲主，這樣的閱讀態度才能讀
出聖人傳道之旨，配合宗教體驗，了解聖人立言的苦心。

　　因此，經典《四書》的精神在民間教派的發展中，結合神秘的力量，使
《四書》的神聖性在宗教中屹立不搖。再者，結合「心法眞傳」的道統之說，
《四書》在民間教派中，其經典的神聖性更具說服力。署名孟子降靈說《四
書》之形成即言：

> 夫子以是義授子曾子，子曾子授諸子思子，軻得授於子思子之門。
> 蓋夫子之授弟子多矣，而子曾子最爲高足，其餘有成者均遜之。子
> 曾子所授亦如夫子，而惟子思子最爲高足，其餘亦少聞者。故《大
> 學》傳於子曾子，《中庸》傳於子思子。其二子之得而有成也，不忍
> 以夫子所授秘之，乃爲筆之書，紀其綱目焉，此《大學》、《中庸》
> 所由作也。自子思子傳之門人後，軻幸而有得，而能成者，亦命載
> 之書，即見七篇中者，七篇雖非盡傳道之訓，而莫非孔氏之教也。（《大

學證釋》下冊，頁 61 左）

又

> （孔子）上、下兩論是親口授子及門各子；《大學》、《中庸》是曾子、
> 子思述說他的大宗旨，以傳授萬世的。（《新註中庸白話解說》，頁 18
> 右）

在此說明四子之傳授，皆以最高足得之，餘者不足以道之。因四子書之作源
於聖人的慈悲心，不忍孔門之道秘而不彰，故著書以啟後之學子，以承孔子
之道。然而基於真道不易輕洩、不能廣傳的神秘性考量，聖人只能以隱含的
文字論著，而文字背後的真義，則須訪道尋求。因此，《四書》所代表的不再
只是儒家文化的傳遞，而是信仰者須深刻體會的宗教書籍。如何藉著教派秘
傳之寶，體證聖人心法之傳，是《四書》成為民間教派必讀書的主要原因。
因此，如何體驗《四書》的神聖性，使聖人之道傳之千古而不斷，更是信仰
者所賦予《四書》無形的使命。因此，將《四書》傳授萬世是民間信仰者的
共同心願，故而重視《四書》的閱讀一直以來是民間教派所倡導之事。

　　經典性的確立，是宋代以來中國知識分子詮釋《四書》的演變結果，而
民間教派所賦予的神聖性，則是《四書》在民間信仰中被廣泛閱讀的主因。
而信仰者這樣的閱讀心態與理學家專以闡釋義理，或莘莘學子以科考為主的
閱讀方向，呈現極大的差異。

二、理學本體論思想的發展與再創

　　理學的產生，可說是儒、釋、道三教從相斥到相融，而儒家在此思潮中
重新省思的自覺運動。宋明理學家幾乎都出入佛、老，而在接觸二氏的同時，
構築了以儒家倫理思想為核心，吸收道教的宇宙生成論與萬物化生的觀念，
以及佛教的思辯哲學，以彌補儒家哲學體系的不足，繼而開創儒學發展的另
一高峰。〔註39〕

　　對於「理」意義，有作為宇宙的普遍法則的天理；作為人性的性理；作
為道德規範的倫理；作為事物本質與規律的物理，以及理學所討論理氣相勝

〔註39〕儒、釋、道三教的論辯與相融，以及理學思想發展的過程，可詳參張立文《宋
　　　　明理學邏輯結構的演化》之〈理學的思想來源〉（臺北：萬卷樓圖書，1993
　　　　年）；徐洪興對三教相融的歷史現象，則用「整合」一詞來說明三教合流的現
　　　　象，見氏作《思想的轉型—理學發生過程研究》（上海：上海人民出版社，1996
　　　　年）

問題所表現的理性之理。〔註 40〕雖然這些定義隨著理學家的討論主題不同而
不可混淆，但是理學家賦予「理」有超越的意義，這是無庸置疑的。在此前
提下，理學所涵括的性質與內容，應可概括的說：（一）理學是以探討「道體」
爲核心。所謂道體是指在自然現象、社會現象背後之上，有一個更根本的本
體。而這個本體的自身是「寂然不動」、「無造作」、「無計度」，而卻能「感而
遂通」、「應感之幾」。是自然與社會現象的最終的根源。（二）理學是以「窮
理」爲精髓。對於「道體」的體識，在某種意義上，不僅是對「理」（道體）
的自覺與回歸，而且是對「聖賢氣象」之理想人格的自覺，亦即「盡性至命」、
「尋箇是處」追求人性的根源。是故窮理是貫通道體、理、性、命、心的樞
紐。（三）理學以「存天理」、「去人欲」爲存養工夫。在自然、社會、人生以
至人類歷史上，凡是眞的、善的、美的、正的、光明的，都是「天理」（理）；
反之，則爲人欲，故應去之。故程、朱、陸、王都以「人心惟危，道心惟微，
惟精惟一，允執厥中」十六字爲聖人心傳之秘，所以他們特別重視存天理、
去人欲。（四）理學以「齊家、治國、平天下」爲職志。將「理」的普遍原則
與人的道德倫理行爲規範溝通起來。（五）理學以「爲聖」爲目的。他們以發
揚孔孟學說爲職志，通過爲學、修德而達「聖賢氣象」。〔註41〕這些在學界所
討論的主題與對於自我存養省察的實踐，隨著理學思想在社會上的普及，漸
漸地被民間教派所吸收，尤其是討論有關道體、理、性、命、心等，攸關乎
修道、洞悉生命本源的問題，這是民間教派所特別重視的。因此，理學的內
容已不僅只是邏輯思考的層次，信仰者對於理的理解已是宗教化的意義了。

在理學家對於「理」內涵的討論之基礎上，民間教派將「理」的內容神聖
化，視「理」爲宇宙最高的主體，宇宙的創造與生成，皆因理的作用而產生：

> 夫理本爲無極之眞，先天之妙，眞空至有，眞虛至實，貫徹始終，
> 充塞宇宙，難言也。如必欲言之，惟有即物以形氣，即氣以形理，
> 見物之形，而知氣之在，聞氣之聲，而知理之在，費而隱，顯而微，
> 一本萬殊，萬殊一本，天地萬物，本吾一體，無極維皇，萬靈眞宰，
> 豈虛語哉。（《中庸輯義》，頁 72）

道的本體，由一理推行到天下的一理，萬事萬物仍在一理以內包

〔註40〕參同註35，頁 15。
〔註41〕詳參張立文《宋明理學研究》（北京：中國人民大學出版社，1985 年），頁 19
～22。

含。無論行何等的事，亦不能超過一理。……無極的真理，萬象空
中生。……正是一理散於萬法，萬法歸於一理。(《大學性理闡義》，
頁 173)

「理一分殊」是理學很重要的主題，民間教派承襲此一思考理念，認為萬事
萬物皆由一理產生，因此一切事物俱為理所包含，故一散萬、萬歸一。對於
理的涵義，已非理學家只作為儒學本體論的形上思想，而是將理的內涵具體
化、神聖化，所謂「無極維皇，萬靈真宰」便是理的另一個代名詞，是宇宙
萬物的根源。此一萬靈真宰，費而隱、顯而微，充塞宇宙，於此「理」的意
義儼然是宇宙萬物的造化者，已被神格化了：

造化天地萬靈萬彙之真宰，由真空至靜之無極理天，以先天地而生
之大自然之一真理，賦與天地為造化之大源，再由天地賦命於萬靈
萬彙，是謂之天命。在天未命於我之前則曰：「理」，即命於我之後
則曰：「性」，在天即曰：「理」。(《文外求玄——學庸註解》，頁 105)

由此而觀，理的內涵在形象上是神格化的萬物主宰，而在空間上，更是一個
神聖空間——無極理天，此一神聖空間是宇宙唯一的實有空間，因此先天地
而生。有形的天地萬物皆倚理而生、而運行，若失此理，則天地萬物終歸毀
滅。「理」既是宇宙萬物的根源，故而亦是「人」的源頭，是以人之本來與理
同體。而「理」主宰所賦予人之「性」，在天未降生人寰之時，亦稱為「理」，
故言：「在天謂無極之真理，在人則謂之性也。……蓋人之本性，來自理天，
性即理也，本來面目，乃真實無妄之至誠也」(仝上，頁 156)。就此認知的前
提下，引用三教的經典互證「理」本體的真實無妄，更可見信仰者對「理」
的涵義的宗教體證：

極至之理，此物是在天地萬物之先即存在的，雖是虛無，並非頑空
死寂，而含著妙有，在天謂道，在物即理，在心即性，分而言之則
一本散萬殊，無不是此物也；合而言之，則萬法歸一，無不是此物。
儒家經典中說「萬『物』皆備於我」亦是指此。佛家常言「人人皆
有佛性，人人皆可成佛」即與此相通。六祖惠能說：「菩提自性，本
來清靜，但用此心，直了成佛」。又說「不悟即佛是眾生，一念悟時，
眾生是佛，故知萬法盡在自心，何不從自心中，頓見真如本性……」
更具體說明人與天俱來靈明不昧本性之真實性。(《四書心德——大
學中庸》，頁 21)

就本源而言，人性之本來乃與天齊一，此一真空妙有的本體，人人本自具足，無須外求，故三教對此本體所使用的語言雖有差異，然無非要世人體認此一本體的真實性，進而修煉自性本體。因此就修道的目標而論，就是要使人的原始本性回歸於與天同體同德的光明自性。而民間教派對此一與宇宙本體的自性原貌，有其超然的說明：

> 蓋天以無極之理，動而為太極，分為陰陽，布為五行，化生萬物。氣聚成形，而理亦賦焉。天以元之理為命，人物得之，則為仁之性。天以亨之理為命，人物得之，則為禮之性。天以利之理為命，人物得之，則為義之性。天以貞之理為命，人物得之，則為智之性。天以元亨利貞之理為命，人物得之，則為仁義禮智之實理信之性。（《中庸輯義》，頁 4）

> 蓋因人人各具天賦靈明之自性，至圓至明，在聖不增，在凡不減，甚至匹夫匹婦、童叟皆然，賦人之初，性本至善，故稱此性根源為「本然之性」。（《四書心德——大學中庸》，頁 27）

以仁義禮智是元亨利貞〔註 42〕或五行之理的分殊表現，這是理學為人類歷史某一階段的道德規範尋求永恆自然法則，以建立性與天道之間直接的連繫。朱熹說明性與天道之間的關聯：「譬如一條長連底物事，其流行者是天道，人得之者為性；元亨利貞，天道也，人得之則為仁義禮智之性。」又說：「吾之仁義禮智，即天之元亨利貞，凡吾之所有者，皆自彼而來也。故知吾性，則自然知天矣。」〔註 43〕朱子認為，天道是自然界發育流行的總規律，人物之性乃從天稟受而來，而人乃稟天道之全，藉此以貫通性與天道之間的關係。此一對人性內在的解讀，在民間教派中是被全盤接受的，其重點在於如何將稟受於天之性，充分呈現出來。因此在以「理」是人性本源的前提下，人人

〔註42〕 此乃乾卦的卦辭，其意義是：「元，始也；亨，通也；利，和也；貞，正也。言此卦之德有純陽之性，自然能以陽氣始生萬物，而得元始亨通。能使物性和諧，各有其利，又能使物堅固貞正終，此卦自然令物有此四種，使得其所，故謂之四德。言聖人亦當法此卦而行善道以長萬物，物得生存而為元也；又當以嘉美之事，會合萬物，令使開通而為亨也；又當以義協和萬物，使物各得其理而為利也；又當以貞固幹事，使物各得其正而為貞也。是以聖人法乾而行此四德，故曰元亨利貞。」見《周易正義》（十三經注疏本，臺北：藝文印書館），頁 8 上。

〔註43〕 見朱熹《朱子四書語類》（上海：上海古籍出版社，1992 年 5 月），頁 380、922～923。

的自性不分聖凡智愚都是至圓至明，故人的本性與天一般，在天稱「元、亨、利、貞」，說明天之德是創始萬物的偉大根源，故其通行無阻，詳和有益，無所不正；而人之德與天同，稱「仁義禮智」，此一天賦靈明的自性即是「本然之性」，不受雜染，至善至明。由是可知，如何回復人性根源的本來面目是宗教信仰者最關注之事：

> 理與性無別也。性本至靜，萬物皆備，五常具焉，落後逐蔽其真矣。
> 克念除慾，復性本來面目，率性中所具五常，而實踐之，則入世曰
> 人道，人道大備，出世則合天道矣。(《學庸淺言新註》，頁 57)

本性之初，與理齊一，這是民間教派一再強調的。然此一本質隨形體降生人間而漸失其與天同德的本來面目，物欲的誘惑，本性的蒙蔽，致使沉淪世間而迷不知返。因此，為挽救迷真逐妄的本性，首須知道本性本自具足、不假外求的本質。是以欲修天之道，須先率本性之德，將本性與生具來的五常落實於生活之中。因此，宗教家談修道，絕不是高談闊論，談空論玄，讓人遙不可期，而是藉由生命的實踐，體悟自性根源，先修人道，才能合天道。人道若有欠缺，遑論天道，而這樣的精神，正是儒家入世精神的最佳寫照。因此我們可以說，儒教絕不只講個人獨善其身的修行方式，必由人道為始，天道為終：

> 《中庸》之教，重在明人生，立人道，而歸本於天神，以其所同出
> 也。故由誠言之，人即天道；由脩言之，則人道為始，天道為終；
> 而由道言之，則天道為本，人道為末；由生言之，則天道為內，人
> 道為外。總之本末內外終始，一以貫之。聖人就近立言，故以人道
> 為教，而溯源推極，又必以天道為成行之境。(《中庸證釋》，頁 243)

「本末內外終始，一以貫之」是儒教所強調的精神，盡人道是人之所以為人的根本要件，更何況與生所具的五常之德，故須將此一光明本性發展在人世間的事物上。然而必須了解者，即使人事處理的圓滿，道德修養人人稱讚，但非究竟。因此，盡人道之後，必須達天道，追溯本源，依此而修。是以人道為教，乃教化世人，而天道才是一切的根本。因此，立人道而歸本於天道，是修道之人保持始終如一的最終結果，故而《中庸心法通論》言：

> 修道必去人欲之私，存天理之性，使心見其體，性放其明。人欲每
> 聽天命天性而事，則時時合中，時時合庸，自能超凡入聖，登聖賢
> 之域。(頁 27)

「存天理，去人欲」是理學家存養自我的工夫，然在宗教中，此一存養工夫是體現生命本源的基本涵養，其目的無非使人洞悉本性的本來面目，由去欲存理的實踐人道精神，以達超凡入聖、登聖賢之域的天道目標。

雖然有學者認為理學家以「氣靈論」來概括他們的鬼神觀，因此沒有人格神的觀念。〔註 44〕然而民間教派卻在宗教修行的理念中，將「理」的意義神聖化、具體化。他們認為，「理」是一切的本源，而且是宇宙萬物的主宰，因此「理」已具有人格神的意義了；在此一認知中，修道者所追求的神聖空間亦由此而生。因此，理學的本體論提供了民間教派的思考空間，在追溯本體的探源中，「理」的意義已經是宗教上的認定：由宇宙本體的追求，到自我本體的尋根，藉由修道達本還源，體證生命終極實體的存在，雖是不生不滅，無形無象，卻是修道者最真實、最有意義的目標。

三、王陽明「格物致知」說的承繼

在以「理」為宇宙本體的前提下，自我的本來面貌是光明純善，與「理」同德同體。然而，如何體證此一光明本體的存在，才是民間教派承所關注的問題。

就修道理念而言，「格物致知」也是民間教派所重視的主題（詳見第五章）。朱熹對於「格物致知」的補傳：「所謂致知在格物者，言欲致吾之知，在即物而窮其理也。蓋人心之靈莫不有知，而天下之物莫不有理，惟於理有未窮，故其知有不盡也。是以《大學》始教，必使學者即天下之物，莫不因其已知之理而益窮之，以求至乎其極。至於用力之久，而一旦豁然貫通焉，則眾物之表裏精粗無不到，而吾心之全體大用無不明矣。此謂物格，此謂知之至也。」（頁 7）朱子以「格物窮理」作為解說的前提，藉由知識之求取以達心靈的清明。王陽明對良知的體認，重在「化天理為良知」，意味著良知的開展乃繫於人，質言之，良知固然內含知善惡的理性分辨，但是重要的是良知到德性的轉換。也就是說，良知透過道德實踐而化為實有諸己的真實存在，與人的存在溶合為一，成一內在的自我，而此一內在的自我，具有德性的意義，〔註 45〕是以體現良知成為可行、可落實，而非形而上的玄理。陽明對於

〔註44〕參姜廣輝《理學與中國文化》（上海：上海人民出版社，1994 年 6 月），頁 367～371 及〈理學氣靈論的鬼神觀〉（《孔孟月刊》第三十一卷第八期）。

〔註45〕參楊國榮《心學之思——王陽明哲學的闡釋》（北京：三聯書店，1997 年 6

心性的體驗，有三教致一的思想，他認爲釋老皆得聖道之一隅，以各自方式實現了「自得」的境界。直到陽明公開提出四句教，可見在陽明的思想中，一直有兩條線索，一是從誠意格物到致良知的強化儒家倫理主體的路線；另一條是如何把佛道的境界與智慧吸收進來，以充實生存的主體性。而這兩條線索最後都在「良知」上歸宗。〔註46〕

朱、王對「格物致知」的詮釋，雖說最終目標是一致的，但是朱熹的作法是「由外而內」，陽明則是「由內體悟」，二者比較，陽明的說法於宗教上較易實踐。因此對良知的體認，民間教派可說承襲了陽明對心性修煉的看法。尤其是對良知的本然性與其所發展、呈現的本能。以良知爲人心之根本與體證眞理的必然存在，此乃民間教派對陽明學說的發揮，而其對良知的理解亦由此展開：

> 人的本爲良知，「知本」即能務吾自心之良知，因能窮明根本，始能獲致眞理，與天地同參，此刻，自然靈昭明覺與宇宙萬有合一。（《四書心德——大學中庸》，頁45）

以良知爲自性內在的根本，認爲只要推展此一本性良知則可以與天地同參，而萬事萬物之造化生滅之理，亦可由體現良知本能中獲得。因此，與宇宙同體之德，落在人的身上，就本體而言是性；就體現而言，則是良知。從知性到良知的開發，這其中的過程必須是對眞理的探尋與自我本體的自覺，由我之性體察萬物之理，由我之性感受良知本自具足的靈明。就個體而言，良知只是道德實踐的一環；然就本體而論，良知則是可達於天，可通萬物的實有。以良知爲人心之根本，這是民間教派傳達的理念之一。他們認爲，三教對良知本性的形容雖有不同，但是所感應的即在本心自性的流露，《學庸簡解》即說：「良知者性之本有，性所發之心謂之良心、道心。儒曰忠恕之心，佛曰慈

月），頁7～8。楊氏對於朱熹與陽明的良知說有詳細的說明。他認爲，朱熹的良知說係爲「乃出於天，不繫於人」，亦即「化良知爲天理」，這意味著賦予良知以超驗的性質，而天理所體現的，主要是形而上的理念，以天理規範個體，同時也就是貫徹和落實普遍的理念，而這種看法具有某種理念倫理的性質。而陽明的「化天理爲良知」則是與人溶合爲一的內在自我，在某種意義上取得了德性的形式。

〔註46〕參陳來《有無之境——王陽明哲學的精神》（北京：人民出版社，1991年3月），頁222。另有陽明心學對日後宗教的影響，可參韓秉方〈從儒學到宗教——太谷學派與黃崖教〉刊載於王見川、蔣竹山主編《明清以來民間宗教的探索——紀念戴玄之教授論文集》（臺北：商鼎文化，1996年8月）

悲之心，道曰感應之心。故天理對良心，人有誠心佛有感應，感應其誠心，非感應其物品也。」（頁45）聖人仙佛能萬世留芳，永受後人禮拜的根本原因，即在於先聖仙佛能將其良知推展到極處：

> 自古仙佛聖，有超群之智，教化萬民，度化眾生，德配天地，道成天上，芳名萬世，能受永世，人人敬重者，以明自明德，致其良知而發於用也。（《大學中庸講義》，頁30～31）

先聖仙佛其降生人世之時，並不是他們有異人之處，而是在於先聖仙佛能將他們的良知發展至極處，進而體證本性之德與宇宙主宰相等，並將此良知發用於芸芸眾生，使百姓自覺於良知的可貴。因此，良知就普遍性而言，一般人的體會可能僅只道德實踐，然就修道的意義而言，則由自覺本性良知的本來，進而將良知的本能發用無盡，而此一發用則可通達天地萬物，無所不用。

> 知是本性的良知……行是本性的良能。……要從此推充盡我性的本知本能，必能彌補天地，旋轉乾坤。（《新註中庸白話解說》，頁5右）

當良知發展到極處，已具有洞悉一切的功能，此一功能非假外求，而是本自具足，只因落入後天寰宇，受人世的物欲現象引誘，致使原有的本能喪失。故修道所要修煉者，主要在尋回本有的本能，此一本能由宇宙主宰所賦予，故所要修者即在於回歸本來。而在修煉的過程中，力行實踐是第一基本條件。而在力行生命實踐的理念時，首要知道人為什麼會沉淪於物欲現象之中？

> 本者，乃吾人之性理良心，良知、良能俱全，……為落後天，被氣稟物慾所拘蔽，以致良知不能知，良能不能。……故修道者，必須革除心物，心乃性之靈苗也，心物除盡，性自靈明，良知出現，良能發展。（《文外求玄──大學註解》，頁47）

> 心是一身的主宰……致知者，我先天本然之性全無翳障，成了一個無極圈，這就是致知。無奈人不能致知是什麼緣故呢？是因為有物欲遮蔽的緣故，所以說致知在格物。格字作別除講，把等等物慾別除的乾乾淨淨。（《學庸白話解》，頁7）

良知是先天本然之性，潔淨清明，而之所以不明者，在於「心」的作用，心若受到私欲蒙蔽，則本心良知亦無法展現；此一說法與陽明所說「心之本體無所不該，原是一個天。只為私欲障礙，則天之本體失了；心之理無窮盡，原是一個淵，只為私欲窒塞，則淵之本體失了。」（《王陽明全集》（上），頁

96）相同，亦即「心」的起發，瞬間影響了我們由內在的思維意念以至外在的行為。因此，良知不能呈現、發展，在於心的起動之間，受到外物的引誘，物慾遮蔽了與生俱來的良知本能。

如何才能尋求人的本能，不再流浪生死、輪迴不休？民間教派面對此一問題時，所提出的解決之道是「格物」。陽明對於「格物」的詮釋是「格其心之物也，格其意之物也，格其知之物也。」（《王陽明全集》（一），頁 76）據其所言，陽明把格物的方向由外在事物轉向主體本身，〔註47〕則「格物」不單指格外物，而是格心物，也就是端正念頭。〔註48〕良知的說法，我們耳熟能詳者，乃《傳習錄》中〈答顧東橋〉的一段文字：

> 鄙人所謂致知格物者，致吾心之良知於事事物物也。吾心之良知，
> 即所謂天理。致吾心良知之天理於事事物物，則事事物物皆得其理
> 矣。致吾心之良知者，致知也。事事物物皆得其理者，格物也。是
> 合心與理而為一者。（《王陽明全集》（下），上海古籍出版社，1997
> 年，頁 45）

陽明將形上超越的天理轉化為內在的良知，使良知的發展得以在事事物物上實現，使事事物物皆得其理，這是他對格物的定義。也就是說，良知的真實呈現，乃在革除一切心外之物，而欲格心物，其基本先須除物欲之心，如此才能作到表裏如一，身心一致，良知自然呈現。是以格物致知在陽明的學說中，是二合一的整體，彼此息息相關，不可分散。因此，就可行性而言，陽明的格物致知之說，較之朱熹的即物窮理，追求無盡的知識，實較易令人接受；再者，陽明的格物致知之說，乃村婦匹夫都能做到，故而在民間教派傳襲其良知思想者亦較多。

民間教派對於「物」的解釋，有外物的物欲，與屬於心物之動心起念的思量：

> 個人的修身工作，首重於去除一切執著黏著，使本心復歸於天理。
> 如想要端正本心，使其湛然清明者，當有誠實不欺的意。如想要意
> 念真實而不自欺，就必須推動天賦良知，就須從格除物欲的功夫入
> 手。（《大學探源》，頁 19）

革除對物欲求索無厭的貪婪之心，是修道必要的築基工作。外物的欲求之心

〔註47〕 參同註35，陳來書，頁 133。
〔註48〕 參蒙培元《理學範疇系統》（北京：人民出版社，1989 年），頁 355。

降低，自然本性靈明的本能會逐漸提升，而此時良知將會自然呈現；若不先降低物欲貪求之心，則永遠不會誠實的面對自己的意念，隨著欲求的意念轉動而迷失自我，則生命本體亦將隨此貪欲而輪迴，遑論良知天理之發現。因此，若要實實在在的面對自己的生命，進而體現天理、展現良知，革除物欲對人性之糾葛，實為必要之工夫。

物欲的降低革除，就修行人而言，屬於較容易力行之事，然而面對瞬息萬變的心念，才是在修道路程中，所要克服與修煉的部分。就格物欲而言，只要有心體認真理者，泰半都可做到，而格心物，則須時時戰戰兢兢面對自己的意念，一刻也馬虎不得，《大學探源》即說：「良知就是無相實相，就是明德。致知使本賦得到清明，不因物欲的得失而障礙良知清明，故致知的工夫在格物，所謂「物」就是物欲的遮蓋，一般人對欲望很強烈，學道人對物欲淡泊，但心中扣住的東西還是好多好多，那就是心物。」（頁 19）由此可看，面對隨時轉變的心念，須將之修煉至如止水的境界，才是真修實煉的工夫。

格心物的具體說法，即是在隱微之間洞察自己的動機，也就是《中庸》與《大學》十分重視的誠意與慎獨：

> 君子慎其獨者，慎心物於隱微，遏意惡於動機，物格而後，以致其良知。良知者，無善無惡、無是無非、無人無我、獨一無二，無一切之對待心，即性德純全，感而應之，用而不窮，即孔聖七十而從心所欲不踰距也。（《大學中庸講義》，頁 51～52）

> 人人性天中，固有之性理，良心是也。欲立德者，必先修內聖；欲修內聖，必先慎心物於隱微，遏意惡於動機；方可以使心物不生，性德自明矣。（《文外求玄——學庸註解》，頁 83）

「慎心物於隱微」是《中庸》「慎獨」之說的延伸，即是在細微處也要時時注意自己的心念思量，不可因是隱微處，而心生雜想；「遏意惡於動機」則是《大學》「誠意」的演說，也就是說隨時隨地都要實實在在地面對自己，因此在心念一動起之間，就要有警覺性，不可因意念無人可見而任他滋生。然而我們就良知的本然性而論，「慎獨」與「誠意」是不可分的整體，因為心物起於隱微之間，若無誠意，則只是短暫的壓抑，而無法成為自己的內在生命，故而必須以誠意面對隱微間起動的心物；只有誠意而忽視慎獨，則其誠意只是面對外在世界，而無法醒察自我的內在本來。所謂「慎心物於隱微，遏意惡於動機」實是結合慎獨與誠意所作的解釋。因此，欲格心物則必須注意隱微間

的心念動機，此突顯民間教派對「格物」的著重處，配合其良知的發展，使格物致知成為不可分割的修道理念。

　　承襲陽明對「格物致知」的思想，並且將其置之於修道的必備內容，而此一理念至今仍為民間教派所奉行，他們甚至將朱熹的「格物致知」補傳以陽明的說法詮釋之，這樣的解釋方式可能令學界不解，但在民間教派中卻時有所見：

> （朱子說）經文上所說的推行，致知其良知者，在格物入手。所以言，欲先致自己真人（吾）之知其良知者，必先在自己身上格其身物，以及心物，而窮究其性理，不宜向身外覓求也，以其身外無道也。（《學庸簡解》，頁47）

> 朱熹融通了《大學》章句，特指出《大學》傳十章中的格物致知有所遺闕，故將經中之意以及程子之意補述之，其重點在說明人與天賦之良知良能，足以窮究天下之萬事萬物之理，一旦能持之以恆，必然能豁然貫通天下之理。更何況人心之向背，正是修成聖哲或永為凡夫的分界線，人心是個小天地，所謂「吾心即宇宙」，若格物致知的功夫到家則眾物的表裏精粗之理自在吾心，應用自可無窮。（《四書心德——大學中庸》，頁59）

觀察這兩段文字，可以發現，其中對於「格物致知」的解說，實是陽明的思想，但是他們卻認為朱熹也是這樣的看法，用以說明先哲的想法是一致的。因此，雖然在理本論上，他們吸收了大傳統對程朱理學的傳承，然在修道的實踐上，他們則落實了陽明對「格物致知」的詮釋，並且作為是修道歷程中極為重要的一環。因此，我們可以說，對於理學思想的承繼，在知識論上，乃屬於程朱的理本論，然在心性的修煉上，則是陽明學說的傳衍。

　　從儒家思想被宗教化的形成的歷史淵源觀察，我們可以了解心法與道統在民間教派中占有重要的意義，此一觀念來自於朱熹，大多數民間教派對於《學》、《庸》的分章方式，亦採取朱熹所定的版本。有趣的是，在修道的理念與過程中，他們並不贊成朱熹的治學方式，而認同陽明體悟良知本體的說法，因此我們常於其著作中看到，所引的原文是朱熹所說，然其解釋卻是陽明的說法。由此可知，在閱讀的習慣中，民間宗教承襲大傳統廣大的影響，然對修道方法的體悟與認知，卻是以陽明的說法為主。由此可知朱、王二人對於民間社會的影響，即使在今日社會，其影響力亦不容忽視，這是觀閱民間教派為《學》、《庸》註解的作品時，首應留意的。

第三章　後人詮釋《大學》、《中庸》思想之角度轉變的探討

　　《大學》、《中庸》自宋以後，其思想內容已與原來的本義大異其趣。據鄭玄與孔穎達的注疏，二文之本意應本為即將執政者而作，說明了此二文乃擬定目標、宗旨，使欲執政者學習、遵循，以達到其理想之目標，鄭、孔二人對《中庸》題解所作的解釋云：

> 名曰《中庸》者，以其記中和之為用也；庸，用也。（《禮記》，十三
> 經注疏本，臺北：藝文印書館，頁 879 上頁）

由《中庸》名稱的注解可知，《中庸》之意本在於「用」，雖說《中庸》言天道，然其最終目的乃在於如何用之於民。因此，在《中庸》首段之「三提說」之疏云：

> 天命之謂性者，天本無體亦無言語之命，但人感自然而生，有賢愚
> 吉凶，若天之付命遣使之然，故云天命。老子云：道本無名，強名
> 之曰道。但人自然感生，有剛柔好惡，或仁或義或禮或知或信，是
> 天性自然，故云謂之性。率性之謂道，率，循也。道者通物之名，
> 依循性之所感而行，不令違越是之曰道，感仁行仁，感義行義之屬，
> 不失其常，合於道理，使得通達，是率性之謂道也。脩道之謂教，
> 謂人君在上，脩行此道以教於天下，是脩道之謂教也。（同上，下
> 頁）

天之自然與人感自然而生，是《中庸》注意了人與自然之間的關係，故天雖

不能言語，然我們可以感天之德以道德實踐而與天合一，這是《中庸》參贊天地萬物化育之道。由這段文字可知，其中最後的宗旨乃在於「脩行此道以教於天下」，也就是在上者如何體會天地之道，教化萬民百姓，這是《中庸》一開始就明確地將其目標宗旨製定出來，乃要爲政者時時警惕與學習，教導百姓「不失其常，合於道理」，以達體天之道，而循仁、義、禮、智、信之自然天性而行，故其本意乃教授即將爲政之人。因此高明先生說《中庸》作者的目標就在「修道」與「明教」，〔註1〕可說是符合《中庸》之原意。

至於《大學》則曰：

> 名曰《大學》者，以其記博學可以爲政也。……此《大學》之篇，論學成之事，能治其國，章明其德於天下。（《禮記》，十三經注疏本，臺北：藝文印書館，頁 983）

《大學》的本意較之於《中庸》則更明顯，其根本宗旨，乃是「論學成之事，能治其國，章明其德於天下」乃專爲執政而言，因此在《大學》的時代裡，儒者治學主要是爲了從政，所以「大學之道」基本上應該是「爲政之道」。〔註2〕若從原意考察，本文所說的「明德」是指後天修成的德行，而不是向內體認先天內聖之事，而應看作向外彰明自身美德的外王之事。據此，則「明明德」是爲政者向外彰顯美好德行之意，較屬於「修身」以後的外王之事，不應與格物至修身這一段相繫，如此，則後人認同朱子所說「明明德」、「新民」與八條目之間首尾的對應關係也不成立了。〔註3〕

我們由較早的注解本切入，可知《大學》、《中庸》本爲即將執政之人而作，乃屬外王之書。然而自宋以後，罕見有人探求《大學》、《中庸》之本意，學子所見所思，皆屬於理學家賦予《學》、《庸》性命之書的意義。而民間教派對此二書的了解，傳襲理學家修性的詮釋義涵，也因修性屬於內在的體驗，人人領悟不同，故而《學》、《庸》二書在宗教領域中，倍受宗教家重視並且一再地被詮釋。

〔註 1〕 高明先生《禮學新探》之〈中庸辨〉（香港：香港中文大學聯合書院中文系出版，1963 年 11 月初版），頁 209。

〔註 2〕 參劉又銘先生《大學思想證論》（臺北：國立政治大學中國文學研究所博士論文，1992 年 7 月），頁 20。劉先生認爲《大學》乃出自荀學，並認爲《大學》並不像朱子所說有斷簡或闕文之說，《禮記》中的原典，就是《大學》的本文，並無闕漏。

〔註 3〕 同註 2，頁 22～39。

第一節 《大學》、《中庸》思想理學化及其影響

《學》、《庸》之開始被重視，〔註4〕泰半認爲緣起於理學先驅韓愈、李翱，然韓愈對於《大學》的引用乃站在闢佛與道統的角度；而李翱則在心性論上「援佛入儒」，爲宋代理學開啓一新境界。因此若就思想之建樹而論，李翱對宋儒的貢獻遠勝於韓。〔註5〕李翱之《復性書》算是第一位深入研究《中庸》之人，他以儒學爲骨，融合老莊與禪宗思想，對於宋儒推崇《中庸》，有首開之功。北宋二程，更是大力推尊《中庸》、《大學》。認爲《中庸》乃「孔門傳授心法」；而《大學》他們認定是「孔氏之遺書」，推許爲「初學入德之門」，因而獲得當世學者的普遍重視。直至朱子繼承程氏之學，更是大力提倡四書。宋光宗紹熙元年（1190）朱熹任官漳州，以公費刊印所謂「四子書」，《大學》、《中庸》在此時單獨刊行，並同時完成脫離《禮記》而成爲獨立的文獻，〔註6〕此時《大學》、《中庸》的思想已非原意，自此後，學子所接觸的《大學》、《中庸》的思想皆屬程朱以後的涵義，而此一理學化的詮釋，影響中國士、庶社會甚深，一直到今日民間教派對《學》、《庸》的認識。

一、《大學》、《中庸》的神聖化

朱子注解四書，雖力求其中義理的連貫，然朱子嘗於《孟子集注》卷七「〈離婁章句〉上」稱「《大學》與《中庸》相表裏」，〔註7〕使得《大學》、《中

〔註4〕關於《大學》、《中庸》在思想史上的問題，可參岑溢成《大學義理疏解》之「導論」（臺北：鵝湖出版社，1986 年 9 月三版）及楊祖漢《中庸義理疏解》之第一部第一章（臺北：鵝湖出版社，1986 年 9 月三版）。

〔註5〕就文學史上而論，論著者多以韓愈、柳宗元並稱，而韓、李並稱乃就思想史而言。就文章而論，李誠不及韓，然若思想上之建樹，則李對宋儒的啓發遠勝於韓。參熊琬《宋代理學與佛學之探討》（臺北：文津出版社，1985 年 4 月），頁 34。

〔註6〕參同註4，岑溢成著書，頁 9～10。

〔註7〕孟子曰：「居上位而不獲於上，民不可得而治也。……至誠而不動者，未之有也；不誠，未有能動者也。」朱子對於此段文字所作的注解是「此章述《中庸》孔子之言，見思誠爲修身之本，而明善又爲思誠之本。乃子思所聞於曾子，而孟子所受乎子思者，亦與《大學》相表裏，學者宜潛心焉。」（《四書章句集注》，臺北：鵝湖出版社，1984 年 9 月），頁 282。黃俊傑先生認爲朱子在此注中力言《中庸》、《大學》相表裏，並取之以釋孟子，凡此可看出朱子要在《四書》中求其匯通的努力。見氏著《儒學傳統與文化創新》之〈從朱子《孟子集注》看中國學術史上的注疏傳統〉（臺北：東大圖書，1986 年 8 月再版），頁 71。

庸》在四書當中，自成一系統，並且成為讀書人必讀的經典之作。

　　《學》、《庸》自朱子後，許多的註解作品一一產生。在整個詮釋傳統中，黃俊傑先生認為儒家經典之所以亙古而常新，主要原因在於經典與歷代經典詮釋者進行永無止境的對話。〔註8〕而這種綿延不絕的詮釋活動，其基本性質是一種「實踐活動」，更確切的說，中國詮釋學是以「認知活動」為手段，這只是中國詮釋學的外部形式；而以「實踐活動」為目的，這才是它的本質。所謂「實踐活動」兼攝內外二義：（一）作為「內在領域」（inner realm）的「實踐活動」是指經典解釋者在企慕聖賢、優入聖域的過程中，個人困勉掙扎的修為工夫。詮釋者常在註解中透露他個人的精神體驗，於是經典註疏就成為迴向並落實到個人身心之上的一種「為己之學」。（二）作為「外在領域」（outer realm）的「實踐活動」，則是指聖典解釋者努力於將他們精神或思想的體驗、信念，落實於外在的文化或政治世界之中。〔註9〕據此而論，儒家經典的詮釋活動是一種「體驗」之學，因此中國儒家的詮釋學乃是以「人格」為中心，而不是以文字解讀為中心的活動。是以中國式的詮釋中心問題不在於如何了解本文，而在於「如何感化本文」。知識上的領略，只是內化經典、實踐經義的前提之一。質言之，中國儒家的經典詮釋活動是經典作者與詮釋者的人格境界的對話活動。〔註10〕從此一角度思考，就可以理解，為什麼自宋至今，《學》、《庸》的註解之作不絕如縷，甚至在民間，許多的體驗之作，隨著宗教家「感化本文」的體悟而有不同的詮釋。

　　然而應如何看待這些以宗教觀點論述《學》、《庸》的詮釋之作？西方學者史密斯（Wifred Cantwell Smith）強調「聖典」不能等同於「文本」，不能單純將其抽離出宗教社群。因此研究宗教聖典是要探討某一宗教聖典在一特定傳統中，扮演何種角色？發揮了什麼功能？起了多大程度的影響？因此若問什麼是「聖典」，就得考究此一聖典在歷史上「做」了什麼，以及信仰者如何看待祂。具體而言，聖典研究的重心不在聖典本身，而在於使用者，人才是宗教的主體，有了人才會產生宗教意義，脫離了賦予聖典意義的主體——人，

〔註 8〕 見黃俊傑〈儒家經典詮釋的一個方法論問題——解釋者的「歷史性」能/應否被解消〉，臺灣大學共同教育委員會主辦《中國的經典詮釋傳統》研究計畫第五次研討會論文，頁6。

〔註 9〕 黃俊傑《孟學思想史論（卷二）》（臺北：中研院中國文哲研究所，1997年），頁 481～482。

〔註10〕 同註8。

聖典將會失去其神聖的義涵，而淪爲物化的「文本」。〔註11〕因此，信仰者如何看待經典的神聖性，方能呈現經典在教派中的意義。而《學》、《庸》二書在宗教界中之所以被重視，亦端賴於信仰者將之置於神聖之列。

　　就二書之傳承而言，其神聖性來自於儒家的聖人典範，認定二書乃孔門心法之傳的前提下，結合道統的神聖理念，《學》、《庸》的經典性亦就此而展開：

> 儒教自堯舜至夫子，原一系所傳。治平之道，精一之德，皆在《大學》、《中庸》中……明《大學》、《中庸》，即知列聖脩道立教之本義。（《中庸證釋》，頁 424）

> 聖人傳授，以《大學》、《中庸》二篇爲最精，幾儒教獨有之經，非他書可「疑」，言簡意賅，文近旨遠，堯舜三代之政，諸聖人之道，盡備於是書。（《大學證釋》下冊，〈跋〉，頁 2 右）

> 「前聖後聖，其揆一也」，昔堯、舜、文、武、周公的道，孔夫子闡述，作《大學》以爲鏡。若無此書問世，後人對聖賢之學，將永遠成爲斷層。《大學》、《中庸》是根本，《論語》、《孟子》則爲次要。有了根本之後，學習其他的教派學說，才不致有所偏離。（《大學探源》，頁 10）

《學》、《庸》在此所代表者，乃儒教之本，此一根本精神象徵著儒教之根源，亦即聖人所傳的精義賴此而一脈相傳。因此，若就探源的角度觀察，《學》、《庸》代表著儒教的生命力與眞實精神。若無此二書，儒教是否可以綿延不絕地存在？若無此二書，則儒教之精義將蕩然無存。若無此二書，黎民百姓的修道方向將無所適從。若無此二書，聖人之意將會被扭曲，而無法識達天之明命。因此，其所象徵的，不僅只是根本的問題，更重要的在於儒教是否得以存在的命脈問題，是以若無此書之傳，則聖人之學將永遠成爲斷層。儒教得以存在，方有所謂聖聖相傳的心法與道統，而修道者才有「正法」可依循。是以《學》、《庸》的經典性築基於其乃「根本」與儒之「正法」的傳承。列聖修道立教之方具存於此二書之中，而且了解了儒之根本與正法之傳，對於修道的理念才有「正信」的堅持，對於認識其他教門，才不致有所偏頗而疏離正

〔註11〕史密斯（Wifred Cantwell Smith）對於聖典研究的看法，參蔡彥仁先生〈What Is Scripture?A Comparative Approach（何謂聖典？一個比較觀點）〉刊載於《新史學》八卷二期。

道,《中庸證釋》說:「《大學》、《中庸》者,儒教之本義。」(頁20),此一「本」的意義,確立了《學》、《庸》的神聖使命。

確定了《學》、《庸》的神聖性,必須了解,具有聖典意義的《大學》、《中庸》,在民間教派中起了什麼作用,亦即信仰者如何看待此二書的神聖性與經典的權威性:

> 《大學》、《中庸》,直儒教之精神所存,而爲禮經中之主幹。其他各
> 經之心腦也。其重要爲如何乎?是故曾子子思二氏,慨然於《大學》
> 之要,至教之微,慮其人之不明,世之失教。將所受於夫子者,一
> 一筆之此篇。(《中庸證釋》,頁21)

儒教之本在於《大學》、《中庸》,故而成爲儒家經典的樞紐、主幹。易言之,儒家經典的精神俱在此二書之中,其他各經只是作爲輔助之用。因此,若無此二書之傳,儒家其他經籍的存在將失去其意義。是以《學》、《庸》之傳,關係整個儒教傳承的生命力,曾子、子思之作此書,即恐儒之失眞。一旦儒家本義失眞,其他經典的存在,不但不能見識儒家本來精義,恐怕有迷本之虞。因此二書之作,重點在於認識儒教精神的眞貌。因此,「本」與「眞」的儒之傳統,樹立了《學》、《庸》在民間教派中屹立不搖的聖典地位。

《學》、《庸》既是孔門眞傳,對於宗教信徒而言,二書的神聖使命在於帶領信仰者步入聖域,逐步進入理想人格的境況,體驗聖人之德。因此,只要循其言而行,亦可成爲成德的君子,《文外求玄 —— 學庸註解》即言:「夫學庸二書,悉合君子之動,君子之行,君子之言也,果能效法,躬行實踐者,則亦君子而已矣。」(頁233),說明了只要信仰者循序漸進力行《學》、《庸》二書所隱涵的聖人之旨,則聖人的理想人格之境,將體現在自己身上。

體現聖人之德只是《學》、《庸》提供後人在德行上的修爲,而就信仰者而言,聖典中所指引信仰者邁向超然的終極實體,藉由宗教的體悟,展現聖典在教派中的重要性與必然性,如此,方能具體呈現《學》、《庸》在民間教派的意義,以及信仰者對聖典的態度。

> (孔子)其述教也,首於《大學》。……《大學》之書,首言爲道,
> 即《中庸》修道之道也。修道之謂教一語,已包舉儒教之旨,故教
> 者教以道,而修道即以修教也。《大學》之以道爲教,首曰明明德。
> 道之體難見,其所見者德,即道之用也。終曰止至善,道之用已備,
> 而進乎體。止至善即儒教獨一無二工夫,修道之極則也。(《大學證

釋》上冊，頁 41 左）

中庸之道，自儒家言之，即持心大法，即擇善固執，即止於至善。（《中庸證釋》，頁 305）

《學》、《庸》所呈現的是道之體用，尤其二書的三綱領與三提說，自理學家賦予新的涵義，以先天虛靈不昧的德性，相應稟賦於天之理，朱子所謂「人之所以爲人，道之所以爲道，聖人之所以爲教，原其所自，無一不本於天而備於我」（頁 17），從體天之德，進而了解人、物之生皆各得於天所賦之理，此乃對「體」根源的認識，然而如何將「體」之德傳達於宇宙萬物，則是體之「用」的落實。朱子對於體用落實的說法是「讀者所宜深體而默識也」（仝上）。

承襲理學對《學》、《庸》第一章的詮釋新義，民間教派將其落實於體用合一的修煉方式。在這過程中，仍不離大傳統對理學的認識與吸收。他們以確立本體——實踐——目標——本體的循環思考，落實於他們對聖典的體會。由於道之體難以用感觀目睹耳聞，因此必須以有形之教感化眾生。是以訂定以明德爲體，修道之教爲用，止至善爲目標，若人人能體認本體，則止於至善的終極目標必指日可期。而在此過程中，《大學》的止於至善是最終的目標，故言止於至善乃孔門持心大法，也是儒教獨一無二的修道工夫。據此可以理解，民間教派對於明德雖承繼理學家的說法，然而在終極目標上已有不同。既然止於至善是孔教獨一無二的持心大法，此一涵義已關涉對終極目標的理解是宗教式的，並且牽涉了民間教派對密契的涵授。

同樣具備儒教聖典的身分，《大學》與《中庸》在民間所扮演的角色有所差別。《中庸》所談論多爲形上、超然的天道，與《大學》所談由自我本體爲始、由內至外的過程不盡相同。由於《大學》所談論乃由體現自我光明之德性以至天下國家，因此就落實於人間道而言，其中的經義就成爲儒教不離人間關懷之入世修煉法的必需經典，也因此民間教派認定《大學》是孔子述道首傳之書，其中主要的原因，在於《大學》不僅只是獨善其身的出世修行法，更重要的是普渡眾生，兼善天下的入世修行法，也就是民間教派所謂「道降火宅」的修行方式，據此，《大學》的聖典意義就更是具體的展現：

《大學》這書，……這書是曾子作的無疑，曾子也確是得夫子不踰矩的心法。一部《大學》，以明明德爲體，絜矩爲法。有了體纔能用法，有了法體纔有用。明白了這兩項，孔教的精神就可以了解。不

但孔教可以了解，就是世界上一切宗教，一切世法，也都可以了解。
一切宗教，像道佛耶回，他的大宗旨，無非是明德親民，使人類平
等。《大學》所講明明德的方法，次第分明，從根本上解決。所講親
民的法，平人心以平天下，目的宏大。各教精神都包括在裏頭。(《新
註大學白話解說》，頁 10 左)

《大學》一書，乃致大同之道也。……所以欲趨大同境界，非人人
遵從聖經之道不可。(《學庸淺言新註》，頁 51)

體用致一，由明明德以迄至善是《大學》一再強調的宗旨。而其止於至善有
二義，就自我修煉而言，乃體現自我天賦之德性，達到克明峻德的光明本體；
然就儒教的目標而言，這樣還是不夠的，必須人人皆回溯與天同體之德，因
此親民之方，絜矩之法，所談論者乃儒教入世精神落實於人間的具體呈現。
因此江希張才說，世界所有宗教的精神都在《大學》一書之中，原因無他，
主要在於《大學》所展現的宗教觀是入世與出世的結合。因此，《大學》的最
終精神在大同之道，人人皆能止於至善，此一目標達成，才是圓滿的大學之
道，否則只是個人明明德的止於至善，而非大學之道的終極目標。《大學》以
成己成人為目標，也因此孔子的聖人形象，更加被神聖化，《大學一理解剖》
即言：「孔子造大學聖經，回天封為至聖，後世悟聖經者，成聖人甚多。」(頁
22) 於此說明，若無《大學》之傳，則後世將迷茫無從，不知聖人之道，幸
賴此書之傳，得以悟此書之深義，踏入體道聖人之列。

　　《大學》、《中庸》被列入儒教體道的聖典，重點在於信仰者賦於此二書
的宗教意義，雖然民間教派一再強調「儒教精義，盡於《大學》、《中庸》。」
(《大學證釋》上冊，頁 8 左)，並且說「修道之教，不外明心見性；成道之
功，不外存心養性。試於《大學》、《中庸》盡力求之，雖不中，不遠矣。」(《中
庸證釋》，頁 521)，直指《學》、《庸》二書是儒教修行必需的聖典，若無此二
經典，則不見儒之本、真，更遑論修道之途。然而我們從其對《學》、《庸》
的重視與解讀，可知他們受理學影響甚深，在大傳統的文化傳承中，承繼宋
以後理學化的《學》、《庸》思想，並在民間生根發芽，成為符合中國倫理的
宗教思想。

二、性命之書的確立

　　自李翱〈復性書〉將《大學》、《中庸》推入性命之書的行列，兩宋以來，

此二書的心性旨趣一直是學者經常討論的主題。尤其是周敦頤結合誠體與道體，突顯《中庸》誠體的創生意義，認為《中庸》是「窮理盡性以至於命」的重要典籍，使得《中庸》變成了每個人的終極關懷以及宇宙之終極實相的相關典籍；而朱子為《大學》作「格物補傳」，確定了《大學》性命之書的性格，〔註12〕自是而後，學者所討論的《學》、《庸》，幾近是以性命之書的特殊意涵看待《學》、《庸》二書，也因為如此，《學》、《庸》自宋以來八百年間，其經典地位已不可同日而語。

　　作為性命之書的《學》、《庸》，在民間教派中，其重點不若理學家時有哲學上的思辯，而在於如何體現自我的本源，亦即人之生從何而來？人之死歸往何處？而人之生的本質又是什麼？如何才能回歸原本的自我？如何藉由聖人之言達到天人合一的理想境界，進而體證生命的本源？這些落實對生命本源思考與修煉，在宗教中，《學》、《庸》新義的詮解可說提供信仰者具體的解答。

　　就性命之本源而論，《中庸》首章所談的性、道、教已揭開人性之本與如何體會天道的問題討論。而《大學》之明德、止於至善則已關涉了人之所得乎天的先天本性。也就是說，孔子弟子認為孔子罕言的性與天道，俱在《學》、《庸》之中。因為如此，《學》、《庸》就被視為溯本探源之書。

> 聖人以天為法，天惟道，道外無物，道之所見，則純乎天。故聖人以道為本，故生於道，行於道，成於道，返於道，而惟道之憂，道之求。……蓋道無不在，性無不同，以我啟之而已，《中庸》之教，盡於是也。（《中庸證釋》，頁48～49）

「道」之學，是古今凡欲致力於探究宇宙本體與性命本源者皆須經歷的過程，而「道」這個語詞在中國文化上，融合了道家的觀念，成為本體根源以及作為原始真理，在人之無為狀態中的本真實現的代名詞。〔註13〕而《學》、《庸》

〔註12〕參楊儒賓〈大學與《中庸》如何成為性命之書？〉臺灣大學共同教育委員會主辦《中國的經典詮釋傳統》研究計畫第四次研討會論文。據楊先生論述，將《學》、《庸》思想推入性命之書之行列者，首推李翱。李翱詮釋中庸乃結合性與天道而論，天道為誠，人性則善，天人同源，由此建立價值之源；而李翱亦將大學中庸化，他認為《大學》具有深奧的性命旨趣者，恰好是後儒爭議不休的「格物致知」之說。然而確定《中庸》為性命之書者，應是周敦頤以中庸之「誠」的核心綱領結合《易傳》「寂然不動」的思想觀念；而因朱子作「格物補傳」，穩定了《大學》「性命之書」的性格。

〔註13〕參張松《論道的形上學問題——關於老子思想之哲學意義的重新檢討》（山東：齊魯書社，1998年12月）張氏言：「〔道〕作為一種最源始的真理——任

所告訴後人的，即是道之尋求與如何展現自我本身所內具的道。《中庸》首揭的三提說，正是由天道降之於人，而人如何返之於天的方法與目標，故而其所重視的，較屬於個人的修煉，道無不在，性無不同，故《中庸》之教，其重點在「以我啓之而已」這是屬於個人體證天道實質存在。因此，就宇宙本體而言，《中庸》乃象徵著對本源的探索，亦即對終極實體的尋覓。同樣對於本源的尋訪，《大學》較重視對自我本性的尋求，《中庸》則是由天至人的的探究，故其所傳達者乃天與人之間的關係：

> 《中庸》一書，乃不偏不易之道也。……夫中者天之理，地之樞，人之主也。故天無中理，則星斗錯亂，四季失序；地無中樞，則山崩海涸，萬物失常；人無中主，則心意無束，四相失度。故天、地、人必先各得其理，而後立焉。人列三才之一，爲萬物之靈，立天地之中，通四端，兼萬善，此所以得其眞理也。苟失眞理，此形雖存，此理則亡矣。（《學庸淺言新註》，頁53）

以「中」作爲天地萬物之本源，符合了《中庸》本文所說的「中者，天下之大本也。」的本義，亦循朱學所說：「大本者，天命之性，天下之理皆由此出，道之體也。」（《四書章句集註》，頁18）詮釋角度出發。因此，天地皆須具此中道才得以循序運行，若失此中道，則天地將毀，萬物亦滅。人居三才之一，亦在此中道中生存，因此內具本賦之理，故需將與天地同德同體之本賦發展出來，若只是空存形體，則只是一副具有生命現象的物質，而不具有生命力的「人」。因此，《中庸》所傳達的，在於如何與天同德合一，如何開展這個與生具有的本體──「中」。此一「中」是人體身上的生命本能，也是通四端、兼萬善的本源地，雖是無形，卻活生生的主導我們的生命，而修道之人所要修煉的，即是回歸此一本體的眞實本來。

何知性的陳述眞理只有在此源始眞理之敞開實現的基礎上，才具有了一種可能性的根基……"道"的眞理性意義，必須在人的存在本質中方可得到眞正的實現。」（頁125）而人的本眞一種「無爲狀態」，據張氏言：「無爲…是直接參與了"道"的意義構成的一個重要的形而上學語詞。而且，作爲一種人生狀態，它根本上就參與了作爲湧現著綻開的根源性之"道"的當下實現。（頁125）……"無爲"作爲人之爲人的本根，其本身就是一種最源始最本眞的"天人合一"的要求。（頁151）」，因此，「道」的內含，不是虛空的哲學思辯，而是落實於人的生命本質之中，只是我們要透過何種方法去修煉，體證其眞實不虛的實體存在。而「無爲」則是人所表現的本來，是不假思索的原本，也是「道」的實質呈現。

「中」既是道之體，天地萬物賴此而存，而其展現於個體上，所發揮的本質內含則是三教所追求的真理、永恆不變的實體，而《中庸》所要傳達的真理皆聚於此：

> 中是宇宙的本體，絕對的境界，不偏左、也不偏右，不偏對、不對錯，老子稱道；佛性，也稱為不二法門。……故中者即是本性、天命、絕對的至善之地，這個道理是永遠不變的，謂之庸。（《中庸心法通論》，頁 2）

> 自古聖人，心心相印，性理相傳，不外中之一字，子思又添庸字以足之。庸則至平非隱怪，至常而無變更，一定不易，故曰平常。惟中無不庸，庸亦合中。（《中庸輯義》，頁 12）

> 《中庸》這部書，講的是至中、至正、不偏、不倚、常而不變的真理，是一本講天人合一，講如何盡性返本的書，若人人能發揮這點與天俱來，虛靈不昧的自性光輝，便是把握住孔門心法的要義了。

> （《四書心德──大學・中庸》，頁 99）

「中」的實體，落實於人性上，其所涵具的本質是無所偏頗，如天地之運行，周流不息。此一實體是人性之本然、無需矯飾造作。因為是本然，所以至為平常且不可更易。而《中庸》一書所要提醒我們的，就是要從這極為平常卻是永不可變更之處，體會本體的光輝。是以孔門心法，即在此平常處、永恆處，聖聖相傳，惜乎世人不悟此本具實體，反而向外尋求令人目絢耳迷的變易之法，不能把握孔門心法之關鍵。因此《中庸》所說的，乃藉由天道以省察人道，再由人道回歸天道，體證天人不二的心法之傳。

　　《中庸》對自我本性的體悟乃藉由對天道的省察，再落實於自我本體的涵養與修煉，雖說是闡述天人合一之大道，但是乃為一「天──人──天」的修煉模式，雖然其言「修道之謂教」也談對人世關懷的理念，但是這種「教」較著重於由自身所展現的身教，因此，作為性命之書，《中庸》的定位可以說是個人對於天道的體現，故而藉由民間教派闡述其天人合一思想的詮釋，可了解其著重於個體體證天道的表現：

> 子思述夫子心法傳授之意以立言，通章以性、道、教為綱領。首言性原於天，道出於性，體備於己，而成於教，窮源溯流，推本由一。……又從源頭天命率性開物成務上，說到體道之極功神化。體道而至於位育，則性自我盡，道自我行，教自我成，受命於天者，吾能全其

天而通其化。蓋天即人，人即天，天人一體，萬物同性，一本萬殊，
萬殊一本矣。(《中庸輯義》，頁 1)

蓋《中庸》所載，皆孔聖當年之實學也。故人能奉中庸之道而作，
一者，爲聖教之實踐人；二者，亦即我自性之實踐人。力行聖人之
中庸，正所以盡自性之能事矣。故先覺者，覺自性也，曰立道立教；
後覺者，受先覺之覺啓自性也，曰修道受教。是以初入德者，未覺
其性，乃修聖人之道，受聖人之教，及覺自性，乃修自性之道，受
自性之教也。(《學庸淺言新註》，頁 55)

《中庸》一書的開宗明義便道出了天人合一的思想，當我們出生時，
上天就自自然然將靈明本性加諸於人，我們若能率諸本性，以「爲
天下第一等人，做天下第一等事」自誓。堅毅、勤奮地去實踐，這
便是進德修業的工夫，便是回天返本的不二法門。(《四書心德——
大學‧中庸》，頁 101)

《中庸》的宗旨，乃啓發天性的光輝，人生第一問題，發揚自己的
天性，即明善復初，歸根復命也。(《大學中庸講義》，頁 44)

以上所言，無論由性、道、教之階段談論本性道體以至於開務成物的神化之
功，或是以自我實踐力行中庸之道，可以明顯地發現，民間教派對《中庸》
的詮釋較注重於個體對天道的體悟。首段引文雖從理一分殊談天人合一的位
育之功，強調天人一體的本質，但是其重點乃在於「體道而至於位育，則性
自我盡，道自我行，教自我成，受命於天者，吾能全其天而通其化」由體道
至盡性，最後合天通化，這些修煉歷程是對自我的磨練與要求；次段雖言修
道以修自性爲主，但所言無論先覺、後覺者，亦以自我實踐爲主要，先覺者，
力行聖人之教，後覺者，受先覺之教以修自性之道，故雖有先、後之分，目
標卻是一致的。三段與四段亦以發揚自我本性之光輝爲修道的第一前提，說
明《中庸》的宗旨，乃以回天歸根爲終極目標，而欲達此一目標，需先體悟
自我之本性。由此可知，《中庸》所言乃以個體體悟天道爲重點，其中雖有談
到人道（如哀公問政一章），但民間教派以全書談天道爲主題，加入個人體悟
天道的歷程，作爲他們對《中庸》詮釋的方向，因此，《中庸》在他們的眼中，
乃是個體對天道體悟的重要經典。

　　同樣是性命之書，《大學》與《中庸》的性質就有所差異。《中庸》乃以

個體感悟天道為主，而《大學》則是以發展自我與生俱來的本性為目標，由民教派對《大學》宗旨的說明，即可了解《大學》一書的目標與《中庸》的差異：

> 所以《大學》開始教人，必須要學性理謂之《大學》。(《學庸簡解》，頁 48)

> 讀書學道的第一義諦，便在於先明白自心本性的原來面目，準此真理以行，才足以光輝德性，完成理想人格，這便是內聖外王的功夫；先體會何為真我？何為假我？進而了悟明德修身的不二法門，發揚此性理天道，才不失《大學》一書傳世的意義所在。(《四書心德——大學·中庸》，頁 11)

對民間教派而言，《大學》一書的宗旨，首先要明白自性的本來面目，此一認識真我之學，即是性理之學。在吸收理學本體論的觀點，以「性即理」說明人得之於天的自我本性，結合道統、心法的宗教理念，民間教派將此認識本我之修煉稱為性理心法，說明本性的修煉法乃得之於聖人之傳，而《大學》被視為性命之書，重點就在於所傳達的性理心法。因此，若要實現聖人的理想人格境界，首先要學的乃《大學》所傳的性理之學。而如何修煉此一「性即理」與宇宙同德的無形真我，才是《大學》流傳的主要意義。

就《大學》乃發展自我本性而言，則《大學》一書傳世應不是為特定之人而傳，而是為天下所有眾生而傳，因為就性命的根源而論，所有人的本質是一致的，只是受後天氣稟感染，致使生命變質。因此，對於《大學》所傳授的對象，應是屬於普遍之學，而非特殊教育，就此而言，民間教派有他們的詮釋：

> 《大學》一書，雖曰大人之學，究其根源，乃人人之學也。人人各具天賦靈性，至圓至明，在聖不增，在凡不減，婦人孺子，莫非皆然，人在幼稚，性本至善，曰本然之性。身歲漸長，氣拘物蔽，曰傳染之性。人人各具其性大，惜乎不知覓耳。……所以大學之道者，即令人學其覓性大之道也。(《學庸淺言新註》，頁 12)

> 《大學》者，大人之學也。即學天賦之性理心法之真傳也。(《文外求玄——學庸註解》，頁 6)

朱子對於《大學》的解釋是「大人之學」，所說的「大人」乃指儒家所說成德之「君子」，已將範圍限定了。然民間教派認為此一「大」字，應就根源而言，

不應限定於後天的成就。然何謂「大」，以本體而言，我們先天不受污染與理同德的天性即是大，此「大」人人皆具，故稱在聖不增、在凡不減，天所賦予人人虛靈不昧的自性光輝，因此，「大人之學」的前提是「學天賦之性理心法之眞傳」，〔註14〕屬於人人之學。因此，所謂《大學》，其所指的大人之學是爲「令人學其覓性大之道也」，這是人人皆可學習、修持之道，是以《大學》就傳授而言，是指人人皆可得的學天之道，而這樣對《大學》的詮解，與民間教派所言「道降火宅，人人可得」的說法是一致的。因此，如何發展自性的光明，是《大學》所要傳達的第一目的：

> 《大學》就是學習發揚性天之學也。爲何要學，因爲人之生命只有數十年，有形之色身是供給無形之眞人使用，眞人者身中之靈性也。一旦借用之時間到期性，與命必須要分離，對此無形之眞我如何安排去處，是值得研究之必要的，並非世俗所流傳之法，等待死後才來作功德，唸經接引西方，就能達到西方嗎？老子曰：人爲萬物之本，萬物是由人之靈性改頭換面而已。故俗稱人死過身也。所以老子道德經，亦是闡明芸芸眾生各歸其根之道，教人返樸歸眞、歸根復命也。大學之道也是如此，在日常生活中去檢討，如何修養、如何格物，所以要先認識人生在世之原因，三教原來一理同，可做修道之路徑也。（《學庸簡解》，頁4）

尋求永恆的「眞我」是《大學》傳世所要表達最重要的意義，三教聖人所要傳達的意旨亦在此。就本源而論，萬事萬物皆是相同，而人之可貴者，就在於有此人身形體可以修行。因此，有生之年，如何藉由假我的色身，尋求、修煉眞我的本然，這是《大學》告訴我們要發展本性之光明與人之爲人的好處。因此，所謂的性理心法，乃藉有形的色身修煉無形的性靈，若不珍惜人身以修道，則枉費有此人身的可貴。而世俗乃待人身死亡後，才唸經作功德，

〔註14〕王陽明於〈大學問〉中對所謂「大人之學」言：「大人者，以天地萬物爲一體者也，其視天下猶一家，中國猶一人焉。若夫間形骸而分爾我者，小人矣！大人之能以天地萬物爲一體也，非意之也，其心之仁本若是，其與天地萬物而爲一也，豈惟大人，雖小人亦莫不然，彼顧自小之耳。」（頁968）由此可知，陽明所言之大人，乃能體認天地萬物一體之根源者，然而人人的根源本若一，只是一般人並沒有將其發揮出來。因此，所謂大人所涵具之本然天性，應說是人人有之。而民間教派在此基礎上，則更爲推廣大人之學是人人之學而非朱子所謂的君子之學。

就修道而論，這是無效的。因為，若亡靈不識本來，任由陽世之人作再多的功德，都無助於亡靈對自我的認識。是以《大學》所要告訴世人的，乃是如何體認天賦無形的性靈。

認識自我之本來是《大學》所要傳達的第一事，然《大學》的目標不僅只於此，尤其是三綱領，就已明白說出《大學》的終極目標，大學之道，是「明德——親民——止於至善」循序漸進的修身之道，由個人以至他人。個人體認天性的本然，進而修為之，使本性與天合一，就《大學》的終極地而言，這樣是不夠的，也不符儒教不離人世關懷的目標，因此，《大學》所要達成的目標，乃要人人皆能明其明德。

> 《大學》之教，道也；學者，亦道也。道外無教，亦無學。則明明
> 德也、親親也、新民也、止至善也，皆道之所固有。聖人本道而挈
> 之以教人耳。當知四者為道之全，不可缺一。道見於人謂之性，性
> 者生之本，行此四者，即以明道，以盡性，以全生也。（《大學證釋》
> 上冊，序例頁 2 左）

> 《大學》全體，是由明本性，天下能平。因此開言明德，以使學的
> 日日光明，盡心知性。（《增註大學白話解說》，頁 59）

就《大學》的目標而言，真正的明道盡性全生，乃是要將道之本落實於人人身上，因此，聖人所要傳授的大學之道，不只是個人體認天道，最重要的是人人皆能體認本體之源。所謂的道外無教，意即此也。由明德→親民→止於至善，這是儒教入世修行的具體表現，因此，由自我明德本性以至天下平，乃要推展這人人之學，使人人皆能回歸本源，進而與天地同德，與萬物一心。故而盡心知性的意義，不再只是個人的修為而言，由個體推展至全體，使人人的明德自性皆能發展。

就民間宗教對《大學》所定的標準而言，乃以救渡天下眾生為己任，自己雖能明德，但不忍天下人依然迷途忘返，一本先人立教渡眾的本意，將聖人的旨意傳達後世，使人人都能去除氣稟物欲，呈現良知本能。就此而言，《大學》的目標乃由個人以至全體，集全體的力量以達至善之境：

> 《大學》這本書所講的真諦，在於人要光明得之於天的靈明覺性。
> 一旦自身能通徹這天德之源，更當推己及人，己立立人、自渡渡人，
> 使人人都能洗滌氣稟所拘、物欲所蔽的污染，個個皆能同赴至善。
> （《大學探源》，頁 1）

《大學》這本書，亦是「大學」這二字的眞意義，是闡示人生最偉
大的、最寶貴的，人人必須當學的做人根本大道理。第一要先認明
人人所固有的本然清靜光明的天命之性，然後要將迷昧不明者，使
能復其本來之明，更要使自性的本淨與本明顯發出來，親親而仁人
愛物，感化眾生，期望天下同胞都能復其自性之光明。又要自性與
眾同胞的自性，都能保持常清常淨，不再有些妄昧的至善境界。(《大
學性理闡義》，頁2)

《大學》這本書所講的道理眞諦，在於要世人能彰明徹悟那得之於
天而人人皆具的靈明德性，一旦自身能通徹本性之源，更當推己及
人、己立立人、自度度人，以光明的德性去感召同胞，使人人都能
洗濯氣稟所拘，物欲所蔽的污染，親近度化眾生，祈個個皆能同赴
至善之道，天人相通之境界，求得那時時、事事、處處皆屬眞、善、
美的喜悅。(《四書心德——大學·中庸》，頁10)

己立立人、己達達人，這是儒家的處世之道，藉著自身已有的能力推展至天
下國家，以實現儒家淑世的理想。這樣的理念，在宗教上的落實，就是渡盡
天下蒼生。以自己對生命的理念，逐步地推展，將之力行於宗教的修行。帶
著聖人仙佛的慈悲心，救渡所有人，使人人皆能體認其自我本體的根源，一
同追求永恆的終極實體。因此，民間教派對《大學》的詮釋，有兩方面的解
釋——修道與辦道。就對個人而言，乃以明德爲主，藉著對天道體認，達
到天人合一的境界，此乃修道之屬；將個人的理念拓展，以期天下之人皆能
返本溯源，共同體證天道，此則辦道之屬。所謂辦道，乃是將修道的理念向
外推行，救渡眾生的性靈。因此，民間教派對《大學》解釋的角度，在於《大
學》所指引的是修道的方針，而且不只是個人的修道指導，更是全天下人修
道的指標。易言之，《大學》所引導的修行理念，是修、辦合一的理想。因
此上文所說的自渡渡人，感化眾生，使人人皆能掃除氣稟物欲，回歸理本體，
如此，則天上人間即一，無有分別。因此，《大學》的理想，乃將天道實踐
於人間，使人人皆得本體之光明，是故《大學》所傳達的乃是「人——天—
—人」的訊息，由個人認識自我本體，進而體證天道，再將此一體證天道
的理念，擴展至天下人，使天下人皆能步修道之途，使天道的理想實現於人
間。因此，修、辦合一的大學之道，在民間教派的解讀中，是實現儒教「內
聖外王」的必要經典。只是此一「內聖外王」之業已非傳統所論在政治上的

作爲，而是啓發與生所具的本性，並且幫助天下人認識眞我本然，《四書心德——大學・中庸》說：「《大學》一書內容精粹……誠是儒教修內聖外王所不可或缺的聖書，亦爲修性了命的金丹，齊家治國必備之路徑。」（頁6）正是將修天道的理想落實於人間，達成宗教在人間道上的努力，實現儒教成己成人的理想。

　　作爲性命之書，《學》、《庸》二書所制定的目標並不相同，然而彼此互爲表裏，不可或缺。就其性質上的差異，我們可以說，《中庸》爲體，《大學》爲用，是以二者必須等同視之，才能達到儒教的終極目標。儒教以入世渡人的方式救渡眾生性靈，因此必須體用合一，不可偏頗，只重視個體的證悟則易流於玄談，只重視用則無法幫助世人歸根復源，是以必須結合二者，方能達成儒教內聖外王的終極理想。

　　《大學》以明德、親民、止於至善爲究竟，人人達乎此，則可入大同盛世，故明明德於天下是《大學》爲目標；而《中庸》則要我們悟天命之性，率性修道達乎與天地同參，故《中庸》以贊天地之化育爲目標，直達聖神大化之境。由此關之《大學》與《中庸》本是互爲表裏，相輔相成的，列表如下：

明　　德	天命之謂性	自　　性	內聖的工夫
明明德	率性之謂道	自　　覺	——獨善其身
新　　民	修道之謂教	覺　　他	外王的工夫
止於至善	上天之載無聲無臭至矣	覺行圓滿	——兼善天下

（《四書心德——大學・中庸》，頁2）

由此可知，作爲聖典的《大學》、《中庸》在修道上是由體認本性的自覺，而至覺他的歷鍊；由獨善其身的內聖自我修煉，以至兼善天下的外王成全他人，最終的目的則是人人覺行圓滿。在修煉的過程中，彼此環環相扣，缺一不可。是以民間教派對於此二書的詮釋，通常事藉此援彼，以說明《學》、《庸》互爲表裏、體用的特性。

　　《中庸》的體證天道，重視本然自性的認識，進而參贊天地萬物之化育，此一屬於自我體證天道的宗教體驗，加深了《中庸》性命之書的性質；而《大學》由己而人的救渡性格，更是說明體悟自我本源乃屬普遍性而非特殊性，呈現性命之書傳世的意義。

三、《大學》、《中庸》二書思想詮釋內涵的互補

　　《大學》、《中庸》在《禮記》中，原屬於不同的篇章，漢唐儒生罕見將此二文串聯解釋，直到李翱的《復性書》才將二者結合解釋，自此後，《學》、《庸》二書被認定是屬於同一系統的書籍；再者，二書被經典化與被冠上性命之書的名號後，在後人的眼光，《大學》、《中庸》已徹底成為一套書籍，二者已不可分。即使近人對於《大學》章句的改訂，除了強調《大學》經傳的義理系統，也要參考《中庸》經傳，〔註15〕以為佐證，可知後代的讀書人儼然已將《學》、《庸》視為不可切割的閱讀系統。

　　《學》、《庸》在義理的闡述上，確實彼此有可以相通之處，如胡志奎先生認為《大學》的「止於至善」與《中庸》之「中」，《大學》之「日新」與《中庸》之「無（不）息」，《大學》的「絜矩」與《中庸》之「忠恕」，這些思想其間息息相關。〔註16〕孫寶琛先生則以為，《大學》的明德即《中庸》所謂的中，其新民即《中庸》所謂致中和，其止於至善即《中庸》之天地位萬物育，其格物致知即《中庸》所謂明善或誠之；而《中庸》所謂自誠明即明德之自明，故謂之性，自明誠即新民，人能明明德，即能盡己之性，盡人之性，盡物之性，即可以贊天地之化育。天地位萬物育的境界，就是《大學》天下平的境界，也就是《大學》所謂至善之境。道問學即格物，也就是明誠的工夫，此乃求其知；尊德性即致知，此乃行其知的工夫。而《中庸》所說的九經，修身即《大學》之修身，親親則屬《大學》齊家之範圍，敬大臣、體群臣、子庶民、來百士則屬《大學》治的範圍，柔遠人、懷諸侯乃是《大學》平天下的範圍。〔註17〕在某些主題可以相通的情況下，《學》、《庸》彼此間串聯貫通已成為知識份子對此二書的既定認識。

　　民間教派對《學》、《庸》思想體系間的互通，一方面來自《學》、《庸》本質的性格，更重要的在於《學》、《庸》自宋明以來所具性命之書的內涵，以修、辦道的理念達成淑世理想，期望天下之人都能明其明德的入世修道觀。

　　以體道的歷程論《學》、《庸》二書的性質，這是民間教派的詮釋角度，二

〔註15〕　參孫寶琛〈大學章句新編正義〉（《中華文化復興月刊》第二十卷第四期），頁43。孫先生認為，《大學》講學偏重實踐，《中庸》講學偏重原理，但兩書講的都同為生命哲學，故頗有互相參考的價值，因為原理與實踐有密切的關係。

〔註16〕　參胡志奎（止歸）〈大學之著作年代及其與《中庸》之思想同異比較〉，收於《學庸辨證》（臺北：聯經出版事業，1984年8月），頁116～119。

〔註17〕　同註15。

者在思想上的互通，亦以修道爲主，尤其在成己成人的信念下，使二者在體、用之間密切配合。《大學》特重明德，《中庸》則重明道，德與道之間的關連，成爲《學》、《庸》思想體系在詮釋上互爲取用的關鍵，「道」是修行者所共同追求的眞理，「德」是由內涵養以至於外的言行表現；「道」是致力於終極實體追求者的永恆目標，「德」則是人之爲人所應尋回本具充實圓滿的本性。因此，《學》、《庸》所描述的思想體系之重點雖然不同，但是就生命的本質而言，二書所談的內容是互通的。《中庸證釋》說：「故《大學》言明德，明德爲修道也，《中庸》言修道，修道不外明德也。二者道之體用，教之本末，不可畸輕重也。……是故讀中庸之時，不可忘於《大學》；讀《大學》之時，不可忽於《中庸》。道之與德，天之與人，行之與修，不可失一。」（頁 22～23）《大學》首言明德，《中庸》首論修道，就修道的歷程而言，二者是齊一的，沒有輕重之別，也沒有先後之分，因此，《學》、《庸》必須合觀體悟，方能體會聖人立言的用心。《大學》所著重者在於如何由己而人，人人皆能明其明德；而《中庸》則詳於本體之說明，因此二書互爲取用，成爲宗教詮釋上的特色：

> （孔子）其述教也，首於《大學》。……《大學》之書，首言爲道，即《中庸》修道之道也。修道之謂教一語，已包舉儒教之旨，故教者教以道，而修道即以修教也。《大學》之以道爲教，首曰明明德。道之體難見，其所見者德，即道之用也。終曰止至善，道之用已備，而進乎體。止至善即儒教獨一無二工夫，修道之極則也。（《大學證釋》上冊，頁 41 左）

> 夫子以人之學道，必外明其德，內立其誠。明德極於治平，使天下皆得其所。立誠成於至善，使性命不失其眞。二者本末始終，無可輕重。明德之道，曾子既於《大學》述之；而立誠之道，則由子思子載之中庸。此中庸者，儒教明道之本體，與《大學》表裏者也。（《中庸證釋》，頁 32）

《大學》之終極目標乃欲人人皆能回歸其明德自性，因此著重於如何藉由儒者的教育理念傳達《大學》之目標宗旨。而《大學》所要傳達者，即是終極本體之「道」，然而如何體現「道」的本然存在，則須由明德開始。「道」隱於內，故爲體；德顯於外，故爲用，體用合一方可見道之全貌，不致偏頗一隅。由此可知，民間教派對於學庸的爲學次序，傳承了朱子所說的《大學》

乃初學入德之門，《中庸》則爲孔門心法之嫡傳。因此，欲達天道，須先體悟本具虛靈不昧的天賦本性，而此一根本即是宇宙本體──道。故而《學》、《庸》在修道路程中必須合參的原因，即是由用見體，由體達用的生命之道。

《學》、《庸》在修行之路上，一重幫助天下之人明其明德，此屬渡人辦道；一重自我體悟天道，此爲渡己修道。《大學》明德的宗旨乃欲天下人皆能明其明德，故以治平爲目標，使人人皆止於至善。然《大學》所重在渡人辦道，因此雖言人人皆具虛靈不昧的自性，而其重點乃在於天下人，是屬於外在的修行，是故對於如何藉由自性體悟天道之事較少言，因此必須再參《中庸》，以達道之體。《中庸》在被賦予道統與心法思想的基礎上，以性、道、教作爲主體，藉由自我天性的體悟，體證天道的自然無息，進而與天同體，參贊天地化育。然《中庸》所談乃以「誠」爲主的天道精神，是故對於如何將天道精神傳播萬民之教育理念則較罕言。雖然二者一重外王，一重內聖，然其目標卻是一致的，人人皆能止於至善、性命不失本眞，個個都能體證天道，返本還源，說明了《學》、《庸》雖在修道之路的出發點不同，而其目標卻是相同的。內聖外王皆具，才是儒者境界的極致，若偏向一方，都不是儒教所要傳達的理念。是以就體用而論，《學》、《庸》思想在宗教上已成爲不可分離的悟道聖典。

體用致一是民間教派對《學》、《庸》首章之三綱領與三提說所解說的詮釋角度，就全書的互通而論，其所討論的重點不外以「道」的呈現爲主體。「道」在中國的觀念中，其涵具的範疇乃結合本體論、生成論、倫理學、本質論與現象論。〔註18〕以整體全面而言，宇宙間的一切事物皆在「道」的範圍之內，天地的造設、星宿的運行、時空的更迭、萬物的生滅、生命的繼存，一切有形的物質現象與無形的主體，皆在「道」的作用之中。然而，如何藉由有形現象的感化，以證無形主體的本來，則是《學》、《庸》全書互通的關鍵。因此，二書在思想上的流動，乃以有歸無，以無見有，使「道」與「德」的精神發揮極致，以見儒教之全面：

> 《大學》言明德，《中庸》言明道。德之極至於治平，道之極達於至誠。德之用有所見於外，道之體有以存其中。故《大學》言教學，《中庸》言誠明。然《大學》之誠正止善，即《中庸》之誠。《中庸》之孝弟忠恕，三德九經之道，即《大學》親親、新民、格物、致知以

〔註18〕參張立文主編《道》（北京：中國人民大學出版社，1989年3月），頁10～15。

及治平也。故讀二書，不可不一貫通焉。且曾子述《大學》，詳於明
德之目，明於仁治之道，而於止至善則未盡也，故子思子補之。《中
庸》天命謂性，率性謂道，中為大本，和為達道。自誠明，自明誠，
至誠如神諸節，皆暢發性道之真，修養之事。而《大學》止至善之
道，於此乃備。可見二書互相為教，即儒教之全體也。（《中庸證釋》，
頁 18～19）

《大學》上說，自天子以至於庶人，壹是皆以修身為本。《中庸》的
道也是這樣，自費而隱章，論君子的道，或由遠處推到近處，或說
近的能通於高遠，總是說道不遠人的意思。……修身的方法是用智
仁勇三達德，行智仁勇得方法是用一誠字。無論三達德五達道，治
天下國家的九經，所以能實行的，總不外一誠字。……《大學》最
重誠意，想要誠意先推充真知識，推充真知識就是要明白善惡真理，
合這明善誠身遙遙相合。……不達到目的不止，這便是誠到極點，
這樣自強不息也就是天道了。（《新註中庸白話解說》，頁 11）

從明德到明道，從天子以至庶民，由己而人，由人而己，《學》、《庸》所談論
的皆不離自我修為與關懷人群。就落實於群體關懷而言，治平是儒教在外王
理念的終極目標，也就是以現象談論推行明德的外在成就，此一理想的具體
方法即是《中庸》〈哀公問政〉中所說的三德五道九經之道，其中所談及的內
容，正是《大學》由親民為始、治平為終的理想實踐。就個人的修為，明德
為始、明道為終，然在個人的修為中，「誠」則是個人體驗天道的最根本。《中
庸》將天道的精神歸諸於「誠」，而此一天道精神並不是密而不顯的，天道當
祂將生生之理賦予萬物時，也將祂自己納入了萬物，所以萬物的生生不已，
正是天道的生生之德。〔註19〕而我們所要學習的，這是天道剛健不息的精神，
類此精神正是修道者所需時時自我警覺與實踐。落實到個人身上，「壹是皆以
修身為本」是《大學》的理想世界，若欲達到此一理想之境，則需實踐天道
之「誠」的精神。由內而外，由己而人，由天道以至人道，皆以「誠」之精
神貫通實踐之。因此，無論是治理天下國家或是自我修為，就儒教的理念而
言，需以達到止於至善的境界為目標。而想要達到至善的理想，則需先體認
真知，所謂的真知，不是汲汲向外尋求之現象界人為的知識，而是需以「道」

〔註19〕參吳怡《中庸誠的哲學》（臺北：東大圖書，1984 年 3 月再版），頁 55。

為中心的內在之知，體證此一「道不遠人」的真知，尋回本然的真我。因此，《學》、《庸》二書所談，無論是修己或成人，皆以「道」為宗旨。而二書所提出的方法論，需是彼此互為取用，以達到其宗旨目標。是以民間教派對《學》、《庸》的詮釋態度，建立在二書互為通解，就內在的思想討論本體，就外在的作為談論方法（即是用），彼此互參，以見儒教之全面。

　　整體而言，《學》、《庸》二書互為體用表裏，這是宋以後《學》、《庸》被經典化所呈現的詮釋方向，這樣對《學》、《庸》的理解，無論是否符合原義，卻是八百年來的對《學》、《庸》的詮釋角度。而在宗教上，《學》、《庸》更是修行者體悟自性、成全他人不可少的一套聖典，二書合參的體用致一、天人合一之道，更為入世修行的儒教提出修己渡人的理論與方法，使得儒教在理論上有聖典可依，不致落入旁門左道，不見真知真道；而在方法論上，不離人世的修行法，使人在世間實踐聖人之言，不使有心修道者落入玄虛不行的空幻。因此，《學》、《庸》的聖典意義，乃在使有心修道者可以依聖人之言而行聖人之道，使天下之人無論是修己或成人，皆有道可尋：

> 學庸兩書，一重外王，一重內聖，然究其實，均以內聖為主體。內聖者，吾人之心性也，世界一切道德功能完全自真實充分之本性發出，既無極而太極，己真空而必妙有。故六祖悟道，而五祖宏忍曰：何期自性，本自清淨，本不生滅，本自具足，本不搖動，此即真空之無極也。又曰：何期自性，能生萬法，此即妙有之太極也。無極真空為內聖，太極妙有為外王。外王實生自內聖，決無不由內聖而生外王者，故中庸開口說率性，大學開口說明明德，都從根本上用緊切功夫。……後之學子當知舍心性而談道，是為妄談；離心性而修道，是為妄修。讀學庸兩書，均注意於修持個性、發展群性，庶乎可也。（《學庸白話解說》，頁 56～57）

從根本上談修道的因由，這是三教探溯人之本源的共同主題，而《學》、《庸》互為取用的重點即在此根本之互通。宋明以來，性命之學成為儒學的主軸，知識分子在此得出安身立命之所，以此修養自身，以求合於聖人之言。民間教派在此傳統思潮中，追尋真我性命之所，而《學》、《庸》乃是其回溯自我性命之所的必備經典，是以就整體而言，二書在思想上的互通，乃在於對性命本源的認識。因此上文所言，《學》、《庸》雖一重外王，一重內聖，然就一切根本而言，皆需以內聖為本——以本性為出發點。明德與率性，所用之名

詞雖有異，但其用心是一致的，要世人回歸本性原來。再廣而觀釋、道二教對此本來的追求，亦是如此。本然自性就本體而言，如同六祖慧能所言：不生不滅，本自清淨具足；就其發展外用而言，則能生萬物。真空妙有，乃本性的最大特色，雖不可視聽，卻無時而不存在。而《學》、《庸》二書所要傳達後世者，即在此真空妙有的特色，故而首章皆先談論本體，再論致用，最終回歸天道。因此從根本上用工夫，是《學》、《庸》首要傳達的訊息，故在三綱領與三提說皆以認識本體自性為主要，再論及由體達用的外在成果。

對民間教派而言，《學》、《庸》最大的功效乃在指引世人步入修道之路，期望人人皆能明其明德。因此就本性自明的觀點而論，《學》、《庸》是引導後人由知而行，由行而明的體證與實踐。談修道，若捨本體自性，只論善行，則只是道德修養，而非道的本體；若只論本體，而不論實踐，也只是空談，不符道之剛健不息的精神。因此體證本體，實踐個體，以達天下國家，這是民間教派對《學》、《庸》的宗教詮釋。故上文言「修持個性、發展群性」說出了儒教的修道理念，也道出了二書思想內涵互通的根本基礎。由此可知，《學》、《庸》思想在宗教上發展，已漸離學術界以思考、注疏為重的思想方向，朝向體用並重，知行一體的宗教體驗與實踐體道的生命觀，使得《學》、《庸》在宗教上成為不可分離的宗教聖典。

第二節　從思想性格談論《大學》、《中庸》被宗教詮釋的原因

自宋以來，《學》、《庸》的思想詮釋被轉化之後，二書的註解本層出不窮，尤其以心性之學作為解說者，更是比比皆是。[註20] 在讀書人將《學》、《庸》視為性命之書的詮釋傳統中，民間教派對於《學》、《庸》的理解並沒有脫離理學思潮的影響，並且將此二書的思想更具體的落實於宗教生活之中，使得儒家的理想境界以宗教關懷的方式實踐於人群之中。

以宗教修己成人的關懷詮釋《學》、《庸》，這是民間教派實踐儒教世界大

〔註20〕關於《大學》、《中庸》的注疏之作，最基本的書籍可參國立高雄師範學院國文系編輯委員會所編纂的《大學論文資料彙編》之〈大學書目八十六種提要〉與《中庸論文資料彙編》之〈中庸書目四十三種提要〉。此中所蒐集只是大家較常見者就有數十種之多，可見自宋以後，《學》、《庸》被列入性命之書的行列後，以心性之學論述討論之，較之漢唐，其數量之多，不可相較而言。

同之理想而對經典的詮釋角度。然而，爲什麼民間教派特別重視《學》、《庸》這二部經典？除了宋明以來以心性的角度看待此二書，其中所涵具思想的多元性以及文字義理解釋的不確定性，恐怕是《學》、《庸》在宗教界中一再被解說的主因。尤其朱子以四書做爲道統之傳的說法，這個說法雖被學術界質疑，但民間教派卻對此說法深信不疑。在信與疑之中，許多的作品也就此一一產生，豐富了我們了解民間文化對儒家經典的了解。

一、可融合道、釋思想的詮釋方向

　　若以朱子所定之四書作爲儒學傳承的範疇，《論》、《孟》本爲孔子與孟子之語錄與門人所作，故在學術界上的爭議並不大；然而對於《學》、《庸》的思想淵源，朱子的說法確實在學術界上引起極大的討論與爭議。以《大學》的思想性格而論，當代的學者就有多種爭議，錢穆與馮友蘭主張《大學》爲荀學；陳槃主張《大學》爲孔學；唐君毅、徐復觀、勞榦、戴君仁主張《大學》爲孟學；蔣伯潛、勞思光、韋政通、項退結主張《大學》乃孟學、荀學的綜合；趙澤厚則主張《大學》是董仲舒之學；而牟宗三主張《大學》只是一個空殼子；〔註21〕莊萬壽則認爲《大學》的思想淵與道家思想有關。就《中庸》而言，其中所談及的宇宙論與所使用的語彙，錢穆、勞思光、胡志奎、莊萬壽等先生認爲乃攙雜道家思想，故已非純儒。〔註22〕從《學》、《庸》思想性格所引發學術界的論辯，可知此二書因思想上的不確定性，讓後人在詮釋上有充分發揮的空間，而民間教派即在此空間中詮釋這兩部聖典。

　　自唐以來，三教合一是中國社會所要處理三教在教義上之紛歧所提出的詮釋態度。明清的民間教派更是以三教合一作爲其教義詮釋的一大特色，尤其在民間，三教合一是民間文化面對信仰時所產生共同的理念，老百姓們深信，三教聖人所要教人的目標是一致的，只是所使用的方法與語言文字不同。因而如何破除外在文字、語言障礙，洞悉聖人所傳的眞道才是各教的宗旨。因而民間教派認爲，聖人之意都是相同的，如何將三教聖人所傳達的本意串聯，使得聖人的眞道能在文字以及文字之外得到貫通，直擊宗教家所關懷的

〔註21〕參同註2，劉又銘先生之論文，劉氏則主張《大學》爲荀學。

〔註22〕參錢穆〈四書義理之展演〉刊於《孔孟學報》第十七期、《中國思想史》（臺北：臺灣學生書局，1988年10月）；勞思光《中國哲學史》（臺北：三民書局）；胡志奎《學庸辨證》，頁50；莊萬壽〈大學中庸與儒家黃老關係之初探〉刊載於《國文學報》第十八期。

終極實體，這才足以顯現三教經典傳世之意義。因此，在整個社會的信仰文化中，儒、釋、道的思想，就終極而言是可互相詮釋的。而由於《學》、《庸》思想性格的不確定性，民間教派詮釋此二書時，許多釋、道的觀念亦因此而攙雜其中。

　　就以儒學的性格而論，儒家是屬於入世實踐理想的力行者，因此對於超自然的事物較爲罕言，而因其將生命重心放置於世間社會，因此對於藉由修煉以體現天道的修養論，在理論上實在不及釋、道來的豐碩。

　　民間教派雖然在《學》、《庸》思想性格的不確定性上，提出儒教的修養論，並且強調儒教在修煉法上與釋、道二氏無異。《學》、《庸》二書在修養論上之所以會引人多作聯想者，最根本在於其中所提出個人如何體證天道的命題，而這些命題須要個人以實際的修煉經驗感受的。譬如說，《大學》所謂「定、靜、安、慮、得」的境界究竟爲何？《中庸》所說的「中和」、「誠」的境界又是什麼感受？自宋明來，雖說許多知識分子會以靜坐（meditation）的方式來討論內在的體驗，藉由這種修持方式以獲得內心本體的呈現，說明許多藉由身體的修煉而達到心體展現的神秘體驗（mystical experience），用以解說儒家的修養論與工夫論，〔註23〕然而這樣的體驗是屬於個人式的，其核心因素乃建構在相當隱密的私人體驗上，因此這種體驗是難以類比的；再者，理學家雖都有靜坐的體驗，但他們不太張揚此事，因爲他們害怕旁人會將此事與佛老的價值觀念混合，因此雖可以與人分享討論，但在方法論上終究無法以具體的理論作說明。因爲儒教對於修煉方法之論述不足，致使民間教派解釋儒教的修煉方法時，往往汲取釋、道二教的說法以作說明，其中不論是否合乎原意，所要傳達的重點在於三教所要達成的終極目標是一致的，儒教

〔註23〕根據大陸學者陳來的研究，宋明心學家幾乎都有靜坐的經驗，而在靜坐中的感受與體驗，陳氏將之稱爲「神秘體驗」，他認爲，儒學的神秘體驗，其基本特徵是：（一）自我與萬物爲一體（二）宇宙與心靈合一，或宇宙萬物都在心中（三）"心體"（純粹意識）的呈現（四）一切差別的消失，時間空間的超越（五）突發的頓悟（六）高度的興奮、愉悅，以及強烈的心靈震撼與生理反應。見氏著〈心學傳統中的神秘主義問題〉收入《有無之境——王陽明哲學的精神》（北京：人民出版社，1997年2月）。楊儒賓教授則更深入的研究，他認爲，靜坐是宋儒體驗生命的必工夫，只是宋儒將之視爲"平常"，又恐與佛老混淆，故不太宣揚此事，見〈宋儒的靜坐說〉「理論與實踐研討會」論文（臺北：東吳大學哲學系主辦，1999年5月），楊教授論文蒙東吳大學哲學系助教杜嘉玲小姐相贈，於此致謝。

也有修煉的工夫，只是較爲罕言，以致後人不解，遂以爲儒教不重修煉，《大學證釋》即云：「聖人於《大學》所教，皆關身心力行，及家國人物，生息必要之道。雖中述止至善誠正之事，以明道之所成，德之所明，而皆爲教言，故於定靜及誠正，僅舉其大體。……後人不察，遂不知止善何境，誠正何功。且以爲靜修禪定祇道佛家有之，儒教不及，豈非大謬者乎！……道體之眞，修道之妙，與二教所說，故無異同也。」（下冊，頁 52 左）由此可知民間教派認爲，儒教所重乃在家國天下之生息之道，以人世間之一切作爲己任，故所談多重政治淑世之事，因而儒教對於修煉之事雖較少談論，但並不表示儒教不重修煉之事，只是與釋、道的重心不同，若因此而言儒教不談修煉之事，那是對儒教的一大誤解。由此可知，民間教派亦了解儒教在修煉方法論上所面臨的困境，因而擷取道、釋二教的修煉法，用以補充儒教在這方面的不足，藉此說明三教的修煉目標在本體上是一致的。因此，當我們從修道所要達到的終極目標看待民間教派對於釋、道二教的吸收與解釋，就可以了解，民間教派乃尋求文字之外的弦外之音，以求宗教中的異外之同。

由於儒教對於修養論的解說並不具體，且所存的資料亦不及道、釋二教完備，因此在三教的融合上，雖然談及了修煉的命題，但這不是民間教派的詮釋重點，他們主要的觀點乃在於《學》、《庸》是性命之書的詮釋角度。職是之故，如何溯本還源才是修道者最關注的主題，也是宗教家看待三教經典的態度。因此，從根本上談三教的一致性，這是民間教派面對《學》、《庸》思想上的不確定性所採取的詮釋角度，藉由本源的討論，說明三教在教義上相通的道理：

> 知止定靜安慮得的工夫，是由本性作起，知道至善的道，其次定一身的方針，定天下的定理，天下就安靜不爭，守序進行。進行以後，自身安服，人民安服。本身安服不亂，眞知識合眞光明，同時發在萬事萬物上。天下人民的根本，還是盡自己的性，盡天下的性，何患天下事物不得在吾性中呢？這是佛云「萬法心中生」，天下樞紐仍在理性上呢！（《增註大學白話解說》，頁 8）

從根源談論儒教的修行工夫，這是民間教派避開討論儒教修煉論的方法之一。從人性的本質解釋三教致一的道理，如此，則一切法只是聖賢仙佛渡人修道的法門，其終極目標是一樣的，並無差別。因此，《大學》中之知止以及定、靜、安、慮、得之目的地，乃是要我們回歸於天賦本性，同德於本體之

道，若能於此了悟自性，必能達到盡天下萬物之性的境界，此時我與宇宙本體已無差別，故可參與一切萬物之造化，這樣的解說，實際上已有道家的精神了。〔註24〕從本源的角度詮釋《學》、《庸》，這樣的詮釋方法使得《學》、《庸》可與道、釋二教在教義上得到交融。因此所謂「萬法心中生」可說是盡己之性的根本，若知本性之源，則一切法皆爲修道而用，藉此歸根還源；若一切作爲只爲滿足私欲，則世間一切法只會令人沉迷不已。就此而論，「心」的起動是修行的根本，而若欲「心」之所向皆能本道的理念而行，認識自性本來的根源才是修道的不二法門：

> 《中庸》上說喜怒哀樂之未發謂之中，中是心的正體，喜怒哀樂未發就是無所喜怒哀樂，要是有所喜怒哀樂，心便著在偏處了，還能中正嗎。佛說應無所住而生其心，合這道理是一樣的。心有所忿懥等等是著相，心不在焉是著空。著相就偏（不得其正），著空就無用（視不見聽不聞食不知味）。惟不著相，能生出正心；惟不著空，能生出妙心。不著相得心的體，不著空得心的用。體用兼備，自能盡性踐形。（《新註大學白話演說》，頁4右）

從心的起動之際談論人性本來，《中庸》談本體以「中」字說明本體呈現之境。而喜怒哀樂未發之境，即是金剛經上所說「應無所住而生其心」的境界，亦即心念不受外界雜染，使「心」的作用完全回歸本體，不會偏執於某一面，故不著空也不著相，更不會受人的情緒發動而左右。其中所說雖與《中庸》所言喜怒哀樂發而中節謂之「和」有所牴觸（因爲儒家並不是反對情緒裏的喜怒哀樂不可發，但須合乎中節），但因「中」之定義爲何，莫衷一是。爲了讓讀者了解這箇中的道理，故引佛教中老百姓較可以理解的意義作爲詮釋，以見「心」的本來以及修心之重要性。

　　修道先修心是三教可共通的本質，也是談論三教合一主題時可先溝通的觀念。「心」具有主宰的意義，而其作用是一切意念起動的根源，這是宋明學

〔註24〕就參與天下萬物造化的觀點，可知儒家於此已加入道家的觀念，因此上註諸先生所論實屬實情，雖然徐復觀先生反對錢穆先生的說法（見《中國思想史論集》，臺北：臺灣學生書局，1983年）。但我們由其參與天地造化的觀點而論，《中庸》實如錢穆先生所言，乃「彙通老莊孔孟，進一步深闡此天人合一之義」（《中國學術思想史論叢》（二）之〈中庸新義〉，臺北：東大圖書）。關於莊子之造化之道，可參拙撰〈《莊子》之「化」思想研探〉，刊於《孔孟學報》第七十七期。

者對心的共同理解。朱熹認爲心體虛明，乃爲一身之主宰，故有心統性情之說；〔註25〕而心學家對於「心」的認知，更是將心的作用，拓展至與宇宙本體合一，無分彼此，陸象山曾說「吾心即宇宙，宇宙即吾心」，大大提升了心的價值地位，使心的價值依據內含超驗意義的價值意識，以肯定其形上的本源，〔註26〕而王陽明則在此基礎下，認爲心之本體即是天理。由是觀之，心的發用是一切的根源，是以朱熹將之區分爲人心、道心以見其差異；陸、王雖不贊成朱子將心區分爲二，但亦承認，學者涵養省察之終極目標乃是回溯本源之體。而在民間教派中，對於修心的認知乃結合二者而言，若以修煉的角度而論，他們承認朱子的觀點，須要先去人心而後道心才能眞現；若以本源而論，他們則接受陸、王的觀念。然儒教在「心」的定義上可與釋、道二教在教義上互詮，最主要的重點乃在對於人之本源的認識，而《學》、《庸》

〔註25〕朱熹對心統性情的理念是承襲張載而來，而對於「心」的討論，成爲朱子哲學思想的樞紐點。朱熹對心的認知有下列的說法：一、心與知覺：狹義的知覺是指人的知覺能力，即精神，也就是能知能覺，這種心的知覺能力也稱爲「神明」，有時亦稱爲「靈明」；廣義的知覺則不僅指人的知覺能力，而且包括人的具體知覺，即知覺能力的具體運用，包括感覺與思維，是以心的意義除指知覺的思維能力之外，亦指具體的思維，知覺能力無所謂善惡，具體的思維則有善惡。二、心爲主宰：朱熹常常強調心爲人身的主宰，其重點主要是把人作爲實踐活動的主體，考察心在個體實踐中的作用。三、心體虛明：朱熹所謂心之本體指心的本然狀態。廣義的心之本體，心是指作爲一般意識活動主體的知覺思慮之心，即所謂心之本體虛明，朱熹對於心體虛明的解釋，泰半屬於此一說法；狹義的心之本體，心僅僅作爲道德意識的主體，相當於實踐理性，幾近於於良心的觀念，但這種用法較少，在朱熹的哲學中也不佔主要地位。四、心與理（性）：在心與理的關係上，朱熹的基本觀點是「心具眾理」，從一般認識主體的觀點言，心體爲虛；而從心作爲道德意識活動主體來看，朱熹認爲心中包含萬理，在這個意義上，心又不虛。也就是說，心不僅是一個理論理性，而且是道德理性，亦即心與理的關係不是指心與存在於萬物之中的理兩者間的關係，而是指心與作爲人性的理之間的關係。參陳來《朱熹哲學研究》第二部分心性論之第三章〈心之諸說〉（臺北：文津出版社，1990 年 12 月），頁 177～217。另可參劉述先《朱子哲學思想的發展與完成》（臺北：臺灣學生書局，1984 年 8 月再版）、蔡仁厚《儒家心性之學概要》（臺北：文津出版社，1990 年 7 月）

〔註26〕陸象山對於心的解說，可就復其本心，先立其大與心即理，心同理同之觀念得知，其所指乃是自具的道德本心，故象山論學不常說「性」，因爲心即是性，心性不二。所謂「心即理」是表示本心自具理則性，心本身即是道德的律則。參蔡仁厚《宋明理學·南宋篇》（臺北：臺灣學生書局，1993 年 9 月增訂版），頁 234～238 及曾春海《世界哲學家叢書：陸象山》（臺北：東大圖書，1988 年 7 月），頁 74～81。

則於此提出了基本的詮釋空間，故在修道修心的修持理念上，民間教派對於
三教教義之融合，可說發揮了極大的功效。在詮釋上，他們並不使用艱澀的
文詞語彙，而是採用黎民百姓所耳熟能詳三教語詞，以老百姓最容易了解的
文詞，進行三教融通：

> 儒家存心，佛之明心，道之脩心，一也。……金剛經第一語，即曰
> 云何應住，云何降伏其心。佛告須菩提，應如是住，如是降伏其心，
> 即所以示人明心見性之法。老氏道德經中，天得一以清，地得一以
> 寧，又聖人抱一以爲天下式，又虛其心，實其腹，又復命曰常，知
> 常曰明，復歸於樸諸語，皆指明所以脩心煉性之方。由是觀之，而
> 後知二氏之教，莫外於持心；而二教之義，莫不同於《中庸》也。(《中
> 庸證釋》，頁 306)

> 靜者心不妄動，一切躁妄之心盡釋，舉世萬感者不搖，心清則氣調
> 神和。靜中而生慧，至善性理，寂然而不動，心靜神抱，有而無實
> 而若虛，其靜無體，其動無形，動而不動，靜而不靜，謂之眞靜。
> 清靜經曰，眞常之道，悟者自得，得吾道者，常清靜矣，人能常清
> 靜，天地悉皆歸。六祖曰，菩提自性，本來清靜，但用此心，直了
> 成佛。(《大學中庸講義》，頁 18～19)

由此可知，民間教派擷取二教經典解釋「心」之本源，以見三教所說本是一
事，並無二致。其中所引用道教之《道德經》與《清靜經》，佛教之《金剛經》
與《六祖壇經》都是民間經常閱讀使用的經典。而採用道教的觀念時，其重
點在於「道」，「道」爲一切萬物之根源，這是道家的基本理念，故脩心煉性
需以「道」爲依歸；而對於佛教義理的理解，則以禪宗「心爲根本」修煉法，
〔註 27〕以視自性本來。由此觀之，民間教派力求三教在根源上的融合，不論
其所言是否合乎原意，然卻由此可見中國社會在三教融合的過程中，所採取
本質相通的詮釋方法，也就是對根源的探究。

　　面對民間教派進行三教教義融合、互通時，必須以神學的眼光來看待這
樣的詮釋角度。因爲，牽涉信仰之事時，所有的經典基本上是爲了救度人的

〔註 27〕禪宗從弘忍之後，修行的重心已從外在的念佛轉向內在的攝心，而且在攝心
中特別重視守心，即守護自己所有的那一顆清靜無垢的本心。他們認爲，心
靈是唯一實在的本源，而其他的一切都是虛妄，這樣的觀念至惠能，將之發
揮極至。參葛兆光《中國禪思想史》(北京：北京大學出版社，1996 年)，頁
142。

本性而作。基於這樣的立場，我們必須了解，當民間教派對這些經典進行再詮釋時，他們的詮釋必須是敘述宗教信息的真理，而且必須適應每一新時代來詮釋這些真理。也就是說，宗教家所思考的境況（situation）是實存的「創造性的詮釋」，乃是某一特定時代中，人的創造之自我解釋的總和，〔註28〕離開了宗教式的思想，以考證的角度或經典本來原意來批評這些再詮釋的作品，已錯失了宗教家與信仰者的本意。因此，民間教派對《學》、《庸》的詮釋，乃以老百姓可理解的經典語詞，藉以說明，三教所修者，乃是修「心」，所用之文字雖有差異，但是本質卻是一致的，所欲說明者，即是在根源、本質上的相通。

　　從根源、本質上說明修道修心乃三教共同的理念，這是民間教派融通三教經典的詮釋角度，而因《學》、《庸》思想性格的不確定，開闊了三教在教義間的疏通管道。在以儒為本的民間傳統中，《學》、《庸》所談論本源的問題，以民間傳道者的詮釋角度與釋、道二教融通。由於對本源的描述存在許多可發揮的空間，使得《學》、《庸》在原本思想的不確定性中易與佛、道結合，而民間教派的詮釋者，就在這樣的詮釋空間中對《學》、《庸》作另一有異於學界的詮解，呈現民間對儒家經典詮釋的另一風貌，而這樣的詮釋角度，實有助於理解民間對三教經典可互為溝通的詮釋態度。

二、性與天道的討論

　　有關儒家談性與天道的問題，見於《論語・公冶長》子貢之言，子貢感歎孔子談論性與天道之學「不可得而聞也」。何晏對此文的注解說：

　　　　性者，人之所受以生也；天道者，元亨日新之道深微，故不可得而
　　　　聞也。（《論語注疏》，十三經注疏本，臺北：藝文出版社，頁43）

由此可見，早期的注解著重於自然界的運轉流行，故以自然現象談論性與天道。這樣的注解觀點，至宋邢昺作疏時，其中的改變並不大：

　　　　天之所命人所受以生是性也，自然化育，元亨日新是天道也。……
　　　　子貢言若夫子言天命之性及元亨日新之道，其理深微，故不可得而

────────────

〔註28〕此一觀念乃來自保羅・田立克的著作，他認為任何有關神學的解釋是不能從境況當中消解，亦即每一時代面對同一部聖典，都有其不同的解釋，因此神學解釋須投入「現代人對其實存之解釋」的各種文化形態中，離開了歷史性的詮釋，神學將失去其神聖的意義。見《系統神學・第一卷》（臺南：東南亞神學院協會，1993年8月再印），頁4～8。

聞也。……天本無心，豈造元亨利貞之德也？天本無心，豈造元亨
利貞之名也？但聖人以人事託之，謂此自然之功，為天之四德也。
此但言元亨，略言之也。天之為道，生生相續，新新不停，故曰日
新也。以其自然而然，故謂之道；云深微，故不可得而聞也。言人
稟自然之性及天之自然之道皆不知所以然而然，是其理深微，故不
可得而聞也。（仝上，頁 43～44）

邢昺雖承繼前人的注解，然而值得注意的，他已提高「天」的意識。何晏對
性的理解是「人之所受以生」，而邢昺則說「天之所命人所受以生」，說明了
人之性乃倚天而生。雖說如此，他們對於性與天道的理解，皆屬於「不知所
以然而然」的自然現象。這些自然之道，以其自然而然，故其理深微，難言
之，是以子貢之屬不可得而聞。

　　這段文字的注解，在程、朱的詮釋中有重大的改變。程頤的解讀是「此
子貢聞夫子之至論而歎美之言也」（《四書章句集注》，頁 79），朱熹則依循程
頤的詮釋角度而釋解云：

性者，人所受之天理；天道者，天理自然之本體，其實一理也。言
夫子之文章，固學者所共聞；至於性與天道，則夫子罕言之，而學
者有不得聞者。蓋聖門教不躐等，子貢至是始得聞之，而歎其美也。

（仝上）

程、朱的解讀角度已與前人大相抵庭，首先，對於子貢之「不可得而聞也」
的感慨，以往認為自然之性及天之自然之道皆不知所以然而然，是以其理深
微，故不可得而聞也，而程、朱則持相反的態度，他們認定子貢已「得而聞」，
故有此歎美之詞！而夫子罕言性與天道的原因，在於聖門學不躐等。其實，
這樣的解釋是很有問題的，為什麼文章之學人人皆可所共聞，而性與天道之
學則必須有「等第」的差別呢？回到最關鍵的性與天道的問題──「性即理」
的提出，此乃程、朱在理學思想上重要的理論，因此，朱熹認為，性與天道，
所談只是一「理」，乃以理本體的角度談論性與天道。〔註29〕

〔註29〕程、朱以「理」本論的觀念對性與天道作注解，至明末顧亭林有重大的轉變。
　　　顧氏認為「夫子之教人，文行忠信，而性與天道在其中矣，故曰不可得而
　　　聞。……子曰：二三子以我為隱乎，吾無隱乎爾。吾無行而不與二三子者是
　　　丘也。謂夫子之言性與天道，不可得而聞，是疑有隱者也。不知夫子之文章，
　　　無非夫子之性與天道，所謂吾無行而不與二三子者是丘也。」亭林乃以實學
　　　的眼光對這段話作註解，孔子之性與天道所指乃是孔子之學與德合一，也就

　　朱熹的注解雖與前人相違，但他強調的「天理自然之本體」與「聖門之學有等第」的觀念，卻留給民間教派詮釋性與天道的主題時，有許多發揮的空間。因爲性與天道之學非人人可得，是以民間教派強調性與天道之傳，具有神秘意義，如前述第二章所述，心法與天命之傳有一「單傳獨授」的時期，而後儒教應運，上天廣開普渡，人人皆可得此心法。雖是如此，在傳授心法的過程時，仍有屬於各教派的儀式與秘傳，因此心法之傳雖已廣開普渡，但在傳授的儀式過程中仍具有神秘意義。而朱子所說的「本體」乃是民間宗教家所強調修道的最後目標，而在儒家的經典之中，直論性與天道的「天理自然之本體」，以及能夠讓民間信仰者方便閱讀與理解者，〔註30〕屬於性命之書的《大學》、《中庸》，成爲了信仰者必讀的經典。

　　談論儒教之性與天道之時，首須對《論語》中子貢的感歎之詞進行解說，以解眾人之惑，夫子究竟談不談性與天道？〔註31〕

<hr>

　　　　是夫子平日教授之文行忠信之學。亭林肯定孔子亦談性與天道，然性與天道
　　　　之學決非玄虛奧密之學，而是力行實踐的實學。見顧炎武著，楊家駱主編《日
　　　　知錄集釋（上）》（臺北：世界書局，1991 年 5 月八版），頁 153。
〔註30〕　宋明理學家認爲談論性與天道的儒家經書，還有《周易》。民間教派並不是不
　　　　注重《周易》，而是此書在理解上與閱讀上對民間老百姓是否合適？以及在民
　　　　間的流通率如何？因此，民間教派的傳道者，於其著作雖常引易經之言與
　　　　《學》、《庸》二書相呼應，但基於傳道之便與易使信仰者了解，對於經典的
　　　　闡釋，仍以《學》、《庸》爲重。
〔註31〕　關於子貢這段感嘆之詞，近來學者的理解不一。唐君毅先生認爲：「孔子大矣
　　　　其一生之生命心靈之表現於其爲人、其文章者，即是性與天道，故其言性與天
　　　　道，不可得而聞。」唐氏以爲孔子結合心靈與生命爲一整體，呈現於其文章，
　　　　故孔子之一切表現即是性與天道。(《中國哲學原論——原性篇》，臺北：臺灣
　　　　學生書局)，頁 15；徐復觀先生則說：「孔子的所謂天命或天道或天，用最簡捷
　　　　的語言表達出來，實際是指道德的超經驗地性格而言；因爲是超經驗的，所以
　　　　才有其普遍性、永恆性。（頁 86）……（孔子）證驗到了仁的先天性、無限地
　　　　超越性。他是在傳統觀念影響之下，便說這是天命。子貢曾聽到孔子『言性與
　　　　天道』，是孔子在自己生命根源之地——性，證驗到性即是仁；而仁之先天性、
　　　　無限地超越性，即是天道；因而使他感到性與天道是上下貫通的。性與天道上
　　　　下貫通，這是天進入於他的生命之中，從他生命之中，給他的生命以道德的要
　　　　求、規定，這便使他對天，發生一種使命感、責任感、敬畏感。（頁 99）」（《中
　　　　國人性論史》）；牟宗三先生認爲，天命天道是神秘而奧密的，縱使性字所代表
　　　　者是比較內在而落實的存有，亦仍然是神秘而奧密的，他說：「性與天道是
　　　　客觀的自存潛存，一個聖哲的生命常是不在這裡費其揣測的，這也不是智測所
　　　　能盡者。因此孔子把這方面——存有面——暫時撒開，而另開闢了一面——
　　　　仁、智、聖。這是從智測而歸于德行，即歸于踐仁行道，道德的健行。……在
　　　　德行生命之朗潤（仁）與朗照（智）中，生死晝夜通而爲一，內外物我一體成

> 凡治經在通經，即處處貫通是也。如斷章取義則非也。聖人之言本
> 於道，故於道未盡者，非經文也。……譬如子罕言命利仁，及子不
> 語怪力亂神，性與天道，不可得聞諸文，而謂夫子不重神天性命，
> 則誤矣。（《大學證釋》上冊，頁 2 右）

為了解釋孔子亦重性與天道之傳，民間教派的傳道者須先說明聖人之言本於
道，故於道未盡者，皆非聖人之「經」，這裡所提出的問題即是民間教派對於
經典認定的標準。一般而言，《論語》是屬於語錄式的記載，因此，所記載泰
半屬於日用人倫之事，故孔子之「盡道之言」於此書較少記載，再加上後人
斷章取義，以為孔子不談性與天道之事，誤解聖人之義。世人對於儒教之不
解，最重要在於無法區分何者才是聖人「盡道之言」的經典。因此，界定聖
人盡道之言的聖典書籍是民間教派對子貢感歎之語所作的解答，基本上，這
是延續程、朱思想所作的思考路線。

　　肯定了孔子談論性與天道的事實，《學》、《庸》作為儒教的性命之書，又
是孔門心法之傳，而民間的傳道者就此角度解讀《學》、《庸》中的孔門之性
與天道之傳：

> 《大學》之義，在古人所言：有國學、鄉學之別；國學為《大學》，
> 鄉學為小學，此不過就其普通教化上之分別耳。從密教上而言「大
> 學」二字之秘旨，實包藏天地鬼神莫測之神秘。蓋聖人立言，並非
> 一時之用，乃立萬古之標，深藏大道之奧秘；是以《大學》、《中庸》
> 二書之秘旨，自孟子心法失傳以後，鮮有人知道。（《文外求玄──
> 學庸註解》，頁 8）

寧。它澈盡了超越的存有之全蘊而使它們不再是自存自潛，它們一起彰顯而挺
立，朗現而貞定。這一切都不是智測與穿鑿。故不言性與天道，而性與天道盡
其中矣。……原來存有的奧密是在踐仁盡心中彰顯，不在寡頭的外在的智測中
若隱若顯地微露其端倪，……亦就是子貢有『不可得而聞』之歎之故了。」（《心
體與性體（一）》，頁 219～221；三位先生皆認為孔子亦談性與天道，只是將
之落實於道德實踐之中，而非以神秘玄虛的語言表達，而因孔子於日常教學之
中即已傳達，只是弟子們是否能領會，故曰：不可得而聞也。
另一說法乃孔子不論性與天道，如錢穆先生說：「性與天道，則為宗教與哲學
上之問題。今不曉孔子自身對於宗教哲學上之意見何若；惟其教弟子，則惟
著緊人生一面，而宗教與哲學，皆所不談。」錢氏所持之論，乃以孔子之學，
皆近切篤實，尤注重現實人事，故不尚高妙之論，是以不談性與天道。見（《四
書釋義》，臺北：臺灣學生書局，1986 年 10 月），頁 103。

> 《中庸》一書是孔門傳道的心法、儒家傳道的心法在中這個字，中
> 是宇宙本體，至善之地、明德之所、也是聖人傳道之法。(《中庸心
> 法通論》，頁 4)

從宗教密傳說明《學》、《庸》二書的立言本意，使得二書在文字背後具有神
秘義，也再次說明，聖人所要傳達的是亙古不變的眞理，文字只是聖人所運
用的傳道工具，有心修道者應努力參悟文字之外的眞理，而非徒被文字所惑，
不識聖意。一般人視此二書純爲教化之書，實已誤解了聖人著書傳世的本意。
尤其孟子以後，心法失傳，聖人論性與天道的意旨隱而不傳，是故後之學子
不解聖典的意義，空於文字、知識作工夫，未能洞察經典的眞意。從「正名」
的角度讓信仰者了解，聖人傳道之秘雖隱而不宣，然在經典的題名上已透露
了傳道的本意（詳見第四章）。因此「大學」二字非指古之庠序之制，而是透
過應證心法，由自我本來的光明以達天道本體，故其內容可包含天地神鬼；
而《中庸》本爲孔門傳道心法，聖人盡道之言皆在此，是故若欲了解聖人性
與天道之傳，端賴此二書之傳世：

> 《大學》之一書，大全之旨，啓萬世之塞矣。讀者識以爲文，而學
> 者識以爲道。學則近乎道，盡於道者學尤不遠矣。故明其體者，如
> 布帛之用，如菽粟之食，人莫離者，統研其義，天地之化，莫遠於
> 大道之理。故學道者，明於理，達於道。物各有理，人皆有性，性
> 而不明，焉達於道理？(《增註大學白話解說》，頁 3)

> 夫《中庸》一書，乃列聖相傳，心心相映，不外乎性理心法；言理則
> 莫玄於天性，言功則莫大於道、教；誠能志心是編，朝夕玩索，心領
> 神會；靜而存養，以戒懼之功致其中；動而省察，以愼獨之功致其和；
> 誠誠不息，窮神知化；不惟於風俗世道，有所裨益，且能克造其極，
> 而天理得以中和，陰陽賴以燮理；四時順序，寒燠咸宜；二氣氤氳，
> 風雨時若；萬靈各適其性，而遂其天；諸物各安其命，而遂其生；則
> 天下化，而本源復矣。(《文外求玄——學庸註解》，頁 101)

明體復性、尋本溯源，這是修道者所共同追求的目標。而《學》、《庸》所要
傳達的訊息，正是教人如何體證本源。《大學》首言「大學之道，在明明德」，
說明了修道者首先光明自我虛靈不昧的本性，才能通達天道，此一本體自性
本然存在，不離於身。故《大學》教人乃在如何學道，而學道則先洞明自我
本性，若本性不明而談論修道，則如瞎子摸象，不見眞實的本貌。自性若明，

則天地造化之道，萬物生滅之理，皆能了然於心，無所困惑。由人之道以達天之道，這是初學者必讀《大學》的原因，也是其所要傳達性與天道的修行方向。因此《大學中庸講義》云：「《大學》之旨乃夫子之傳心，即明善復初，復其天賦本有良心之所在，自明良心者，明德也。」（頁41），說明了《大學》之旨，乃教人明其明德，使人人本具之明德充分展現，自人合天，天即我，而我即天，天人不離。《中庸》則以「天」始，說明了宇宙萬物的根源，也說出了修道者的終極目標。一位能與聖人仙佛心心相印的修道人，藉由觀察天體的運行與天地萬物的變化之道。此一變化之道，在自然中井然有序地運行、轉換、輪替，然而如何在此變化中，尋回永遠不變的主宰、本體，才是《中庸》之道最終的目標。因此，若能體天生物之精神乃「萬靈各適其性、諸物各安其命」，必能了解人在動靜之間，必須合乎天理，動以省察，靜而存養，在戒慎恐懼與慎獨明誠中，涵養修煉自身，達於本源之體。因此，明性參天，是《學》、《庸》在性與天道的傳達上，極為明確的修行目標。

　　對於性與天道的解釋，理學家雖以天理之本然、天理自然之本體，以超越而存在的實有，說明性之所具與天理流行的自然之理。而民間教派所重視者，則在於教導信仰者藉由經典的領悟，體現自我本體的性與天道。

　　　《大學》一書乃孔子所言，曾子所述。整體言之，無非令人各覓其大。何謂「大」？曰本性、曰天良也，即令人學習發揚性天之學也。大學之道，乃學習《大學》之法。所謂《大學》，是大人之學，是先聖先王之學問。雖曰大人之學，究其根源，乃人人之學也，學大之道，學天之道，學做聖人之道。（《大學探源》，頁5）

　　　子思為傳述孔子的思想，心法的傳承，本性及道之本源出於天，恆古不變、歷久不衰，和存養省察之道，與聖人神化之妙，勉人由本性入手，率性而為自能贊天地之化育，與天地同參。（《中庸心法通論》，頁10）

對信仰者而言，閱讀《學》、《庸》的角度已與理學家有很大的差異。雖然他們承繼著理學對《學》、《庸》的解讀傳統，但與理學家已有不同。理學家以先秦儒家之「仁」充實性與天道的內容，以此建立一道德形上學。〔註32〕而

〔註32〕牟宗三先生對於宋明儒努力發展的課題說：「（宋明儒）其主要目的是在豁醒先秦儒家之『成德之教』，是要說明吾人之自覺的道德實踐所以可能之超越的根據。此超越根據直接地是吾人之性體，同時即通『於穆不已』之實體而為

民間教派則落實在宗教的修煉上，尋回自性本我，因此《大學》首句就已說明《大學》傳世的宗旨目標。就傳授性與天道的宗旨而言，民間教派認為《大學》所傳的精義在於「性」之傳，強調如何發掘自我與生俱來的天性。因此，若只是以理學家的「成德」觀點來看大學之道，民間傳道者認為這是不夠的，必須落實宗教體驗，就此本我而修煉。因此《大學》是指引欲修道者學習發揚性天之學，使得人人皆可成聖成佛。《中庸》之傳，則在於「天道」的展現，說明萬物之性皆源於天，故首句言「天命之謂性」，呈現神性之義，也是子思對於心法的領悟，故其首言「天」為萬物之根源，而修道者必修煉至與天地同參、贊天地之化育之境界，與宇宙主宰一般，萬古不變、歷久不衰，至此境界，則可謂成道之人。是以就傳授性與天道的宗旨，民間教派認為《中庸》所傳的精義在於「天道」之傳，因此修道之人，必以本體的天為依歸，以主宰的天為本性的終極地，是故成道之人已無天、人之分，其本質與天相當，故可參贊天地。

民間教派對於《學》、《庸》的解讀，純然是宗教修行的角度，雖然一重「性」之傳，一重「天道」之傳，但二者不可分離。因為修道必以天道為終極目標，而修道之初必先尋回自我本性，二者如一圓形的循環，若只重天道而不明自性，則必墮入妄想，空談而無修；只修自性而不明天道則將落入旁門左道，雖修而難成。因此對於《學》、《庸》的體悟必須合參，不可偏頗一方。

民間教派對孔門心法的傳授，具體而言即是性與天道之傳，聖人以心印心，故得此心法而修煉者皆可成聖成佛，聖人仙佛不忍心法絕傳，故筆之於書，透露心法的內容，望後人體悟，早日尋明師、覓正道，以了脫生死輪迴。《學》、《庸》所傳達的即是聖人傳授心法的具體之言，一重「性」之明，一重「天道」之傳，二書所談，即是孔門心法的整體，故缺一不可。承擔性與天道之傳的神聖使命，《學》、《庸》的義理思想在民間傳道者的詮釋下，已全然地被宗教化，成為信仰者必讀的聖典。

一，由之以開道德即是宇宙秩序。故成德之極必是『與天地合其德，與日月合其明，與四時合其序，與鬼神合其吉凶，先天而天弗違，後天而奉天時』，而以聖者仁心無外之『天地氣象』以證實之。」（《心體與性體》（一），頁37），據此可以了解，理學家所要努力的，乃在於如何建立一道德形上學，使仁與天的內涵，心性與天的關係在根源處結合為一。

第三節　從信仰者角度談論《大學》、《中庸》被再詮釋的主因

　　宋明以來，《學》、《庸》被理學化，這期間的注疏之作，較之漢唐，其數量之多，已不可等同視之。可見以心性之學的觀點解讀《學》、《庸》，實可以滿足當時知識分子的需求。漢唐以來，佛教在心性論上的闡述，對讀書人的影響甚鉅，最主要在於儒家的教育較重人世間的經世濟物，無法解決人內心深處對生命的困惑。自李翱以來，結合易傳以超越、形上的觀點解釋《學》、《庸》，使得一直被視爲儒家罕言的性與天道之學至此有著落了，眞正屬於儒家經典的性與天道之學在此被充分發揮，故而以心性之學解讀《學》、《庸》的作品亦在此前提下紛紛而出。

　　在這麼多的注疏作品中，爲什麼民間教派的傳道者還要另行從事再詮釋呢？這是面對眾多民間教派的著作時所須釐清的問題。民間傳道者對《學》、《庸》的理解，就整體文化的傳承而言，其承襲於理學思想，這是無庸置疑的。在理學的基礎中，加入宗教的理解，使得已成爲儒家經典的《學》、《庸》，在一般知識分子的眼中與宗教家、信仰者已有所差異。他們雖承繼理學的傳統，卻發展屬於民間的注疏作品，轉化理學的語詞成爲宗教上修道的專有名詞，這是閱讀民間著作時所應注意的，因此，從信仰者的角度審視《學》、《庸》被宗教化的原因，成爲探討民間教派對儒家經典再詮釋之作時應關注的主題。

一、《大學》「格物致知」佚文之補傳

　　在朱子編訂四書之中，問題最多的，應屬《大學》了。外緣的問題，如成書的年代、地位的演進、單行的經過、作者的考證、改本的源流，以至於內容的詮釋，無一不引起激烈的爭論，〔註33〕尤其朱子爲「格物致知」作補傳，更引起廣大的爭議。而「格物」之所以備受討論，最主要的原因在於此一語詞在上古文獻中僅出現於《大學》，是以語意饒富而含混，難免測臆無窮，〔註34〕明代胡渭於曾說：「格物二字僅見於《大學》，而傳中絕不道及，他書亦未之見。秦漢以來，訓詁又缺，遂令千年聚訟，至今未定。」〔註35〕由此

〔註33〕參同註4，頁1。
〔註34〕參黃進興〈理學、考據與政治：以《大學》改本的發展爲例證〉收於《優入聖域：權力、信仰與正當性》（臺北：允晨文化出版公司，1994年），頁385。
〔註35〕見《大學翼眞》卷四，頁31上

可見，自程、朱更動《大學》次序，對於「格物」的解釋仍舊是《大學》思想內在的最大問題，顧憲成即說：「世之說《大學》多矣，其旨亦無以相遠，而獨格物一義幾成訟府。何也？始於傳之不明也，於是人各就其見竄之，此以此之說爲格物，彼以彼之說爲格物，而《大學》之格物，轉就湮晦不可得而尋矣。」〔註36〕由此觀之，《大學》「格物」之詮解，本因《大學》所談不多，留下許多詮釋的空間，而後人在此空間中各自談論「自以爲是」的「格物意義」，是以《大學》「格物」之討論，成爲學術史上的重要主題。

關於《大學》在思想史上的問題，民間教派也有自己的想法，並且在此空間中大加發揮。在以修道爲核心的觀念下，對於歷代讀書人更動《大學》的行爲，提出他們的批評：

> 秦火以後，經書多有殘缺；孟子以後，聖道沒有傳人。這《大學》也怕是有遺漏錯簡的地方，於是宋儒朱子竄改原文，補出格物致知一章。明儒王子又主張仍用古本，各家紛紛，這《大學》本面目反到失了。（《新註大學白話解說》，自序頁 1）

在民間宗教的解讀中，回歸經典的原始意義，體悟聖人立言傳世的眞意，才是經典流傳的重要使命。孟子之後，心法於中原失傳，又因秦之焚燬經書，致使許多聖人之言不明。後儒雖作了許多補救的工夫，但畢竟人爲成分居多，而非原始的聖意。因此，如何回溯《大學》的原來面貌與眞意，則是民間教派對於《大學》所衍生的問題討論與再詮釋的主因。在後人任意刪纂致使《大學》失去原本眞意的過程中，最大的問題莫過於「格物致知」，《大學證釋》說：「《大學》一書，錯簡甚多，其最甚者，莫過於格物一節。」（上冊，頁 18 左）因此對於「格物致知」的解釋，成爲民間教派解讀《大學》時的重要主題。

然而，「格物致知」究竟有無遺佚？

> 《大學》之旨，繼夫子之傳心，而平章百姓之綱領。故內聖者，本之以致其理，庸而不易，故明德兼善天下，惟堯舜則之；格物致知之大體，爲平天下之主，其樞紐，格物者先，致知者次之，斯二失於秦，眞脈默然矣。……天降敕諭，命主考撥揚眞意，參考其理，《大學》始得全備。（《增註大學白話解說》，頁 63）
>
> （大學）自經秦火之後，獨缺格物致知二章，歷千秋而爲懸案矣。

〔註36〕見朱彝尊《經義考》卷一六〇，頁 6 上。

> 雖經諸儒註解，但該二章，仍缺如故。嗚呼！格物者乃《大學》初
> 步階梯也。……然秦火一炬，何以獨失此章歟？以其道脈之應隱
> 耶？抑以其書之非時不洩耶？猶是群疑弗決矣。降及末運……復將
> 格物致知二章，應運補述，眞是千古懸案，一旦解決，從此《大學》
> 可全璧矣。（《學庸淺言新註》，頁2）

民間教派認爲，原本的《大學》確實有「格物致知」本文，然因秦火而遺佚
了。而且「格物致知」是進入《大學》體系的樞紐，更是修道者的初步階梯，
因此，對於「格物致知」原貌的認識，成爲信仰者體證終極實體的重要關鍵。
是故對於「格物致知」的解釋，成爲民間教派詮釋《大學》時的重要主題，
而他們對《大學》所作的努力，即是以仙佛降靈扶鸞的方式重現「格物致知」
的原貌。

　　關於「格物致知」之所以遺佚，一方面因秦火而焚毀，而從修道的觀點
而論，則屬天意。「格物致知」是修行過程中一個極重要的環結，因此非時非
人不傳。是以「格物致知」的遺佚，代表著孟子之後心法失傳，道脈默隱。
而以扶鸞的方式爲「格物致知」作補傳，則是在廣開普渡之時，仙佛將所有
可成道的經文，一字不隱地告訴世人，眾生依此而修，則成道之日可期。因
此，民間教派重新爲「格物致知」作補傳，一方面他們不滿意朱子的補傳，
然從宗教的觀點來看，則與所謂的天時有關。因爲道降火宅，儒教承繼道脈
正統，故而「格物致知」亦應時應運藉仙佛之靈而作。「格物致知」補傳的完
成，象徵著《大學》原貌的呈現，歷史的懸案自此可告一段落：

> 查格物之文言，自經秦火，焚失無餘，至今已歷二千餘年，莫明眞
> 義，良可嘆也。今得蒙恩補述，使眾生尤如撥雲見日，誠世界之大
> 幸也。（《學庸淺言新註》，頁3）

> 秦火燒書以後，《大學》殘缺不堪，丟去格物致知兩章。後來到在宋
> 朝，朱熹將兩章補出，其格物致知宗旨，是即物窮理。到了明朝，
> 王陽明又講格物致知，是當自求諸心，不當求諸事物。朱夫子講格
> 物當研究事物講，王陽明講格物當格除物慾講。……今時仙佛慈悲，
> 才正式將格物致知補出。（《學庸白話解》，頁14）

回復《大學》原貌是民間教派所作的努力，因此當藉仙佛之靈以扶鸞的方式
詮釋《大學》，就信仰者而言，唯有超越人爲的偏執，以仙佛之力，《大學》
的原貌方得以呈現，一切人爲的矯飾，不僅破壞了聖典的經義，更讓後之學

者無可適從,望洋而返。因此,他們雖承繼理學思想,但對於理學家的詮釋又不盡滿意。是故以修道的理念、歷程回歸「格物致知」的原意,而聖人立言救世的用意,在此才得以被正確的彰顯傳世。

從民間教派對「格物致知」補傳所作的說明,可知他們雖認同朱子「格物致知」原文亡佚的說法,但是卻不滿意朱子爲「格物致知」所作的補傳,因此他們以「超越人」爲主角,以仙佛降靈的宗教形式爲「格物致知」作傳。而他們認爲,「格物致知」的亡佚是天意,故欲回歸《大學》原貌,亦必須由上天授命撰作,而扶鸞仙佛降靈則成爲可避開人爲偏執己意的合理解釋。上述所說,修道的中心隱藏於《大學》當中,而《大學》的根本則在「格物致知」,且「格物致知」的補述也是奉天而作,說明了格致補傳是應時應運所作,非時、非人不傳,使得「格物致知」補傳充滿神秘的色彩,所詮釋的角度已完全宗教化,而非《禮記》古本《大學》與理學化後《大學》的原意了。據此可知宋儒與民間教派在詮釋《大學》時有一共同的旨趣,宋明諸儒詮釋《大學》時,大體上只是借用《大學》的文句來發揮自己的思想,實無心於《大學》原義的探求,〔註 37〕而民間教派對於《大學》的運用亦復如是,只是學者較重視哲理上的思考,而宗教家則藉此發揮修道的根源與回歸終極目標的重要性。

回復《大學》的原貌是民間教派爲「格物致知」作補傳的重要原因,除了不滿朱熹的補傳,最重要在於他們是以宗教家修煉的角度閱讀《大學》,而不是以思想家的哲理思考,他們重視如何與天齊一,回歸本體自我。因此,以宗教修煉的角度觀察民間教派所作的補傳,才可以較確切理解其爲《大學》再詮釋的因由。

二、回溯聖人立言之本意

聖人傳經的意旨如何?這是歷來讀書人共同思考的問題。如何解讀聖人之言的本意,則是知識分子對於釋解前人之言所努力的目標。然因時代背景的差異,治經之方向頗不相同,因而對於聖人之言的解釋亦多有差距。〔註 38〕

〔註 37〕 見同註 4,岑溢成書,頁 143。

〔註 38〕 在以孔子爲尊的六經發展史上,各個朝代所重視的方向不同,對於六經的解讀與詮釋亦多有差異。西漢經學,講求師法,重微言大義。武大帝以後,立經學十四博士,都是今文學,屬於官學;當時古文經只流傳於民間,稱爲私學。哀平之際,一般士人喜談陰陽災異,圖緯讖候,故當時緯書稱爲內學,

朱熹作〈大學章句序〉時，即對孟子以後的學術發展作一批評：

> 自是以來，俗儒記誦詞章之習，其功倍於小學而無用；異端虛無寂
> 滅之教，其高過於《大學》而無實。其他權謀術數，一切以就功名
> 之說，與夫百家眾技之流，所以惑世誣民、充塞仁義者，又紛然雜
> 出其閒。使其君子不幸而不得聞大道之要，其小人不幸而不得蒙至
> 治之澤，晦盲否塞，反覆沉痼，以及五季之衰，而壞亂極矣！（《四
> 書章句集註》，頁2）

朱熹認為，自孟子之後，讀書人不明聖人之言，致使孔孟之道不彰。尤其唐
人重視辭藻詞章之學，更使孔孟聖道精神淪喪。其更甚者，以功名利錄為前
提，罔視聖人立言之旨。加以釋、道二教之說充斥人心，以及權謀術數、眾
技之流惑世誣民，致使大道晦盲沉痼，不得彰顯。

　　朱子的評論雖是針對孟子之後，儒學不彰的情況作一歷史性的回顧與反
省，然其所透露的訊息乃在於不滿前人對孔孟之學的解說，是以其認為二程
兄弟對於孔孟精神的詮釋是最接近孔孟之道的。由此可見，對於孔孟學說的
解讀，至此又一大轉變。

　　雖然朱子認為他對孔孟學說的解釋是最接近孔孟的原始精神，但清人對
於宋人以心性之學解讀先秦儒者之言亦不甚滿意，《四庫全書總目提要經部總
敘》即對漢後儒學之發展作一評論，其言：

> 自漢京以後，垂二千年，儒者沿波，學凡六變。其初專門授受，遞
> 稟師承，非惟訓詁相傳，莫敢同異；即篇章字句，亦恪守所聞，其

六經反被稱為外學。東漢古文學大興，說經偏重章句訓詁，到了鄭玄，兼容
今古文之說，成一家之言，將中國經學帶到另一境界。魏晉南北朝，時局混
亂，形成南北相互對峙的局面，而在經學上遂有南北之分。隋唐以後，注疏
之學盛行，孔穎達等修五經正義，定經義於一尊，以便於科考，於是經學又
南北合一。宋明因受釋、道衝擊，經學的研究方向，與以前有極大的不同。
一般學者特重生活體驗，喜談心性。至王學末流，敝端叢生，漸流於空疏浮
泛，於是有清一代，學者治經，講求務實，實事求是，稱為徵實之學或樸學。
乾嘉之時，分為兩派，一以惠棟為主的吳學，一以戴震為主的皖學，總稱為
漢學，與當時所謂的宋學，壁壘分明。然在樸學昌盛之際，今文公羊學再度
勃興，莊存璵是當時的發起人，專明春秋公羊的義理，到了康有為乃走極端，
認為古文諸經皆劉歆偽造。日後舉國忙於西化，中國經學便日趨衰竭。參李
威熊《中國經學發展史論·上冊》（臺北：文史哲出版社，1988年），頁4～5。
從經學發展的歷史觀察，歷代對經書解讀一再的更動，可知對聖人之言的詮
釋也多有差異。

學篤實謹嚴，及其弊也拘。王弼、王肅，稍持異論，流風所扇，或信或疑。越孔、賈、啖、趙；以及北宋孫復、劉敞等，各自論說，不相統攝，及其弊也雜。洛、閩繼起，道學大昌，擺落漢、唐，獨研義理，凡經師舊說，俱排斥以爲不足信。其學務別是非，及其弊也悍。學脈旁分，攀緣日眾，驅除異己，務定一尊。自宋末以逮明初，其學見異不遷，及其弊也黨。主持太過，勢有所偏，材辨聰明，自明正德、嘉靖以後，其學各抒心得，及其弊也肆。空談臆斷，旁證必疏，於是博雅之儒，引古義以抵其隙。國初諸家，其學徵實不誣，及其弊也瑣。

這段文字乃對歷代學術思潮作一檢索與批評。然從其評論中可知，各個朝代的學者皆不滿前朝對經典的解釋，因此使用另一詮釋角度解讀聖人之言，以求合乎原始精神、意旨。不同的時代背景所採用的方法論與詮釋角度皆有所差異，形成各個時代的學術思潮，也成就了許多名著，然而這些歷代的撰著，是否合乎聖人之旨？上述文字雖對各個朝代解經之優、缺作一批評，然可由此得知，儒家經典的注解之作，歷數千年仍興盛不衰，最主要的原因在於歷代學者皆欲尋回聖人立言的原意，基於此一原因，對於儒學解讀的詮釋方向，皆成爲各個時代的學術主流。

回溯聖人立言傳教的本意，不僅是歷代學者解經的重點，更是民間宗教家所汲汲尋覓的正鵠。民間教派認爲，「心法」之傳才是聖人設教傳經的核心，然因時運與天意的關係，秦火焚書，致使眞意失傳，《大學證釋》即言：「秦皇之火，楚漢之兵，其書已多遺佚。間有存者，後人以其不習，視爲無用，任意刪纂，眞意失傳。」（下冊，頁 69 左）自秦焚書、聖人眞意泯滅之後，後人不識此一傳道重心，亦無心於聖道之求，反在枝節上大作文章，以聖經爲追求功名的階梯，儒教至此，可謂悲矣：

聖賢設教，或以一貫萬，或由博反約，必須本末兼該，決不舍本逐末。後學不知正本清源，專在枝葉上探討。（《四書說約》，頁 3）

儒有存心養性，一貫之道。……正法失傳，儒則執於訓詁。……儒者淪於辭藻，以四書、六經作爲利祿之階梯。（《理數合解》，頁 47）

自孟子以後，儒教正法失傳，學者專於枝節上用工夫，捨本逐末，無視於聖人所傳之「正道」究竟爲何？專注於功名之求取而無心於根本的探討，或於文字、藻飾上求變化，或注重名物訓詁，而不求聖意，徒於枝微末節上爭議

不休，對於儒教心法置之不顧，聖人設教傳道的苦心，至此已被世人喜好功
名之心所淹沒。因為後人對儒教經典的誤解，以及對聖人之意解讀的錯誤，
導致儒教之正法隱沒不彰：

> 儒者自夫子後，顏曾孔孟，俱脩至焉，漢唐以降，仙佛成者能之，
> 而儒者鮮矣。……蓋至誠不易致，而脩道之教失其傳，師授無人，
> 聖智不作，此其故也。即佛滅度後，通禪理者，代有傳人，而脩至
> 至誠，亦復罕遘。蓋脩道在實踐，得道在精進。徒事文字語言，符
> 咒經懺，已落第二義，況於此尚難念茲在茲者哉！故教宗派別多門，
> 實教之衰，非教之幸也。（《中庸證釋》，頁 136）

漢唐以降，儒失真傳，後人又專事於語言文字之名物訓詁，故儒者能修成正
道者鮮矣。儒者專重文字的外在意義，無心於文字之外的內在意義，因此學
派林立，文人相輕，各持己見。因各門學派各專注於其所持之論見，致使聖
人之道崩分離析，只見枝節而不見儒學之全貌與真意。因後人只重儒學外在
之探討，而無顧於儒學核心精神之追求，因此歷代學派紛起，對於民間教派
而言，實乃儒教之悲，無一可喜之言。儒教所重視之內聖外王，不僅只是獨
善其身，更重兼善天下之立人達人的實踐精神，而後代學者徒於文字語言、
功名利祿作功夫，已全然與孔孟精神相違，《大學證釋》即十分的感慨地說：
「夫子以儒教實今日救世之良教，非有人將本教真實教理，宣傳大眾，仍不
得收其功。蓋自秦後，儒者不明本教真義，相率為章句之學，而置實用於不
顧，使世不被儒教之利，此為先聖所不及料者。」（下冊，頁 59～60），將設
教立言之精神落實於人世，這是孔子自始至終不變的一貫作為，然而後人不
明儒教之本義，埋首於章句訓詁之學，捨本逐末，將儒教的實踐精神棄之不
顧，致使儒教經義黯淡失色，先聖先賢見後人各自偏執儒學之一隅，漠視本
來，無不痛心疾首。故民間教派傳道者面對學界對於孔孟心法的誤解，誤導
了天下眾生修行之路，痛心不已。因此，找回孔孟之道的正法心傳，為儒家
經典作「正確」的詮釋，正是他們孜孜努力為儒教經典再作詮釋的因由。然
而，應該以何種角度解讀學庸？

> 恐後人未之察焉，以為儒教略道，故又為《中庸》一書，以見道之
> 體及為道之方。故《大學》雖首言道，而後皆教學之事。《中庸》雖
> 首言教，而後皆明道之事。其首引一字以見其本源，其後各有所論
> 也。《大學》言教學而首引道字，見教之本於道也；中庸明道，首言

> 教字，見明道仍以爲教也。故初學必致力《大學》，先習其教以知其
> 方，次致力中庸，再明其道而知其體，庶體用並明，而本末皆立。
> 爲人之道已盡，天地之道亦通，則儒者能事畢矣。(《大學證釋》下
> 冊，頁51)

爲了闡明學習《學》、《庸》之方，首需先將二書的大方向講明，不致使人誤
解。《大學》所重視乃由人而天，故首章雖言道，然其餘皆教人學道之事，講
授說明如何盡人道最終達天道，此乃屬教、學之事；而《中庸》則由天而人，
故首章雖言習教，然其餘皆言明道之事，說明須明天德以修人德，達到天人
合一的境界，此乃屬知體明道之事，然欲知體明道，則須先明白聖人設教的
方向與目標，故《中庸》首言教。由此可知，明道是儒之根本，故《大學》
首言道，然欲明道，則須明教之本，欲明教之本則須學，故《大學》所說乃
爲學之方。先明根本再談方法，學道者才不會受左道旁門所影響，偏離道門。
時時刻刻知其目標何在，修道之心才不會因外物而受干擾；《中庸》則先談宗
旨目標，然欲達此一終極之境，不可不學。因此，《學》、《庸》所教人者，屬
於學道、明道、體道、修道的過程，是故須以「道」爲根本目標，才能洞徹
《學》、《庸》所傳達體用致一的修行之學。若徒停留於文字藻飾、章句訓詁，
不但不明聖人眞意，而且斷了後人修行之路，則其罪過深重，不得不小心謹
愼。故民間教派之所以對《學》、《庸》再詮釋，最主要的原因在於他們認爲
歷代學者誤解了聖人的本意，因此，找回聖人傳經立言的根本，尋回二書的
核心目標，這是他們努力的方向：

> 學庸一書，垂憲萬世，儒教心法，源淵承繼。……學庸憲垂，萬姓
> 同歸。三教源流，一泉之水。儒首中道，倫常循規。學庸藏蘊，心
> 法無爲。孔聖實學，內中大備。(《學庸淺言新註》，頁142)

民間教派認爲，將《學》、《庸》定位於儒教心法之傳與修道之方，才是正確的
解讀角度，也是傳播聖人之言的具體實踐之道，更是落實孔孟聖道的不二法門。
在道降火宅時期，三教的修行理念，《學》、《庸》二書可說已載明清楚，人人依
此而行，必能成仙成聖，此乃《學》、《庸》二書在民間教派中的重要意義。

三、渡人救世的濟度理念

「末劫思想」是明、清以來民間教派所宣揚的理念，藉由傳達末劫訊息，
引導世人走向修行之途，許多民間的善書至今仍興盛不衰，其中宣揚浩劫將

至的鸞書履見不鮮，可見末劫思想是民間教派所要宣導的重要教義之一。因此，許多民間教派救劫的作品不絕如縷，所要說明者乃告誡眾生在浩劫未到之時，大家要依法修行，才可免於浩劫來臨時所遭受的災劫苦難。

民間教派對於《學》、《庸》的再詮釋，除了上述的因素之外，宣達救劫的教義理念，也是他們的傳道重心。《學庸淺言新註》即說：「欲想消劫弭禍，挽回狂瀾，非復尊學庸，以爲主旨不可。」（頁 2），可知民間教派認爲，《學》、《庸》的本旨，乃在修己渡人，教導世人修道之方。是以天下蒼生若欲躲災避難、免受大劫之苦，必須回歸聖人之言的本意，以正確的解讀角度，仔細參研聖人之道，如此方可拯救天下人所要面臨的集體毀滅之苦。

儒家的淑世理想，本不離人世的關懷，《大學》所說天下平的理想，《中庸》所載哀公問政的內容，皆將個人的理念落實於人世間，以達兼善天下的圓滿人生。基於己立立人，己達達人的理念，引導天下人走入修行之途，因此我們所見的《學》、《庸》，不再只文字的表面，更重要的是聖人立言設教、傳授心法的苦心，儒家人世精神在宗教上的發揮，於民間教派對《學》、《庸》的詮解中一覽無遺：

> 本書（《大學》）之大旨，乃孔門心法秘傳；修身、齊家、治國、平天下，內聖外王之聖道，考諸三王而不謬，建諸天地而不悖，質諸鬼神而無疑；足以遺經千古，垂憲萬世；啓萬古之蔽塞，立後世之準繩；爲入世之大法，爲出世之大經；體用俱備，本末兼賅，實足爲萬世法，而爲天下之準軌矣。……世人有幸，得讀此心法聖經者，須知孔聖當時，好古勤學之苦心，悲天憫人，濟世利民之婆心，周遊列國，代天行道之苦。（《文外求玄——學庸註解》，頁 6～7）

體悟心法的最高境界，乃由內聖的修煉以至外王的實踐，二者兼備，體用致一。這是儒家理想賦予讀書人的使命。因此民間教派認爲，孔子的修行方式，絕不是遺世獨立，離開人間的。孔子當時周遊列國，最重要的乃是代天行道，救渡天下，無奈當時國君急功近利，不明孔子之道的實質內涵，更遑論其中心法的奧密。因此，孔子所傳之經典，不僅只論及外在的淑世理念，更重要的是內在心性的自明，故《大學》所傳之道，乃由個人的自明，擴及於天下人人皆明：

> 《大學》這本書，亦是「大學」這二字的眞意義，是闡示人生最偉大的、最寶貴的，人人必須當學的做人根本大道理。第一要先認明人人所固有的本然清淨光明的天命之性，然後要將迷昧不明者，使

能復其本來之明，更要使自性的本淨與本明顯發出來，親親而仁人
愛物，感化眾生，期望天下同胞都能復其自性之光明。又要自性與
眾同胞的自性，都能保持常清常淨，不再有些妄昧的至善境界。(《大
學性理闡義》，頁 2)

從個體的自明以至人人皆明，此乃《大學》所要傳達訊息，期天下所有眾生
人人都能回復本之於天的自性光明，這是將個體的理想，擴大於群體，落實
於人間努力，此一成己成人的理念，與《大學》的原意相符，只是以宗教修
行的觀點解讀，而不僅只停留於為政的政治、道德層面，〈大中真解〉說：「由
天子以下，以至於庶人，願人人得其道，行其教，以覺未來修身了道歸家，
不失本來面目，其本不亂。」(頁 24) 由此可知，其修煉法乃結合入世與出世
二者，故不執於出世法的空，也不著於入世的有，將其置之於宇宙萬物之間，
無事不達，無物不備，以此說明儒教所談的一切乃重實踐力行，而非如後儒
一般，重視文字辭藻、章句訓詁，而忘了聖人傳道的初衷。因此可以說，民
間教派對儒家經典的解釋，乃將之置於救渡的觀念中，乃是外在的淑世理想
與內在性靈的濟度，二者合一，故自天子以至於庶人，人人皆明教修道，歸
根溯本，達成《大學》所言的至善境界。

由於民間教派對儒家經典的解讀乃結合淑世理想與性靈的濟度，因此一
再強調儒教之學最重實踐，而非空談，以抵世人所言儒教無用之論。

儒教自唐虞以來，迄周之季，教義大備。而歷代聖人，或君或相，
其德行載在史冊，皆有實紀，非空言也。其功業及民生，見諸政令，
非徒學也。可見儒教所重，皆在實用，內而修己，外而治人，無不
咸宜。……故儒教之效，必有實行，儒者之行，必先實踐。夫而後
以誠正之行，致治平之功，以明明德之功，達止至善之境也。觀《大
學》一書，自綱領至各章所言，皆待一一實行之。(《大學證釋》下
冊，頁 53～54)

從內在的修己以至外在的治平，由內聖的體悟到外王的功業，皆需以生命實踐
的力量完成，如此的歷練才可體會儒教心法的實質義涵，在於將聖人之道廣行
天下，達成救渡天下蒼生的神聖使命。《學庸簡解》言：「修道尚有三不離也，
一、修天道不離人道。二、出世法，不離世間法。三、無為不離有為。故修天
道要由人道立足。」(頁 139～140)，而《中庸證釋》亦言：「儒教言脩道者，
為欲全人之生。其脩也，有異於枯守空山，老死窮谷，於世變漠然，於人情廢

然，而徒自爲高蹈，自鳴清絕之謂。必將立吾之道，卓然示人；行吾之教，宛然導人。以濟世變，以正人情，身雖清潔而不忘人之濁；志雖孤高，而不棄人之卑。爲則天之無不覆，地之無不載，日月之無不照臨，雨露之無不潤澤也。」（頁49）所說除了於人群間修鍊自我，更重要的是救渡天下人同步修行之路，是以其言修道不離人道、世間、有爲，這些方法似乎與出世的修行理念相抵觸，但所說的無非於人群之中，感化世人，共向聖人之道邁進。

　　濟度觀念是每個宗教都強調的重點，而在民間宗教中，強調救渡世人免於劫難是其重點之一，主要在於救渡天下人的性靈，使人人皆能回復本具光明的自性，只要人人本性都能自明，就無所謂災劫可言了。人類的許多劫難，其實都是世人不明眞理，爲非作歹、迷昧本心、罔顧良知所造成的集體毀滅，因此若能救渡世人的性靈，何有災劫可言？是以修鍊自性，帶引世人光明自我本性，使人人皆明其明德是民間傳道者對《學》、《庸》再詮釋的原因之一。

　　對於《學》、《庸》的解釋，從早期爲即將執政之人所著之書，以至宋以後將之視爲性命之書，宋明後民間教派將之列爲修道必讀之書，並以宗教的角度解讀，這其間變化不可謂之不大。然在思想的轉變當中，雖各有因襲，也各有所創。徐復觀教授曾說：「《大學》一書，可以看到人的道德主體，清明朗澈，沒有殘留一點原始宗教的渣滓」，〔註39〕錢穆先生則認爲《大學》專言人事而不涉及天道，〔註40〕近人王開府討論《大學》的特色時也認爲《大學》將終極關懷落在道德與政治上的圓滿（止於至善），沒有形上的預設與神秘色彩；〔註41〕近人雖有將《中庸》之「誠」解釋爲上帝之意或造物者之意，〔註42〕但多數人仍認爲，《中庸》之義，以道德實踐表現所以爲天之道，因此並無宗教之義。然而我們觀閱民間宗教對《學》、《庸》所作註解，許多論點可能令當今學者無法接受，因爲其對《學》、《庸》的解釋完全是宗教性的詮釋。直至晚近，一貫道對《學》、《庸》的認識依然是「言性與天道」重要的聖典，也是修道必讀的經典，可見民間教派對此二書的重視。然從其中的不同與轉變，卻可以思索我們應如何看待民間宗教家爲儒家經典所作的詮釋，開啓我們閱讀註解儒家經典的另一視窗。

〔註39〕見〈先秦儒學的思想綜合—大學之道〉收於《中國人性論史》，頁265
〔註40〕見《中國思想史》（臺北：臺灣學生書局，1988年10月），頁106
〔註41〕見王開府〈四書的智慧—大學略論〉載於《國文天地》九卷十一期。
〔註42〕這類主張的有謝扶雅、葉深之、陳立夫等人。彼等之論述詳見巨克毅〈中庸誠的現代性詮釋〉，刊載於《宗教哲學》第二期。

第四章　民國以來民間教派對《大學》、《中庸》首章之釋義

　　《學》、《庸》的思想體系從《禮記》中爲將執政之人所作之書,轉而理
學家視爲內聖修持的性命之書,以至民間教派認爲修道體認本源的重要聖
典,這其間的的變化,可能讓原作者始料未及。在《學》、《庸》思想體系的
蛻變過程中,第一章文字在註解上的不確定性與可多重解釋的角度,乃導致
二書在經義、思想轉變的主要關鍵。尤其宋明以後讀書人對《學》、《庸》首
章特別重視,視之爲習聖人之道的必讀之書,王陽明弟子錢德洪記載陽明講
學的一段話,即指出其重要性:

　　　吾師接初見之士,必借《學》、《庸》首章以指示聖學之全功,使知
　　　從

　　　入之路。(《王陽明全集》(下),上海古籍出版社,1997 年,頁 967)
其主要用義乃說明二書首章是初學者習聖人之道的入門之路,由此入門則離
聖人之道不遠。藉此而知,宋明以後的知識分子,對於《學》、《庸》的認識,
最主要的關鍵在於對首章的理解,了解了首章大義,餘者皆爲輔助之用。是
以有人認爲,《學》、《庸》全篇的要旨在第一章就已說明清楚,往後各章都是
第一章的闡發與補述,〔註1〕因此若能深入體悟、理解第一章,可說已眞正了

〔註 1〕　高明先生說:「我以爲《中庸》這一篇和大學相似,在第一章裏已說出全篇的
　　　　要旨,以後各章都不過是第一章的闡發和補述。《大學》第一章裏,首先揭出
　　　　『大學之道,在明明德,在親民,在止於至善』三綱領,接著說明三綱領所
　　　　賴以實施的八條目。……中庸在第一章裏,則首揭『天命之謂性,率性之謂
　　　　道,修道之謂教』這三句話爲全篇的宗旨,我們也可以稱之爲《中庸》三綱

解《學》、《庸》所深藏的精蘊。

　　民間教派對於《學》、《庸》的詮釋，最費心者亦在第一章，尤其是《大學》的「三綱領」、「格物致知」與《中庸》的「三提說」。他們認為儒教心法所傳，盡述於此，若能透徹首章之言，則已開啟成道之路的肇端。因此首章是我們了解民間教派註腳《學》、《庸》的樞紐，也是二書被宗教詮釋的最重要關鍵，從書名的定義以至內容的解讀，都開啟我們研讀《學》、《庸》的另一思考面向。

第一節　民國以來民間教派對《大學》、《中庸》之「正名」

　　作為傳授儒教心法與性命之書的《學》、《庸》，民間教派傳道者認為二書所肩負的神聖使命，非其他儒家經典所能相比，是以每一文字皆有其意義，他們認為聖人立言有其微言大義，故在標立書名之時即有其所要彰顯的義理，而民間教派則在此隱義所在處開展他們對《學》、《庸》的認知。

一、「大學」之宗教意義

　　「大學」一詞早期在《禮記》中為高等學府的名稱，〔註2〕以至漢、唐都理解為「太學」，所指的是一種學府；朱子將之解釋為「大人之學」所說的是一種學問，意義已有差異；〔註3〕王陽明則認為大人「以天地萬物為一體者也」（《王陽明全集》，頁 968），且將其意義提升為「其心之仁本若是」，認為乃人人本自具足之天賦本能，又與朱子所言不同。宋明以來諸儒詮釋《大學》，大體上只是借《大學》文句發揮自己的思想，早與原義背離，民間教派看待《大

　　領。」見〈中庸辨〉收於《禮學新探》，頁 205～206。

〔註2〕　周、漢之間的典籍，最早出現「大學」一詞的是《荀子·大略篇》，其言：「不富無以養民情，不教無以理民性。故家五畝宅，百畝田，務其業而勿奪其時，所以富之也。立《大學》，設庠序，脩六禮，明七教，所以道之也。詩曰：『飲之食之，教之誨之。』王事具矣。」這裏所說的「大學」，乃指「學府」，而不是學問。關於「大學」一詞的辨正，可參劉又銘《大學思想證論》，頁 12～19。

〔註3〕　雖然朱子在〈大學章句序〉言：「《大學》之書，古之《大學》所以教人之法也」，朱子在此所說之「大學」乃指古之學府，但總觀朱子對「大學」的釋義，他乃定義文「大人之學」，所指的是學問。

學》的態度亦復如是，尤其視之爲修道必備的聖典，故對「大學」二字已有宗教性的解釋，與前人不同。

在爲「大學」二字下神聖定義之前，必先了解《大學》在儒教傳道過程中所扮演的角色，以及其所指稱的內涵，如此方可理解聖人設教立言之大義：

> 《大學》一書，爲儒教教人之薪傳。……《大學》有異小學。爲學立身行道，以期於聖賢地步，故曰《大學》。儒教祖述堯舜，余（孔子）亦得先聖之傳，而其所述教義，以大學之道四字揭明，蓋即先聖歷相授受之道也。（《大學證釋》上冊，頁1右）

> 聖人立教非一時之用，乃立萬古之標。立教則言大學之道，乃天地人所稱，故曰《大學》。……《大學》者包含三極大道，并天地人，萬事萬物之眞理，亦言學天地之道，與其眞理之妙。故《大學》者，乃體用而言，以含三綱領之教也。（《增註大學白話解說》，頁5）

《大學》一書最重要者在於「大學」二字，此二字乃堯舜先聖所傳之大道，儒教所言盡在「大學」二字之涵義中。此二字包含天地萬事萬物，欲尋宇宙眞理所在，必須洞悉此二字之精蘊，儒教體用之學盡於此二字之中，了解其中的大義，方能眞正認識經文所隱含密而不宣的聖人之傳。因此「大學」不是指學府或學問，而是指洞察宇宙間所有的造化生滅之道，從中體悟聖之爲聖、凡之爲凡的根本究竟何在？進而達到與天地共體的超凡入聖之境。

民間教派對「大學」的註解承襲朱子所言之「大人之學」，然其所說「大人之學」的內涵已非朱子所指成德之教的學問，他們認爲「《大學》者，大人之學也。即學天賦之性理心法之眞傳也。」（《文外求玄——學庸註解》，頁7）亦即所謂的「大人之學」乃是探索孔門心法的內修之學，此一自我修煉的工夫已超越了道德、學問，而是追求「天賦之性理心法」之所在，也就是探究「天」與「我」的差別何在？何處是「我」的本源？因此其所謂的「大人之學」並不是指特定人才得以受教之學，而是人人皆應思考、探討的根本問題：

> 大，一人也，一人合成大字。論大，就是開天闢地，生人本性一人也，就是無極聖中。……大之解說，論大天爲大，地爲大，天地則乾坤也，乾坤則父母也，此是先天父母，後天的父母生肉體，先天是性，後天是命。先天有性付肉體，肉體則有命，性在命在，性去命亡。大者何，萬物人爲大；人，聖人爲大，仙老君爲大，佛釋迦爲大，燃燈古佛爲大，彌勒尊佛爲大，凡間每一人能修道成仙、成

聖、成佛，後世之人亦是稱大。……學字包緘天地人，萬物萬類，
無形有形，本末始終貫徹也，可以學到聖神仙佛，出世法、立世法
作起，從人道作到三綱、三從四德，五倫五常，五恩八德，好好實
行。(《大學一理解剖》，頁 1～4)

從根源上論「大」，則以開天闢地之造物主為宇宙間之最高主宰，明清至今，
無生老母〔註4〕信仰在民間十分盛行，他們認為無生老母是最高神祇，因此論
「大」之根源，須以體認無極老母為大。落入現象界，則以天地為大，故須
學習天地自強不息、厚德載物之精神。就個人而論，父母生我之身，故父母
亦為大；然最重要者在於必須透徹了解「何者」使我之身體可以具有生命力？
同樣的物質現象，為什麼死屍不具任何生命力，而生人可來去自如？民間教
派以「性」、「命」作解釋。「命」為父母所賦予我們的肉體，而「性」則是宇
宙主宰所賦予萬物生命的原動力，此「性」本自具足、無形無象，人人有而
不知其有，在人身中最重要故為「大」。仙佛聖人之所以「大」，乃其就自身
之「大」修煉，修成正果故謂之「大」。故《大學》經文中所言似乎偏重人事，
然聖人之言的終極目標乃要世人「學大」，此「大」由入世的道德實踐以至內
心出世的修煉，達乎本體根源，則「學大」之功可成矣。

「大學」在宗教上的涵義是「學大」，然而如何達到「大」的境界？

「大」者人人色身中均有一點之靈性，又名曰道，道與性之本體是
無形無象至柔之物，寄存在人身之體內，人人不知其有。唯有找到
了這點謂之得道，亦稱為得一，故一者道也。人得一則人加一為大
人矣，大人者聖人君子也。本來言性與天道不可得而聞，得一後，
就可以學性與天道，此學為之《大學》。(《學庸簡解》，頁 1～2)

《大學》者，人人要學為大人，所當學之學也。隋之劉炫謂之「博

〔註 4〕 參宋光宇先生《試論無生老母信仰的一些特質》(《中研院史語所集刊》第五
十二集)。無生老母在一貫道中也稱無極老母，且一貫道將母字改為「中」。
根據一貫道的說法，「中」字有五種意義：(1) 是「中」字加兩點：中者，天
下之大本。兩點代表陰陽，是本體所生的大用。(2) 從○到●●：○代表無極，
●●代表真如本心。(3) 太極圖的中線拉直透出圖外：表示超乎太極陰陽對待
之外，貫乎太極陰陽對待之中。(4)「母」字正轉九十度：母是後天生身之母，
中是先天靈性之母。(5) 象徵人的臉型輪廓：所謂「無位真人」從面門出入，
這個無位真人就是小的「老中」。詳見林榮澤《臺灣民間宗教之研究——一
貫道「發一靈隱」的個案分析》(臺北：國立臺灣大學三民主義研究所碩士論
文，1992 年 11 月)，頁 44。

大聖人之學」，朱子曰「古之《大學》，所以教人之法也。」何謂大
人？大者，人得一為大。然人自有生之初，莫不得此一而生者，若
人皆可以為大人乎？曰「不然」，人雖得此一而生，此一而為性，苟
不能存此一，養此性，不能率性而行，便是放失本心，而此「一」
以作流氓。得一而不能守，不能復一，何謂之大？……「充實而有
光輝之謂大」，此乃得一而能復一，是謂大人。大而至於參贊天地之
化育，與天地同功，是謂「大而化之，之謂聖」。大又得一而為天，
是為天人再進而遞出陰陽脫出五行，超乎氣天之外，是為出頭天，
此即所謂「聖而不可知之，之謂神」是為天外天之聖夫也，此即所
謂「大人之學也」。（《玄外求玄——學庸註解》，頁9）

「人得一為大」這是民間教派對於如何達到「大」的意境所作的註解。所謂
「一」是指持續個體生命力的源頭，就個體而言曰「性」，就宇宙全體而論則
曰「道」，故「得一」可以解釋為「得道」，亦即了解自性根源所在處。〔註5〕
此「一」乃生命的源頭，故為「大」。人之生皆抱「一」而生，然因落入世間
紅塵，受後天習氣雜染，致使本性之「一」受到蒙蔽，任由肉體之外在行為
胡作非為，本性亦因此而輪迴不已、流浪生死。因此「得一」的重要性在於
了解「人」本自具有一「真我」，此一「真我」乃天所賦予，無形無象、不生
不滅，是永恆不變的我；而現象界有形之我乃是「假我」，此一「假我」將隨
歲月與生命跡象而生滅。「真我」本自光明無缺，奈何因「假我」之脫累而一
再於世間輪迴、轉換肉體，而無法洞識本來。因此，人雖抱一而生，卻忘記
此「一」何在，誤認「假我」以為「真我」，只知追求肉體現象的不死，卻不
知真正長生不變的「真我」何在。故而「得一」的重要意義，在於體認「真
我」，使生命得到永恆的歸屬。

　　因此上述引文所說，並非人人皆可稱為「大人」，最主要在於人人雖擁有
與生所俱的「一」，然而是否能「復一」、「守一」？是否能將此「一」充實光

〔註5〕關於「人得一為大」的觀點，民間教派可能受老子《道德經》的影響，其言：
　　　　「天得一以清，地得一以寧，神得一以靈，萬物得一以生，侯王得一以為天
　　　　下貞。」（三十九章）。歷來對於「一」的解釋不盡相同，或以「一」為道、
　　　　為玄、為元、為理，為宇宙之根源；或以「一」為氣，是構成萬物的原始要
　　　　素。民間教派對於「一」的理解，以前者為是。關於老子《道德經》之「一」
　　　　涵義的整理與辨正，可參陳啟文〈試論《老子》的「一」〉（《孔孟學報》第七
　　　　十七期）。

輝，使其達到「大」而與宇宙主宰齊一，不再輪迴生死。所以大人之學乃是人人所應學。學大得一，以達出神入化，與天地同功，不再受生死左右的「大」人。據此可知，「《大學》者乃學大也」，而「大」即是孔門性與天道的心法之學。《學庸小註》說：「《大學》為學大，學作大人之道，學作大人之學，乃成仙成佛之學問。以何為大，以天為大，修道要學天心（正大光明），學天、學地大道理。人得一為大，《大學》為發揚性天之學，學作一頂天立地之人，然後自覺覺他。」（頁 8～9），由此可知，民間教派雖然採用朱子所用「大人之學」的詞彙，但其內容完全是宗教性的解釋，已非朱子所說的意義了。

當「大學」二字的義涵以宗教角度詮釋時，《大學》一書傳世的目標宗旨也隨之更迭，不只是執政之學或成德之教了，最重要的乃在於修道者對於根源的探求與渡人濟世的濟度情懷，將《大學》神聖化，使其真正成為宗教聖典，而非僅是讀書人應具備的讀物而已：

> 人得一謂之大，學大也。「大學」並不是鄉學、國學、小學、大學的大學。一、是孔教有綱領有科目的「大學」。二、是學內聖外王至道至德的「大學」。三、是為天下萬世立法的「大學」。四、是為天下萬世開太平的「大學」。五、是傳授真文明、真進化的「大學」。六、以明明德於天下為目標，古今中外的「大學」。七、是學生天生地，生萬物充塞宇宙，彌滿六合，大而無外的「大學」。八、是學天地人萬物的根宗，能返本還原的「大學」。〔註6〕（《大學中庸講義》，頁 1～2）

> 「大學」者為人最大的學問，應走的真途徑，是發揚自性之大也。是學天地的大道理，為保全身心性命，不生不滅之學。成身了道之學，成己成人之學，是聖門薪傳真工夫、真學問、真道德、真可以誠意、正心、修身、齊家、治國、平天下之學也。（《大學性理闡義》，頁 3）

> 「大學」是天命之學、大人之學、大德之學、完成人間內聖外王的聖學，能己立立人，己達達人之學。（《大學探源》，頁 4）

民間教派將「大學」定義為「學大」，而「大」的範疇真可謂「放之則彌六合，卷之則退藏於密」，故其認為從開天闢地以至於人世間的一切皆是《大學》所

〔註 6〕這段引文的一～六所言乃引自江希張《新註大學白話解說》之「自序」，七、八二項才是原作者加入。

要關懷者，故爲成己成人之學。依民間傳道者的角度而論，只要體悟《大學》所傳乃「得一學大」之道，了解「一」何在、「大」之理，則宇宙間萬事萬物盡止於此，是以所說之宗旨目標看似繁瑣，然實指一事。因此《大學》所傳的內聖之學乃是返本還源、發揚自性的「得一」內修之道；而其所說的外王之學，不是政治上的考量，而是將此「得一學大」之道推展至天下，使人人皆可成爲「大人」，此乃立人達人、由己修身而至天下的救渡之學。由此可知，從命名至宗旨目標，《大學》已全然是宗教聖典，與學術界所看待的《大學》已不相同。

二、「中庸」之宗教意義

在《禮記》之中，鄭玄對以政教之用看《中庸》，並說：「庸，常也，用中爲常道也。」，〔註7〕可見其對「庸」字有「用」與「常」二義，往後朱熹亦以「常」釋解「庸」的意義。朱熹在〈中庸章句〉之序言中引程頤之言詮解「中庸」二字之義，其言：「不偏之謂中，不易之謂庸。中者，天下之正道；庸者，天下之定理」（《四書章句集註》，頁17）以不偏之正道與不易之定理看待《中庸》的傳世價值。而朱子對「中庸」二字所作的定義則說：「中者，不偏不倚，無過不及之名。庸，平常也。」（仝上）除此之外，朱子於首章「中也者，天下之大本也」與第二章「君子中庸」所作的註腳也頗值得我們注意：

> 喜、怒、哀、樂，情也。其未發，則性也，無所偏倚，故謂之中。……大本者，天命之性，天下之理皆由此出，道之體也。（頁18）

> 中庸者，不偏不倚，無過不及，而平常之理，乃天命所當然，精微之極致也。……蓋中無定體，隨時而在，是乃平常之理也。（頁18～19）

我們之所以將鄭玄、程、朱對「中庸」的說法標引而出，最主要在於往後民間教派對於此二字的觀念、想法，幾乎是承繼他們的觀念，尤其是程、朱以道之本體、定理釋「中」，以不易、平常及中之「用」論「庸」。〔註8〕

〔註7〕鄭玄在「中也者，天下之大本也」注云：「中爲大本者，以其含喜怒哀樂禮之所由生，政教自此出也。」可知其認爲「中」乃爲政教之用；然其對「庸」之解釋，除了「用」之外，尚有「常」的意義，故列引於此。（《禮記》，十三經注疏本，臺北：藝文印書館），頁879上頁與頁880上頁。

〔註8〕傅武光先生認爲，「中庸」名稱的演變過程爲：執中 → 執其兩端，用其中於民 → 用中 → 庸中 → 中庸（見〈四書學考〉，《國文研究所集刊》第十八期，

　　欲了解民間教派如何釋解中、庸二字，首須了解他們如何看待這本聖人立言的聖典：

> 聖人教民之道，原無袊奇，即在日用倫常間。是以不偏之謂中，即
> 無過與不及，執其兩端用其中也。不易之謂庸者，即一定而不可移，
> 日常應用之定理也。定理者何？乃君敬、臣忠、父慈、子孝、夫婦
> 和順、兄友弟恭、交友以信而已，此不易日常應用之眞道。……聖
> 人立教，以日用倫常爲立身之本。……是以中庸大道，不尚袊奇本
> 係平庸，抱我大中至正之眞性，發乎至誠，忠孝節義，無過無不及，
> 完全作到，則人道全備。人道全備，則天道有階可升矣。所以欲修
> 天道者，必由人道爲始，人道天道一也，世人豈可誤解乎？或問曰
> 一而已矣，何有天人之別？吾曰在力行中庸之道時，爲人道；全乎
> 中庸之道，則即爲天道矣。（《學庸淺言新註》，頁 53～54）

由於《中庸》首言天道，故常被誤解其中所言盡爲超越形上之玄理，故於此強調，聖人設教化民之言，本於日用人倫之道，沒有光怪陸離等出奇神通之事以吸引人，所說皆是人之所以爲人所應盡的本分。《中庸》雖以天道爲始，但其所論皆以人道爲基準，故欲修天道則須先盡人道，因此儒者修道決不是出世棄家，而是將日常不易之人倫之道力行、實踐於世間，人道若盡則天道可全。因此，爲了破除中庸只重天道玄理的刻板印象，必須先說明儒教修道絕不離人世關懷，如此方能逐漸進入中庸的修持世界。然而卻也由此可知，民間教派對「中庸」的定義乃以力行日常不易之理爲立論基礎。

　　《中庸》首章言：「中也者，天下之大本也。」已說明了「中」是一切的根本，理學家亦將「中」視爲道體，民間教派則在此一基礎上開展他們對「中」的理解：

> 蓋中者，道體。……不易不私，不增不減者，中也；無偏無私，不

頁 138），故其以爲，《中庸》之命義，應取鄭玄之説。又根據陳滿銘先生的考證，他也認爲《中庸》一詞的意義，以鄭玄所釋「中和之爲用」或「中用」（用中）最爲正確、明白，無論是在中庸二字的習慣用法或《中庸》一書的主要內容，甚至於《禮記》名篇上的慣例，都比程、朱之説來的合理，見《中庸思想研究》（臺北：文津出版社，1989 年 4 月再版，頁 34）。高柏園先生則從《中庸》本文思想內涵作詮釋，他認爲程、朱之説亦無不可，因爲中者乃性之大本，乃重在超越面之展示；而庸乃是由日用之常以論和，而特顯天理內在人心之內在性。合此二義，乃見道體之全，亦是天道既超越而又內在之義。見《中庸形上思想》（臺北：東大圖書，1988 年 3 月），頁 47。

過不差者，中也；可行可止，動靜合度者，中也；有始有終，立極
不動者，中也；放之四方無所外，中也；卷之己懷無所內，中也；
上下今古，遠近巨細，莫不咸宜，人己物事，仁義禮智，莫不具備，
皆中之德。……中者天下之大本，道之所存，性之所始。上則超天
地，下則包萬物。（《中庸證釋》，頁 49～50）

內心寂然不動，即無過之無不及，這就叫作中。本性無來去、無增
減、無生滅、無淨垢，中爲本性亦謂道之本體。……中的天性，中
的致理是天下事物的本體，天下之理皆由此出，謂之本體道源。（《中
庸心法通論》，頁 17～18）

以道之本體論「中」，並沒有超出理學思想的範疇，故其認爲「中」包含一切，
曩括本體根源、宇宙生成與道德倫理，此一對「中」的定義並無特殊之處。
然若將「中」置於個體的本源上，則「中」是宗教修行者所追求的終極目標，
修道所要鍛煉的，即在回復此一無雜染、無對待、無分別執著的本然自性。
因此，知「中」而行「中」，回歸自我本性「中」的本體，此爲民間教派對「中」
的詮釋角度。雖然他們仍就道體的觀念爲之註解，但其所言之道體已將宇宙
之本體落實於個人的本體根源，就文字釋解而言，雖與理學家相似，但就修
道而論，則「中」爲體道修煉者最初根源與最終目標：

中是人的良心，是天理、道、性也。……中是天下人人來去的大根
本。（《學庸小註》，頁 11）

庸字作日用平常講，就是修性修身日用平常的大道理。堯傳舜説允
執厥中，舜傳禹也説允執厥中。中字乃帝王傳道統的心法……這個
中字，在天爲理，在人爲性。（《學庸白話解》，頁 3）

「中」是人的本體根源，也是堯舜心法密傳之所在，此一根源生即有之，只
是人人有而不知其有，故極爲平常，但卻是最重要的生命源頭。故「中」爲
主宰人之生死最主要的關鍵，而修道之最終目的即在超生了死，永離六道輪
迴。就此而論，可以發現，「中」的意義與「大學」之「大」的意義是相通的。
所指的都是人性的根源與修道應從何而修的主要樞紐。因此，在民間教派對
《學》、《庸》的註解中，我們可以發現，性、理、天道通常都是爲了解釋宇
宙、個人的本體根源，而他們解釋「中」、「大」，正是從宇宙本體落入於個體
修持，以此說明此二字所具的性與天道之學。

　　從道體的角度解釋「中」爲人的本性根源，以此爲前提，承繼傳統對程、

朱釋解「中庸」的認識，以道體為核心，藉以探討存在於個體身上之「中庸」的實質義涵：

> 「中」者天下之大本也。天之中者理也，地之中者樞也，人之中者
> 主也。故失中就是失本。……人之中者性也，性所主宰者中心，中
> 心者不偏不倚，即良心，修道謂之道心。……是以不偏之謂中者即
> 無過與不及執其兩端用其中。……「庸」者不易也，即一定而不可
> 移，日常應用之定理也。則五常五倫抱守性份中之定理而不移，死
> 守善道才能達到目的。（《學庸簡解》，頁 89～90）

> 所謂「中」者，乃宇宙中，上至於天，下至於地，中至於人物，萬
> 靈萬彙，悉具有此中道，是為天下之正道。「庸」者，即此中道之理
> 也。此理乃未有天地之先，無極之一真理；始是由無而化有，終是
> 由有而歸無；是為造化之大源，為萬彙之生死；成敗興廢之真宰，
> 故謂天下之定理。（《文外求玄——學庸註解》，頁 104）

不偏不倚、無過與不及是道體的本然，也是人未降生塵寰以前的本來面貌，是以人之天性與道體本是齊一，並無不同。而「庸」則是一定而不可改變的定則，也就是所謂的天理。天理所具的涵義有二，一為宇宙造化萬物之理，大自然的一切俱在此理的運轉之中。中國的宇宙論本屬於「生→滅→生」循環式的宇宙論，而主宰此一生滅造化者，即是這個不可更易的定理；其二，將此一定理正道放置於個體人身觀察，則引導個體走入修行之途，使「中」之道顯現發揚者，即是聖人力行生命理念所傳達的人倫之道，雖是平常，但在人群相處之中，卻是不可缺少的倫理定則。因此「中庸」所談論的，是指天、人間永恆不變的正道真理。而此真理最重要的在於如何將之實踐，以全盡人道以達天道的入世理想與出世目標的結合：

> 中者，不偏不倚，未發之本，即先天之真理，道之體也，是為天道。
> 庸者無過不及，即發中節，即後天之達道，道之用也，是為人道。……
> 天地間至當不易之理，人物中天賦本來之性，論其體，不偏不倚，
> 渾然一團，所謂中也。論其用，無過不及，至平至常，所謂庸也。
> 此中之理，為人人所同得之性。惟然君子能體此中，率性而行，自
> 然流出，事事合理，處處中矩，宛然是個中庸。（《中庸輯義》，頁
> 12～13）

> 中庸，不偏不倚，無過不及而平常的理，也是率性而行的常道。中

> 者不偏不倚，未發之本，即先天之眞理，道之體，是爲天道也。庸
> 者常也。無過不及，一定不易，常而不變之理，即發而皆中節，後
> 天之達道也。乃道之用，是爲人道也。（《學庸小註》，頁 15）

體用致一、天人兩全是民間教派在修道歷程中一再傳達的理念，而「中庸」
在字義的訓詁上，正符合了儒教的修道觀。因此，「庸」除了具有不易之常理
的意義，更具有「用」的實踐意義。因此，「中」爲道體、先天之性、自然之
理，屬於天道；「庸」則是平常而不可更易的定理，此理最重實踐，乃爲道之
用，因此可以說：「中庸者，言用中也。」（《中庸證釋》，頁 49）從修煉的角
度來看，「庸」是不易之定理；從日常生活的態度而言，則「庸」乃行「中」
之道，是爲道之用。

　　以道體論述《中庸》，或許沒有超出程、朱思想的範圍，然而如何體證個
體本具之「中庸」，以及力行修煉《中庸》所談的天道，才是民間教派所注重
的，以自我實踐的力量，體悟存之於身的性與天道，此爲《中庸》在宗教上
的另一釋義：

> 人人自性中，各具一部中庸。聖人先覺，探討自性之中庸，以盡其
> 能事，載諸書面，以啓人人自性之中庸也。故修自性之中庸，乃初
> 受聖人中庸之啓示，及自性圓明後，仍須力行自性之中庸也。（《學
> 庸淺言新註》，頁 54）

> 中者，不偏不倚，無過不及的本體。庸者，日常應用不易之定理。
> 中者，無極之眞，天中之天，自身的中主，理性也。是不偏不倚，
> 大中至正，妙無眞理也。庸者，視聽言動，由理性中，常明不變的
> 美德，日常發而用也。所以靜者，念念守中，不離如如自性，動者
> 妙在中節，執其兩端用其中，故無相以守中，無心以應事，是這個
> 不變的虛妙之體，能應萬變也。天之道虛其中，故有陰陽造化之妙。
> 所以明乎人身中之中庸，栽培心上地，涵養性中天，日常不離中道，
> 而用者，乃力行自性的中庸。（《大學中庸講義》，頁 44～45）

「力行自性之中庸」乃將形上的道體落實於個體身上，使本性根源的道體於
日常生活中呈現出來，動靜之間不離此一自性之主，二六時中不忘涵養此一
自性本源。因此，「中庸」修道意義上，主要在於尋覓自我本性之根源，此一
根源即是「中」，是宇宙的本體，也是個體生命的源頭。修道要修者，即在此
生命總源下工夫，所要磨鍊者，也是讓此一自性之主回復未生以前的本來面

目。聖人自覺己身之中庸,故從此修煉而成道,並且立言喚醒後人反照自我之中庸,而非向外尋求。文字只是工具,並非究竟;文字只是作為悟道的應證,而非主體。是以「中庸」的宗旨在於如何體證自性,與道體齊一,落實於生活之中,呈現儒教修道的根本精神。

從民間教派對「大學」、「中庸」的正名可知,就根源而論,彼此是互通的,據此可以了解,聖人立論所使用的語言文字雖不相同,但所要傳達的理念是一致的。有趣的是,《大學》以人道為重,但在解釋之時,卻以天道為首;中庸首談天道,定義時卻以實踐人道為主。然卻由此而知,尋找根源、回歸本我,達到人天一理無別的境界是他們詮釋經典的核心精神。是以中庸重天道,故其釋解實須著重人道之實踐,以免天道之理落入玄虛不實的空談;大學重人道,故解釋須指明宇宙萬物之本源,以免太重人事而忘本。從民間經籍為《學》、《庸》所作的正名,可知其已全然屬於宗教性的經典,與學界所理解的《學》、《庸》大有差距。

第二節　民國以來民間教派對《大學》「三綱領」之宗教詮釋

我們從民間教派對於《學》、《庸》二書名稱的定義可知,如何尋覓、體證、修煉與生具有之本性是他們詮釋此二書的重點。而在《大學》中,講述自性本然最切要者,莫若於朱熹所謂之「三綱領」,(以及歷來爭議頗大的「格物致知」,詳見第五章),《大學證釋》即言:「綱領……概括全書固矣,即聖聖相傳儒教心法,亦皆足以此盡之」(上冊,頁 12 左);《大學探源》亦云:「『明明德』、『親民』、『止於至善』……這三個點形成一個連貫不可分的系統,有這三個重點才能構成《大學》的精神內涵。」(頁 3);《學庸淺言新註》也說:「三大綱領,人各能毅然作去,結果達到至極無以復加至善之境界」(頁 7),由是可知,民間教派對於《大學》的詮釋首重經一章,而打通經一章的脈絡思想,則在「三綱領」;再者,從其對於「大學」一詞的解釋,可知他們所重視者在於如何修得「大學之道」,而欲了解「大學之道」的實質內涵,首須探討三綱領的本然意義,民間教派在此前提之下,開展他們對於《大學》「三綱領」的義理詮釋。

一、明明德之詮釋

鄭玄於《禮記》注「明明德」一詞云：「明明德，謂顯明其至德也。」（頁 983 上頁）孔穎達亦云：「章明己之光明之德，謂身有明德而更章顯之」（頁 984 上頁）從《大學》的著作本意與鄭、孔二人的注解可以得知，「明德」的本義應指個人後天修成的德行，而「明明德」則是指向外彰顯自身德行的外王之事，而非宋明儒所謂先天純德的內聖之事。〔註9〕

朱熹解釋「明明德」云：

> 明，明之也。明德者，人之所得乎天，而虛靈不昧，以具眾理而應
> 萬事者也。但爲氣稟所拘，人欲所蔽，則有時而昏；然其本體之明，
> 則有未嘗息者。故學者當因其所發而遂明之，以復其初也。（頁3）

以先天內具純然之德性解釋「明德」，宋明以來，這樣的註解幾乎成爲定論，就連反對朱學的王陽明亦以先天之性解釋「明德」，其言：「根於天命之性，而自然靈昭不昧者也，是故謂之明德」（頁 968）由是可知，以天賦本具的內在本性解釋「明德」，成爲宋明以後讀書人對此名詞的共同認識，而民間教派則在此傳統思潮中，承傳理學思想，落實於宗教生活當中。

朱熹對「明德」的解釋，影響民間教派頗深，他們對「明德」的認知，幾乎在此基礎下開展而：

> 朱子以「虛靈不昧」四字解明德，是就初性之本體言，性無影，其
> 體至虛，虛則靈，靈則不昧。惟其虛，故能具眾理；惟其靈，故能
> 應萬事。惟其虛靈，故能歷久不昧。虛靈中和也，不昧至誠無息也。
> 談性理者，不從虛靈之本體溯源，何謂性理。養心性者，不從虛靈
> 之本體入手，何謂養性。朱子一生著作甚多，惟此四字爲本領，該
> 括一切。又云：「天即理也，性即理也。」一「理」已包含此四字，
> 足見天人一理，俱以虛靈不昧爲本體。（《大學性理闡義》，頁4）

「性即理」是程頤論性的中心觀念，其將人性提升與宇宙本體同等地位，尤其

〔註9〕關於這樣的事實，牟宗三先生明白的說：「《大學》之『明德』，宋明儒（不管
那一系）歷來皆就因地上之本心性體言……正視《大學》原義之問題，則覺
不如此。……指『德行』言，或指『有德之人』言。……不指「德性」言。
依此而言，則《大學》之明德不能確定其必指因地上之本心性體言，而且依
古疏解爲德行。……是以吾今決定《大學》之「明德」不能解爲因地上之本
心性體，只能視爲果地上（外部的）之「德行」。」見《心體與性體》（二），
頁 423～424。

結合孟子性善論，認為性即是理，從堯舜等聖人以至平民百姓，都具有純然至善的性理，故「理」充沛於每一個體之中；〔註10〕再者，其認為天是「萬物之祖」、「萬物之祖」，〔註11〕又說「天者，理也。」、「理便是天道。」，〔註12〕天是宇宙萬物的主宰和最終的根源；以天為理，回歸於宇宙本體的意義，使「天即理」的主張更具體化；程、朱更將天地間的常理賦予道德意義，並將人的性理（靈）與天理結合，使具有倫理性格的天理統攝宇宙萬類，建立通貫天人的儒者之學。〔註13〕天乃至善而圓滿，人稟此理以成性，程、朱之「性即理」、「天即理」的思想，深深影響民間教派對本體性理的觀念。尤其朱子以「虛靈不昧」四字說解「明德」的本質，道出本體的本來狀況，而民間教派則結合「性即理」與「天即理」的說法，認為「虛靈不昧」乃性之本體。故就宇宙全體而言，是屬於「天即理」；若就「理」落入個體而論，則是性即理，以其本質而名之則稱「明德」。是以「明德」乃人皆有之，而修道所所要修煉者，就在此「明德」自性之處，藉以返回「虛靈不昧」的原始面貌，因此修心煉性首須識得「明德」，故「明明德」可說是修道的第一步工夫。

　　以「虛靈不昧」解說所得乎天的本體，就對一般信徒而言，可能較為抽象，難以理解。因此民間教派接受了程、朱「性即理」對本體的說法，將傳達的重點放置於「所得乎天」的本然，以此釋解「明德」：

　　　明德者人之所得乎天，是人人所固有的所謂天命之性也，是人所以

〔註10〕程頤言：「孟子言人性善，是也。……孟子所以獨出諸儒者，以能明性也。性無不善，……性即是理，理則自堯舜至於塗人，一也。」語見《河南程氏遺書》（下）（臺北：臺灣商務印書館），頁226。

〔註11〕見《伊川易傳》卷一〈乾卦〉（臺北：臺灣中華書局），頁1、3。

〔註12〕《河南程氏遺書》第十一，頁145、第二十二上，頁316，道與理是二程思想中重要的本體範疇，二者雖相似（道即理），但仍有差別。（1）理為道之散，道為理之統。程頤說：「散之在理，則有萬殊；統之在道，則無二致。」（《伊川易傳·易序》）。（2）道是總名，理有時指具體物理。程頤言：「合而言之道也，仁固是道，道卻是總名。」（《河南程氏遺書》第十五）又云：「寂然不動，感而遂通，此已言人分上事。若論道，則是萬理皆具，更不說感與不感」（仝上），這裡所說的道，是指宇宙總規律、總規則，包含天道和人道，物理和性理。詳參張立文主編《道》（北京：中國人民出版社，1989年3月），頁172～174及蒙培元《理學範疇系統》（北京：人民出版社，1989年7月），頁38；又朱熹於《論語·八佾》「獲罪於天，無所禱也。」之「天」的註解云「天，即理也。」語見《四書章句集註》之〈論語集注〉卷二（臺北：鵝湖出版社，1984年9月初版），頁65。

〔註13〕參鄧克銘《宋代理概念之開展》（臺北：文津出版社，1993年6月），頁49

生之理，是爲人之眞生命。其體本自明淨，至虛至靈，眾德具備，
主宰乎形骸一身者，故曰明德。（《大學性理闡義》，頁 3）

「明德」是人之得自於天，而虛靈不昧，以具眾理而應萬事者。簡
言之，即是良心，是上天所賦，人人皆具的「本性」，只要能得明此
性，勤修不輟，必能復其本性，成至人、聖哲的。（《四書心德──
大學中庸》，頁 9）

德是本，明德是上天賦給的本性，明明德是先去物欲，明了本
性。……明德，乃上天所賦給的本性，就是人的本性發於上天，至
明至善。……要學天地的眞道理，首先要明了本性，克去自己私欲，
反復在本性上，再發生出即是與天地同體的。（《增註大學白話解
說》，頁 7）

「明德」是上天所賦予的本性，所有的聖哲之所以能成聖成佛，乃就此一天
賦本性勤加修煉，以至與天地同體，毫無私欲偏執。故仙佛聖人所修者，乃
就此修。由此可知，其所言之「明德」與其對「大學」之「大」的定義相仿，
只不過常人要成爲「大」，須經過「得一」的宗教儀式，而「明德」所指的重
點乃告知所有眾生，人人與生所俱的本質是一致的，聖凡的差異，即在是否
能發揮上天所賦的本然。在此必須說明的，在本體論上民間教派雖承繼程、
朱「性即理」的思想，然其對於本然天性的解釋，常會使用「良心」或「良
知」解說之，因爲這個名詞最容易讓庶民社會了解何謂天賦本性的原始境界；
再者，他們認爲一切思維與外在行爲俱是心的作用，因此修道須先修心，而
心的本來即是孟子所謂的「良知良能」，或稱之「良心」，《新註大學白話解說》
即說：「明德是人的良心。」（頁 1），所用的名詞雖有差異，但所要指稱「明
德」的天賦本然卻是一致的。〔註 14〕

若欲使本具「明德」燦然光亮，則須要「明」的工夫：

〔註 14〕我們觀察民間文化思潮時，必需留意的：基層文化無論如何是與社會大眾共同
　　　　存在的。知識階級在鄉間從事社會教育，民間也耳濡目染，漸漸形成一套雜揉
　　　　思想，而雜揉正是民間的特色。詳見李正治〈中國民間處世思想的探索與批
　　　　判〉，載於《鵝湖》一三八期。在學術界中程朱的「性即理」與陸王「心即理」
　　　　的定義壁壘分明，而民間教派對此二觀念的吸收，並沒有像學術界一般，涇渭
　　　　分明。據此而言，我們可以說，民間所接受的理學知識不是單一的程朱學派抑
　　　　或陸王學派，而應說兩派之間在民間中互相交流，互相影響，在民間文化雜揉
　　　　與融合的特色中形成民間文化中的理學，而不是傳統知識分子所認知的理學。

> 明即切磋琢磨之功，明德即原性。……《大學》者換言之，即令人
> 學習發揚性天之學也。雖係學天，而實不出己身耳。故先格心物、
> 除私慾，原性復初，自身之內聖功夫，則到止境，內聖之功具足，
> 即體固矣。（《學庸淺言新註》，頁6）

> 古聖都是學大，我們要想當大人，豈可不學天哩！但是學大的道理
> 在什麼地方，第一個在明明德。明德就是我本然之性，原來十分明
> 亮，一落入後天，被氣稟所拘，就不明亮了。……於是用拂拭工夫，
> 去我的物欲，叫我本性返回先天，仍然十分明亮。上一個明字就是
> 拂拭的意思，如此我就是明明德的人了。（《學庸白話解》，頁5）

> 第一個「明」是動詞斷除所蔽，使之發出光明的意思。（《四書心德
> —— 大學中庸》，頁9）

> 「大學之道」在「明明德」，第一個「明」是動詞，「明德」是名詞。
> 「在明明德」這一句話告訴我們，要先去掉心中的黑暗，將黑暗撥
> 開，才能見到上天賦予我們的光明德性。（《大學探源》，頁2）

從其對「明」的解釋，無論是拂拭私欲或是斷除負面想法，都沒有超出朱子
所說的「明之也」的範疇，其宗旨乃是要人人回復先天光明德性。因此「大
學」的「學天（大）之道」首要在「明明德」，本性不明，如何學天、談什麼
修道？因此，三教經典所載，名詞雖有異，然其宗旨是一致的，研讀經典必
須通貫群經，不可被有形的語言文字所障，而失去背後無形的真理。因此「明
明德」雖屬儒教文字，但就目標而論，三教所言，其實一也：

> 明明德三字不但可以概括《大學》，並可以概括儒門全體的學問；不
> 但可以概括孔教，並可以概括萬教，及講究修心煉性，治國平天下
> 的一切學問。……明明德是人的本性，性是不分內外，不分人我的。
> （1）儒：明明德，光明德性的光輝。（2）道：谷神：永不死亡的真
> 諦。（3）釋：金剛，萬劫不壞的本性。總之，明德即本心，萬物之
> 實體，一切學問的源頭處，故又名「道」；以其為人之所以生之理，
> 故名為「性」；且因主宰肉軀，故又謂之「心」。（《四書心德—— 大
> 學中庸》，頁11～12）

> 人之所得乎天之本性是謂「明德」。明德者，即天之命，無極之真理
> 也。先天地而不知其所始，後天地而不知其所終；不論何物，不拘

大小，不得此理不得生；不論何事，不得此理，難成事；在天謂理，在人謂性；無形象之可觀，無聲臭之可聞；其靈明之玄妙，卻又無所不知，無所不明。故儒家稱之曰「明德」，道家曰「谷神」，釋家曰「菩提」，無名爲天地之始，有名爲萬物之母；是爲萬物之生源，萬彙之根底，即吾人之性根也。聖賢仙佛之觀徼、觀妙，悉觀於此也。成聖成佛，成之於此也。(《文外求玄——學庸註解》，頁 17)

由是而觀，以修道的角度釋解「明明德」，此一語彙已全然神聖化了，《學庸小註》即言：「明德，原性也，自性也。……明明德，內聖之功也（自覺也），修道也，是根本。」(頁 4) 因爲是根本，故三教所修盡於此。故「明」除了具有朱子所說「明之也」的意思，更具有修煉的意義，即上述引文所說「觀徼、觀妙」之「觀」的工夫，而「明德」即是「徼、妙」，〔註15〕是修煉的本源處。此一本源自性，不生不滅、無始無終、無形象聲臭，與主宰共存，故可稱道、理、性、本心。聖賢仙佛所求之「道」、所修之「道」皆於此，故可稱是本源處，也可說是個體修煉的終極處，因此三教聖人所用之形容詞雖有異，但所要指明的即在此明德自性。釋之金剛、菩提，道之谷神、玄牝，〔註16〕所要告訴後人的，

〔註15〕宋常星（隆淵）註解《道德經講義‧觀竅章》言：「生天、生地、生人、生物，出生了死之眞詮，治國修身之總要。自古聖賢，莫不從此而觀徼觀竅。……體認聖賢之言行，或有不能行者，必須奮志勉力；或有不能明者，必須拜問明師。……要觀其至道生生化化之妙，眞常之妙卻在無中而生有，其有不盡，所以爲妙。……要觀其至道的的確確之徼，實在之竅，卻在無中而有據，隱微獨知，所以爲徼。」(臺北縣板橋：三揚印刷)，頁 1～3。其言之「妙」與「徼」，即道之所在處，落入於人身，即是本性；而所謂「觀」乃指修煉的工夫，故其言若有不明者，須訪明師，以洞達眞義。(附注：宋常星（隆淵）乃金蓮正宗龍門法派第七代弟子，清順治時探花，任職三十餘年，康熙十八年，致士還鄉，專修清靜無爲之道，註道德經講義。後由其子宋家廉進呈，康熙皇帝爲之作序。其書間有與五經四書相發明，可知其亦以儒、道相融之說註老子，又因皇帝爲之作註，當時應頗爲流傳。其中有觀於自性的說法，民間教派經常使用，故在此註引其說以證。)

〔註16〕《道德經講義‧谷神章》註解言：「空而無物，虛而有神，無象之實象，不神之元神，是以謂之谷神。只因谷神虛靈不昧，所以谷神不死。……天地萬物，各具谷神之竅，千變萬化。皆從無中生有，便是谷神不死之密義。天地無谷神，三景不能發光，四時不能順序；人身若無谷神，性不能長存，命不能堅固。是故天地能長久者，亦是谷神不死之謂也。不死者即是虛靈不昧之義。視之不見，感而遂通，生成品彙，造化萬物，皆是不死之神也。……生生化化，無不從此出也。在天地通陰陽之升降，在人身合神之虛靈，惟在於此，人心闔闢之妙，亦未嘗不在於此也。是謂玄牝。……生生化化，在天地，天

皆在於所要修心煉性之處，體證與生所賦光輝燦爛、不生不滅、既超然又存在的實體。

「明德」因人皆有之，然因氣稟物欲的雜染，故有而不知其有，致使光明的本性受到蒙蔽，因此回歸本然天性是民間教派對「明明德」的訓解。雖說他們在朱子的思想中再作發揮，然而必須了解，「明明德」在宗教修煉的過程中所具備的神聖意義。因此，「明德」不能當作是知識或常識，而是人身與整體宇宙的關聯，此乃屬於自覺的工夫。而「明」除了朱子所謂「明之也」的意思，更具有修煉的體驗，經過修煉，「明德」才得以彰顯，因此「大學之道」在「明明德」，德不明，何能談修道？故其解說已屬於宗教歷練，已非純理學之說了。

二、親民之詮釋

孔穎達解「在親民」之疏解曰「言大學之道在於親愛於民」（頁984上頁），因其站在為政之道的觀點解說，故言「親民」乃「親愛於民」的意思。這樣的解讀角度至程、朱有很大的改變，朱子於〈大學章句〉言：

> 程子曰：「親，當作新」……新者，革其舊之謂也，言既自明其明德，
> 又當推以及人，使之亦有以去其舊染之污也。（頁3）

朱熹承繼程頤的觀念，將親解讀為去除舊習之「新」字，與孔疏所言「親近、親愛」的意思不同。然其所謂之「新民」乃是以「自明其明德」的條件下，再幫助他人明其明德，以達儒家所強調推己及人的理想。直至王陽明，雖力主回復古本《大學》，然其所言，亦與孔穎達有別：

> 明明德者，立其天地萬物一體之體也；親民者，達其天地萬物一體
> 之用也。故明明德必在於親民，而親民乃所以明其明德也。是故親
> 吾之父，以及人之父，以及天下人之父，而後吾之仁實與吾之父、
> 人之父與天下之父而為一體矣；實與之為一體，而後孝之明德始明
> 矣！親吾之兄，以及人之兄，以及天下人之兄，而後吾之仁實與吾
> 之兄、人之兄與天下之兄而為一體矣；實與之為一體，而後弟之明

地不知；在萬物，萬物不知。用之際不可窺，用之真實無已。天地之根所以立，玄牝所以為出入之門，谷神所以不死也。人能會此義，天地人物，本同一理。我身之谷神，未嘗不與天地之谷神同其神；我身之玄牝，未嘗不與天地之玄牝同出入。」其所說谷神、玄牝之虛靈不昧的特質，即《大學》之「明德」。同上註，頁18～19。

德始明矣！君臣也、夫婦也、朋友也，以至於山川鬼神鳥獸草木也，

莫不實有以親之，以達吾一體之仁，然後吾之明德始無不明，而眞

能以天地萬物爲一體矣。（頁 968～969）

雖然王陽明的「親民」之說有「親近、親愛」的意思，但觀其以明德爲體，
親民爲用的說法，其實並沒有超出朱熹所作註解的範疇。因爲其所謂「天地
萬物一體」的境界，雖以「親」爲首，然其最終目的乃要人人皆能達到根於
天命之性，自然靈昭不昧的明德本性，也是落實儒家立人達人的人世關懷。
因此王陽明雖以「親」解說，但就整個過程而言，亦包含「新」的意義，使
人人去其舊染，呈現明德之光，其言以明德爲體，親民爲用，達到天地萬物
一體的目標。

　　朱、王之異，乃在對「親」字之解讀不同，而民間教派的理解，其對「親」
字的釋解，已融合二者，故所發揮處乃在朱、王的基礎中發展，其較特別者，
在於對「民」字有其宗教性的解釋：

何曰親民？民者，身中之良民也。良民者何？即性天也。使天下同胞，

各親其良民，即聖人所謂兼善天下也。然我一人性體靈明，皇天何喜？

本乎皇天一視之心，願天下同胞，咸能用上切磋琢磨之功，復回性天

之極大光明，由己推人，毫無人相。（《學庸淺言新註》，頁 6）

「親民」者，先親自己性中本有之良知、良能，而後教人人都能發

揚，妙用其眞心……將草野之人，教化成爲道德之士。（《學庸簡

解》，頁 8）

傳統的註解都將「民」解釋爲百姓人民，然由此可知，民間教派對「民」的
解讀有二種意義：一爲自我內在之民，即天性，也就是明德；一者爲外在之
民，即傳統疏解之百姓人民。因此，「親民」的工夫是屬於程序性的，須先親
近自我之民，且須革新之，達到此一基本目標，才有後者之「親民」與「新
民」。因此，就宗教的角度解讀，「親民」已包含修己渡人的修煉體驗，是典
型儒教內聖外王的精神實踐。

　　理解了宗教性的解釋，就可以了解修煉自性是民間教派一再強調的重點，
因此「親民」的理念是屬於階段性的，須先自新再親民以至新民，一本儒家淑
世的理想與儒教渡人濟世的濟度理念，「親民」成爲民間教派理想的實現：

親有新之意，要我們革其舊有物慾之污染，進而推己及人，共沾德

澤。綜括而言，蓋人人本具無邊光輝的本性，其靈明是平等同觀，

一旦豁悟，你我之先天至情，本是眞、善、美俱全，自然能親能新，且要新民前，更要先做到親民的功夫，方能相得益彰。（《四書心德——大學中庸》，頁9～10）

在親民，叫別人也明明德，化新民工夫，明明德爲自新。天下萬物，靈性與我同，如人人不明德，我性亦不算完全光明，故要去親民，渡化眾生。爲何要將新寫成親，渡人必從親朋開始，因由親而新由近而遠，老吾老以及人之老，幼吾幼以及人之幼。要新民必須親近他。我們最親近的良民爲自性，身中良民，自身良民要先渡。……外王的工夫（兼善天下），佛之覺他（渡人、成全人）。（《學庸小註》，頁9～10）

親讀新者，非親不新也。親者，親在明德自性之所在；新者，無後天的氣稟物慾污染而變舊習也，親其明德也。……明德爲本——己立——道到；親民爲末——立人——德得，明德爲體，親民達用。（《大學中庸講義》，頁12～13）

聖人爲教，必使自立其德……親親繼以新民，無非推己之德，明明德之旨，眞實至此，即己立立人，己達達人之義。〈《大學證釋》，頁3〉

在以人人本然天性皆源於一，故其本質靈明不昧、光輝清新，只因受到後天氣稟雜染，[註17] 致使本然之性受到污染而產生惡的因素。因此「親」讀爲「新」，首爲自親、自新，親近本性最原始的光明狀態，再以日新又新的覺悟，去除氣稟，恢復光明自性。然而只有自我本性光明是不夠的，必須期天下同胞皆能明其明德。故須親近天下眾生，使之亦能自新，回歸天性本然。以民間教派的說法，此乃渡人、成全人。因此明明德乃自覺的工夫，而親民則是覺他的宗教實踐，透過自我德性光輝與實踐，感染他人，同邁修行之道，《文外求玄——學庸註解》即言：「明體者，自明其明德也；達用者，教人明其明德，即新民也。」（頁18）體用致一、己立立人，才是力行儒教的根本精神。

除了儒家本具精神的展現，從根源而論，天下之人本是同體而生，本著

[註17] 張載〈正蒙・誠明〉云：「形而後氣質之性；善反之則天地之性存焉。故氣質之性，君子弗性焉。」語見《張載集》（臺北縣樹林：漢京文化，1983 年 9 月），頁23，往後理學家即以氣質之性分析人性之惡的來源。關於人性惡的來源，民間教派承襲理學的說法，乃因氣稟所致，故其亦稱後天之性爲氣質之性；先天之性則稱天地之性、本然之性。

天賦之仁與同源之愛，第二義的「親民」更是每個修行之人應擔負的責任：

> 明德者人之所得於天，而天之生人，原是一理，則吾之明德，民既
> 與吾同受此明德以生，雖有異姓之別，不啻同胞之親，又當推己及
> 人，使民亦明其明德，如盡親親之仁，故曰親民。夫自新必新民而
> 後無憾，所以者何？我與人同此本性，同此本心，同此明德，故我
> 自新矣，必蘄人之自新，以人我同體故。闢如四肢之在全身，若有
> 一肢發育不全，即是全身虧損。我則自新，不復蘄人之自新，則吾
> 性分畢竟有虧，吾心量有所未充也。是故自新者，必蘄人之自新，
> 則以人、我形殊而性是一，元屬同體故也。據此而言，新民則明明
> 德中事，若我自新，而未能作新民，即吾之性分有虧，吾之明德，
> 猶有所蔽。（《大學性理闡義》，頁6～7）

> 人既同出於天，同具至善明德的天性，當然有一股莫名的親密、詳
> 和、博愛的眞情，這是無上智慧的光輝，將此品德的發揚，也是「親
> 民」、「新民」的理論基礎所在。大凡以先知覺後知，以先覺覺後覺
> 的度人工夫，便是「親民」的重點工作，使眾生齊能不斷去惡、革
> 新，進而了悟至性的光明德性。因此「佛道未成，先結人緣」的精
> 神更當先確立，眾生本如同胞手足，使之新，使之親、使之去蔽了
> 悟，是當今有志於進德修業學者的共同抱負。（《四書心德——大學
> 中庸》，頁12）

> 這個親字，不是問寒暄敷衍應酬的那個親字，是提攜他、領導他、
> 成全他的意思。叫他亦去了物欲習染，返回先天光明的本性，才算
> 盡我的責任。（《學庸白話解》，頁5）

一本同源之愛，人人本具「理」之本質，是以幫助天下之人去蔽了悟，返回
先天之性，則是我的責任。在同體同源的基礎上，因爲人人的性理一本齊一，
是以論及先天之事，氣稟輕者，則可立即感受同質之親，去其物欲習染，明
其明德，了悟自性；氣稟重者，也不可以放棄，必須本著同胞手足的精神感
化之，同邁仙佛聖人之道。因此，「親民」雖屬於外王的落實，然並非僅是現
象界的努力，而是心性上的磨鍊，以先覺的慈悲心成全後覺，以先知的憐憫
啓發後人，渡人修、辦道，這是民間教派對「親民」的最終目標。如果只是
我個人明德，而天下蒼生氣稟猶存，則我之明德亦是蒙昧不明、德有所缺，
因爲天下之人皆爲同體，若只有少數人成道歸根，大多數人仍迷昧生死，則

此體亦不完全、圓滿，猶如四肢，缺一則不完整，空留遺憾。因此必須抱著成全、提攜、領導、去舊革新眾生心性的本心，使人人德明，進一步實踐「親民」的渡人修道工夫，如此則自天子以至庶民，人人明德親民，則淨土即在眼前，何須向外尋求。

　　民間教派對「親民」的解釋，雖吸收了傳統「親」與「新」的說法，但是所強調的內容已有差異。傳統所重視的外王事業仍無法忘懷政治上的成就感，〔註18〕而宗教所重視的是人人內具虛靈不昧的天賦本性，因此，如何幫助世人體悟本具明德，使人人光明本性，才是民間教派所談之「親民」與「新民」的「外王」理想。

三、止於至善之詮釋

　　朱熹解「止」為「必至於是而不遷」，也就是必須要到達其目標，而此一目標是永恆不變的。在其對「知止而后有定」及第三章「釋止於至善」的「惟民所止」，與孔子所說「於止，知其所止，可以人而不如鳥乎！」之「止」的解釋，一本其所說而發揮之：

> 止者，所當止之地，即至善之所在也。（頁3）

> 止，居也，言物各有所當止之處也。……孔子說詩之辭，言人當知所當止之處也。（頁5）

「至善」朱子的解釋是「事理當然之極」，而且必須是「盡夫天理之極，而無一毫人欲之私」（頁3）。姑且不論朱熹循《大學》本文所說當止之地乃指人之本分：為人君，止於仁；為人臣，止於敬；為人子，止於孝；為人父，止於慈；與國人交，止於信等道德修為之事。若從文字表義探討，則我們會有疑惑：人之所當止之地，究竟在何處？而至善所在處又在那裡？

　　王陽明對至善境界的說明是「明德、親民之即則也。」他認為「天命之性，粹然至善，其靈昭不昧者，此其至善之發現，是乃明德之本體，而即所

〔註18〕蔡愛仁引用孟子所說「有大人者，正己而物正者也」（《孟子‧盡心篇》）講述明德、親民間的關係。他說「正己」應由「明明德」做起，「物正」乃是親民的成效。「明明德」是求「正己」；「親民」是求「物正」，這是古代大學教育「成為大人」的方法。「明明德」是「修己」，「親民」是治人，所說乃就政治理想而言。見《大學中庸精注》（臺北：正中書局，1969年1月），頁1、3；陳槃也將之列入儒家的政治哲學，見《大學中庸今釋》（臺北：正中書局，1954年3月），頁8。

謂良知也」（〈大學問〉，頁 969）。由其解釋可知，他們都重視明德、親民二者
的修為，且須達到最佳境界。所不同者，王陽明視「至善」為人人內在本自
具足的良知自性，因此他一再強調「至善之在吾心」（頁 969），而朱子將之視
為由內而外的努力，並且呈現於外的結果，因此他認為這是「事理當然之極」。

　　王陽明曾說「至善者，心之本體也」（〈大學古本原序〉，頁 1197），他更
以天賦本然肯定「至善」本自存在：

> 至善之發現，是而是焉，非而非焉，輕重厚薄，隨感隨應，變動不
> 居，而亦莫不自有天然之中，是乃民彝則之極，而不容少有議擬增
> 損於其間也。……自非慎獨之至，惟精惟一者，其孰能與於此乎？
> （頁 969）

暫且拋開王陽明主要用意乃批評朱熹支離決裂天理人欲，析分為二。然可由
此而觀其對「至善」特質之描述，其乃明德的本體，亦即明德是本性所呈現
的光芒，而至善才是本性的主體；「至善」本來有於天然之中，隨感隨應，是
超越一切價值觀可形容的準則。但是他提到要體證至善本然，必須「慎獨之
至」（詳見第五章）與「惟精惟一」，他所指稱的內涵又是什麼？

　　民間教派對於經典的詮釋，首重於對天賦本然之性的發現與尋求，至善
的解釋，亦本此精神而註解：

> 至善即中，道之本體。止即守也執也，係守之勿失之義。止至善即
> 允執厥中也，能精一，始能執中而止至善。……聖人之教，必兼斯
> 數者，其初明明德，其終止至善。上下內外，一以貫之。一者，極
> 也、中也、至也，皆指此也。道在是，教亦在是矣。故曰止至善是
> 徹上徹下、徹始徹中工夫。……佛家止定亦即此，道家抱一亦即此，
> 為道體自然現象，必如是始能明道。（《大學證釋》上冊，頁 7～8）
>
> 止者，居也、放也。本性應當止的最好地方（允執厥中）。……至善：
> 佛曰──眞如；道曰：先天，寂然不動之境；儒曰──至善（至
> 高無上之善）。（《學庸小註》，頁 10～11）
>
> 至善為道之本體，性之先天，不可以善惡名。而曰至善者，蓋已泯
> 善惡之德，而但見至眞之眞，即如佛教所謂眞如也。止於至善，如
> 如不動也。即道教先天之眞，寂然不動之境也故止至善為儒教至境。
> （《大學證釋》下冊，頁 44）

至善是「中」，也就是道體，亦即宇宙萬物的本源，生命個體的原動力，儒教

心法密傳之所在地，也是本性居處的地方。因此「止於至善」乃是指本性應止於此而不遷，修道傳教，最終目的地即在此至善之處。孔子所言「吾道一以貫之」所談之「一」即是此至善地，此「一」即道之本體，貫徹宇宙時空。故至善即堯舜密傳之「中」，亦即「惟精惟一」，孔門心法所授之極，其乃道之本體、性之先天，無法以人間文字描述，勉強稱之「至善」，以明其超越善惡，至極之所。三教聖人所要修煉者，即在此處修煉，仙佛傳授了脫輪迴之「道」，所要點明者亦在此處。此至善之所，乃明德所在地，此一境界即佛之真如、道之先天，儒則稱為至善，名稱雖異，所說實指一處。孔子說「於止，知其所止」，所隱藏的真諦即是此至善處，也就是朱子所說「言人當知所當止之處也」，王陽明所說的心與明德的本體。因此應該探索本然天性究竟「止」於何處，知其所止，求得明德之居所，以止於至善，方可謂得聖人之道。

然而，如何知道至善之處？

> 至善即無極之靜地，無極之理，為至善之體，神為至善之用。新民非新於一時，應新於萬世，故當止而不遷也。止於至善者，則盡於道矣！盡於道則理為至理，誠為至誠，聖為至聖，神為至神，人為至人。至善為何？則明德之所在也，即新民之樞機也。學人多不知止於至善者，皆因不知「至善」之處地何在？「至善」之中德何物？要在玄外探珠，必待明人指點。(《文外求玄──學庸註解》，頁18)

> 止者，必止於是也。言明明德、新民，皆當止於至善之地而不遷。蓋必其有以盡夫天理之極，而無一毫人欲之私，必止於是而不遷。是者，這也；當然者，當在這也。這個○下手工夫，非口傳心授不可得以也。天理之極，是人人本有之，至尊至大、至貴之處，乃天理之正位，虛靈不昧，目常顧諟，須臾不離。(《大中真解》，頁3)

> 我們人身上亦有至善地，至善地也就是玄關，應當止於此處。拿我本然之性這個大體，作為一身之主宰，節制住六根，清淨那六塵，可惜人愚昧而不知悟往這裏用功。(《學庸白話解》，頁6)

明德、親（新）民皆是修道過程中所必要經歷的磨練與階段，然其終極處若不落於「至善」地，則皆不是至真、至美、至聖、至神的的神聖境界。至善的神聖境界，即如無極之理，而我之本然自性本與無極之理齊一，寂然不動，感而遂通。此一無極之理，即在吾身之中，人人本有，卻是有而不知其有。若要尋得無極天理之「至善地」，唯有訪求明師，點明「至善」之所在，也就

是上文所說的「○」、「玄關」，此處只有經明師口傳心受，〔註19〕才能知明德之居所，修道從此而修，方謂「止於至善」。此「至善」處乃吾人生死之關卡，修煉之樞機，修道若不知此至善地，皆是徒勞無功，不得正門而入，如是雖苦修一世，亦無法了脫生死輪迴。

　　民間教派認為「至善」處須經明人指點，口傳心受，據此可知，求得「至善」地可能須要經過宗教儀式，故其對「至善」的釋解已是屬於宗教傳授中較為神秘的部分了，也就是所謂的「密契體驗」（the mystical experience）。〔註20〕通常宗教上對於密傳的神秘處，他們所使用的語言是屬於隱喻式的，而且認為其觀點是言之有據的。〔註21〕因此民間教派雖引經據典，極力形容「至善」之境界，然若非經過各教派密傳的儀式，仍然無法得知明德之所在處。若欲得其所言「至善地」，必須成為「密契者」——意指獲得啟蒙而加入神秘儀式的人，〔註22〕如此才可以得知本性所在何處，也可以了解為什麼三教聖人極盡一切形容此一本體，而後輩眾生依然無法體悟此一自性根源。因此，民間教派的注經者才會感慨學子皆不知從「至善」處下工夫，得道所得即在此處，修道修煉亦在此處，故「至善」為儒教之至境、天理之正位，也是儒家心法所傳之密。雖言密傳，然其就在己身，若能經明師指點，依此而修，亦可同邁聖賢仙佛之列。

　　得「道」了「至善」之寶，知明德之所在地，應之於吾身，個體所呈現之境界，必須去除物欲習染，進而回歸與宇宙主宰同德之光：

> 何曰至善，能將我一杯之潔水，傾於大海之中，渾然不分，此至善
> 也。假杯水有纖塵之染，則傾海之後，亦顯然有斑椅。至善者，無
> 極真空也。我之性大與無極合並，則我一身則非我矣。何也？大而
> 無外，窮其乾坤，萬物即我也。（《學庸淺言新註》，頁 12～13）

〔註19〕 尋明師、覓正道是明清以來，民間教派所強調的重點。必須經過明師指點，點出靈性所在地，依此而修，才可成道。詳參拙撰《王覺一生平及其《理數合解》理天之研究》第五章第二節（臺北：國立政治大學中國文學研究所碩士論文，1995 年 5 月）及林萬傳《先天道研究》第三章（臺南：靝巨書局，1986 年訂正二版）。

〔註20〕 密契經驗（或稱冥契）在宗教學上常被使用「與上帝合一」的密契意識，但整理而論，並不是所有的密契經驗都是宗教性的，只能說在信仰中，密契經驗是信徒在宗教生活中所產生的體驗。參 W. T. Stance 著、楊儒賓譯《冥契主義與哲學》（臺北：正中書局，1998 年）。

〔註21〕 同上註，頁 403。

〔註22〕 參 Louis Dupre 著、傅佩榮譯《人的宗教向度》（臺北：幼獅文化，1986 年 12 月），頁 472。

「止」是心之所安，「至善」是最高的善，是事理的根源處，就是良知，也是明德親民的極則，明明德之本體。蓋至善爲絕對正義之化身，又係人之所得於神，於天之眞實體。依此義解說，全句是指：能將心凝聚於自性良知處，則必達於至善之道，天人相通之境。(《四書心德——大學中庸》，頁 10)

至善即一切善之本，是眾理之源也，是萬善之本，是不能見不能聞、無思無爲的眞空妙體，天賦於人人的至虛至靈眞智元神也。神智本圓通，虛靈乃活潑，雖寂然而不動，有感以悉通，由至善之體感通，發於外者，是無爲的眞善，至善之用也。(《大學中庸講義》，頁 14)

經明師指點，得明德本性之所在，此之所謂「得道」，然得道未必可「成道」，須將明德本性修煉達虛靈的無極至理之境，如是才可稱之爲明「道」、行「道」，方有「成道」修成正果的可能。

明白了「至善」乃生死門戶、明德靈性之所、悟道之樞紐，可知民間教派對「至善」的詮釋已具有神秘義了。是以得「至善」須經過神秘的宗教儀式，經由明師口傳心受，方可徹悟仙佛聖人立言文字所指涉的眞機。故「至善」在吾身個體而言，其乃屬於神聖地，此一神聖地本是先天之靈，圓通活潑、一切生命的根本，也是貫通宇宙天地的關鍵要道。只因落入後天，忘卻本然，不知「至善」何在，主宰之「眞我」反而受肉體之「假我」使換，甘食悅色，迷不知返。因此，當得到「至善」正道，則必以恢復明德本體的至性光明爲修道的核心。

「至善」之本然爲何？就個體而言，是良知的發揮，眞空實體的展現，無思無爲，無人我之分，無物我之別，一切以事理根源爲依歸，故明德、親民必至於「至善」，永恆不變，才是至境。若能修煉至此，則個體之「至善」可與無極實體結合，宛若清水傾海，無一塵染，還原本自圓滿、光明、自在、無爲的本體。若達於此，天人不分，我之性理圓滿自足，與天地合一，聖人之道可成。

尋求「至善」處是個人悟道的主要目標，明德、親民也必須「止於至善」才是儒教入世修行的終極目標。因此若論「止於至善」的至境爲何？則已無我之「至善」與人之「至善」的分別了，唯有人人皆得「至善」正道，還返明德之光，才是眞正的「止於至善」：

什麼是「至善」？就是恢復原有的完美，沒有缺點，沒有遺憾。這

是事理圓融至善至美的境界，永遠嚮往的境界。這個境界叫「至善
地」。明德、新民要做到不斷的「明」，繼續不斷的「新」。……才是
「大學之道」的精神。（《大學探源》，頁 3）

人人皆不斷的明其明德，親民、新民，修己渡人，使世間沒有缺陷與遺憾，
儒教的「大學之道」至此才可稱之完善。因此，就個體而言，「至善」是明德
本性的居所，人皆有之，修道所要尋求與修煉者，即在此處；然若全體而言，
則須將明德、親民落實於「至善」處，使人人知其明德本性居所，同返性理
之源，修煉「眞我」、改善「假我」，如是則「大學之道」的終極理想，可謂
至善至美。

　　民間教派對《大學》三綱領的初步認識雖承繼理學思想，然其詮釋已是
宗教修爲的解釋了。三綱領就文字與修鍊過程而言，似分爲三，然就修道的
內涵而言實是一，三者不可分，成一圓形狀。明明德若不親民，則德有所缺；
欲明明德而不知至善地於何處，則雖苦修而難成；因此，止於至善是最終目
的地，而明德、親民皆以此一目的地爲正鵠，彼此環環相扣，以達修己渡人
之內聖外王的聖業。

第三節　民國以來民間教派對《中庸》「三提說」之宗教詮釋

　　朱熹於《中庸》首章末言：「（第一章）子思述所傳之意以立言，首明道
之本原出於天而不可易，其實體備於己而不可離；次言存養省察之要，終言
聖神功化之極。蓋欲學者於此反求諸身而自得之，以去夫外誘之私，而充其
本然之善，楊氏所謂一篇之體要是也。」（頁 18）由是可知，首章可說是《中
庸》全書整體的章要，也是子思立言傳道的核心思想，了解了首章的大旨，
即可掌握全書的思想脈絡。民間教派對於《中庸》的註解，用力最多者，也
是第一章，尤其重在「三提說」的解釋，可見其亦受理學家解讀《中庸》的
角度所影響，在傳統的閱讀習慣中，以宗教的眼光詮釋中庸。

　　《大學》有三綱領，作爲全書的體要，而《中庸》首以天、性、道、教
之關係而成的三提說，則是《中庸》全書最重要之處，以性原於天，道出於
性而成於教，是以民間教派認爲，若能洞悉三提說的眞義，則可說已體悟中
庸全書的宗旨：

天命之謂性三語，係指明人生之本。天性之原，人道之所由成，《中庸》之教所由立，而始學者推溯其源以得之也。故此三語實含有極精至微之義。……《中庸》一書，以是三語明人生之本，性道之真，立教之旨，賅括無遺。……三語以明全書之旨，可謂深切著明也已。（《中庸證釋》，頁 67、72、81）

開始的三句……乃說明道的根本，人的本性，乃天而來，是千古不易的事實真理，修道知乎此，本乎此，乃能知天返天合天，而達天道。《大學》一書的三綱領爲「明明德、在親民、在止於至善」。《中庸》之三綱領則爲「天命之謂性、率性之謂道、修道之謂教」……此三句乃子思聖人之中心思想……乃是內聖外王的工夫。宇宙的根本在道，道在天曰理，在人曰性，故道是進德修業的最後依歸。（《中庸心法通論》，頁 20～21）

三提說之重要，在於道出人之根本，說明了人從何而來？將歸往何處？天道之實體落在個體之身，真實朗明，因此三提說已闡明了儒教所要傳授的中心，人之根源、性理之真以及立教傳道的主要目的。因此雖是短短的三語，卻已道出宇宙之源與修道目標之所，故此三語可說是子思著《中庸》的精蘊所在，更是修道者的最終依歸。

一、天命之謂性之詮釋

朱子爲《中庸》首句所作的註解云：「命，猶令也。性，即理也。天以陰陽五行化生萬物，氣以成形，而理亦賦焉，猶命令也。於是人物之生，因各得其所賦之理，以爲健順五常之德，所以性也。」（頁 17）理以賦性爲生物之本，氣以成形爲生物之具，人物稟此二者而生，理、氣不離以成天地萬物，這是朱子論天地之生的持論。〔註23〕人之性理受命於天，純然至善。形骸之

〔註23〕《大學或問》云：「天道流行，發育萬物，其所以爲造化者，陰陽五行而已，而所謂陰陽五行者，又必有是理而後有是氣。及其生物，則又必因是氣之聚，而後有是形。故人物之生，必得是理，然後有以爲健順仁義禮智之性；必得是氣，然後有以爲魂魄五藏百骸之身。」語見《大學纂疏》（臺北：文史哲出版社，復性書院版），頁 53～55。關於朱子理氣先後的問題，陳來先生於《朱熹哲學研究》考據甚詳，其言朱子早年主張理氣無先後。南康（1179～1181）之後，經過朱陸辯論太極（1187～1188），逐漸形成理先氣後之思想。晚年定論則是以邏輯在先的更高型態返回理在氣先的本體論思想。陳榮捷先生則認爲，在

身，因受陰陽之氣所影響，故氣質之性有善惡之別，〔註24〕這樣的解釋，對民間教派的影響甚為深遠。

　　一般而言，「天」是萬物的總源，具有主宰的意義，〔註25〕民間教派則在此認知中開展對《中庸》的詮釋。首句的詮解基本上是承繼朱熹的說法而加以發揮：〔註26〕

　　　　性者，受於天，天命之而生，故性為天命。但天何物耶？命何見耶？……人祇知生而有身，父母所育而成。而不知未生之身，及未入母胎之前之何在也？……天之始也，以道而成，……其有也，陰陽之氣，以搆萬物之始。故二五搆精，形氣始凝，於其始時，一氣所生。……蓋造化無端，有分則萬，還則合一。……故天地之性，人受之以為人，物受之以成物，其異者，形之殊、生之別、種類之

朱子的心目中，不分先後與理先氣後，兩者並非理氣本身問題，而是吾人視線角度之問題。理氣本身，則二者不離，無先無後。以吾人觀之，則理為生物之本，氣為生物之具。故從本原上，則理在先。從時間言，則無先後。參氏著《朱熹》（臺北：東大圖書，1990 年 2 月），頁 59。

〔註24〕程頤云：「氣清則才善，氣濁則才惡。稟得至清之氣生者為聖人，稟得至濁之氣生者為愚人。」（《河南程氏遺書》第二十二上，頁 318）其認為後天的氣度、表現、才德因受氣的清濁影響，而有善惡的差別。到了朱熹則認為不僅與氣的清濁有關，更與四季的節氣，天地的運轉有關。其云：「人之性皆善，然而有生下來善底，有生下來惡底，此是氣稟不同。且如天地之運，萬端而無窮，其可見者，日月清明氣候和正之時，人生而稟此氣，則為清明渾厚之氣，須作箇好人。若是日月昏暗，寒暑反常，皆是天地之戾氣，人若稟此氣，則為不好底人。」語見《朱子性理語類》第四卷（上海：上海古籍出版社），頁 56。

〔註25〕傅偉勳教授認為「天」有六種意義：天地之天、天然之天、皇天之天、天命之天、天道之天、天理之天，見《哲學與文化》月刊第十三卷第二期；馮友蘭則認為，「天」至少有五種意義：物質之天、主宰之天（意志之天）、命運之天、自然之天、義理之天（道德之天），見《中國哲學史新編》第一冊（臺北：藍燈文化事業，1991 年 12 月），頁 97；張立文則將二者整理，認為中國哲學的天，綜觀有三義：（一）指人們頭頂上蒼蒼然的天空，如天空之天、天地之天、天然之天，屬於自然之天。（二）指超自然的至高無上的人格神，主宰一切的上帝，也稱為帝，如皇天之天、天命之天。（三）指理而言，有理為事物的客觀規律，如天道之天、天理之天。見《中國哲學範疇發展史（天道篇）》（北京：中國人民大學出版社，1988 年），頁 65～66。

〔註26〕在此必須再強調者乃關於「天」的解釋。一般而言，「天」是至高無上的主宰者，然而民間教派則認為，雖同稱為天，但仍有所分別。一般我們可目視的「天」，即是自然的天空，是有形象的，是以不是真正的根源之天，其亦隨宇宙循環而生滅。主宰之天是不生不滅的本體，故其方為天地萬物的本源，宇宙的造物主，而《中庸》所言之「天」則屬後者。

差，而有多寡偏全之等級耳。……故人生之初，即有良知，仁義之德，藏於心中，乾元之氣，充於全體，天地之道，盈於吾身。故聖人盡性足以知天，明生足以測物，脩心足以成道。凡行於仁義，志於道德，莫非徵於己任，以通於天道者也，故曰人受天地之中以生。（《中庸證釋》，頁67～68）

天命謂性，見天外無性，凡嗜欲與頑空，皆非性也。……天，即無極之理，萬物之主宰也。命，猶命令、即賜予之意也。理貫三界，大化流行，到這物生這物，而這物有生命；到那物生那物，而那物有生命，如分付命令一般，故曰命。性，即命，即所謂虛靈，在天爲理，賦人爲性，性本無形，動生萬物，仁義禮智信之所從生也。且理生陰陽五行，陰陽五行生萬物，氣以成形，而理即賦之。人物之生，各得其所賦之性，以爲健順五常之德。（《中庸輯義》，頁2）

本然之性的由來。母親懷孕有了我的假體，同時即具上帝眞理。所以周子曰，無極之眞，二五之精，妙合而凝。此本然之性的成分……即仁、義、禮、智、信，純陽無陰，純善無惡，不以聖而增，不以凡而減。（《學庸白話解》，頁4）

以「天」爲宇宙萬類的主宰，無形之超越原理與有形之物質現象，俱因「天」的意識而爲之，故「命」具有命令、給予的意義，萬彙種類之本然，皆由「天意」所爲。在以性即理、天即理的信念中，則人之本源就所稟受的天命之性，是純善無惡、五德之常本具，不假外求，這樣的解釋基本上是循著朱熹的解讀角度。而其對「天命之性」本質的描述，可以看出是等同於《大學》之「明德」，虛靈不昧的自性本體，據此可知，《大學》之三綱領與《中庸》之三提說之所以重要，就在於二者之間互相印證，以證聖人所傳之心法不因文字而異。

天命之性本無形，因此必須落入有形之身方可知其作用；而人之形骸之身，必須具備天命之性才能呈現其生命力，是以就人世現象界而言，二者不可分離。然而吾人必須了解生命的根本何在？有形之肉體死亡後，難道生命就此結束了嗎？人「從何而來」？「該往何處」？民間教派一本《中庸》之言，「天」爲人之本源，賦予人人純善之性，不因凡而減，不以聖而增，而所以差異者，乃因陰陽之氣而影響，然若能超氣返理，體認本源，則光明之性，生即有之。《中庸輯義》即言：「蓋在人在天，雖有性命之分，而其理之寓於氣，未嘗不一。人性物性，雖有氣稟偏全之異，而其理之至善，未嘗不同，

是性命於天，乃天命之謂性也。」（頁 4）後天之氣稟雖有偏全之異，然先天之性人人皆同，因此修道所要修者，即是尋回此一天命之性與五德之常，具體而言，從「天」來，就要回「天」去。因此，體證天命之「性」乃修道的第一重點，因爲其乃回「天」的第一要素：

> 命，猶命令也，乃賜予也，自天所賦予萬物者言之謂之命。……性，人所以爲人的本來面目，以天的全體言曰天命，一人之一份言曰性。由上天所賦予我們的這一點靈叫做性，人類的本性是自然（天）所賦予的，叫做性。（《學庸小註》，頁5）

> 天是萬物的本源，命是命令。…這裡所言天命，是專指對人說的。性是人所以爲人的本來面目，就是指那所得於天全體中的一份子。就天全體說爲天命，就人一份說爲性。（《新註中庸白話解說》，頁1左）

> 上天的明命賦於我身中，謂清淨光明的德性，性乃不可見，不可聞，動靜而不可聞的至善，是法之源，理之宗，無聲無臭、不偏不倚的本體良心。（《大學中庸講義》，46）

民間教派對「天命之謂性」的解讀重點，一在「天」是宇宙之源，然就落實於人身而言，則在如何體證上天所賜予的本然之性。是以就宗教的觀點談論，了解了天命之性的本然之後，尋出如何返回天命之性的修道法門，則是閱讀聖人經典的最終目標：

> 天者，一大也；命者，天之口令也，人一叩下也。……性者心生也。先天之直心，1爲豎1，所生是性，在天爲命，賦人爲性。此章發明性命二字，言天地一大物也。天地生人，人爲萬物之首，莫不各具性命以生活。而莫不知命自天降，性由天賦。性命者，又人生之一大要事也。且夫人得一爲大，大得一爲天。天之好生，生人生物，莫不有天意。天意一動，實有口令發出，令人投生，胞胎一迫，落於後天，人一叩下者是命也。賦於人身，是爲天性，有賢愚巧拙之殊，有智慧魯鈍之異。稟氣正者爲上智，稟氣之偏者爲下愚。人生在世，只知性生，不知性返之樂。真性返回者，乃復命歸根也。……復命者，返本還原之謂也。……欲將本性返回，必得拜求明師。（《大中真解》，頁 29～30）

發展先天之本性是回天的首要條件，說明了人之不同主要在於後天氣質之性的差異，先天之性本來一致無別。因此先天之心爲直心──「1」表示貫徹天

地，無有私情；後天之心則爲橫「心」，已染有物欲與世間之迷情。人得一爲大，大得一爲天，此一表示天人本無分別，只因降臨世間而迷途忘返，後天氣質之性宿世積累，致使回天之路越來越遠。常人只道嬰孩出生之樂，重視外在形體，卻不知內在本性才是生命的根源地。修道窮及一生所要修煉者，即在此一根本，亦即所謂歸根復命──回到性命的本源，返回本體。欲知此一根本何在，則須訪明師以修正道，指明「天命之性」所在地，依此而修，以成正果，與聖人仙佛同位同壽，免受死生之苦。

訪明師以知「天命之性」所在，與《大學》之求「至善」地相同，皆具有宗教上的神秘意義，以表示民間教派傳授「天命之性」的神聖使命。雖已道降火宅，人人皆可得正道眞傳，但也不輕易示人，必須在神聖的場地，經過神聖的宗教儀式，與具有神職之明師指引，才能進入自身的神聖之地。因此他們雖一再強調人之根本來自於天，並說明本然之性的本質，但若不得明師指引，則回天之路將遙遙無期。

對於《中庸》首句的詮釋雖源自朱熹，但我們可以看出，二者的重點已有差異。理學家以道德修爲做爲其終生力行的目標，使五德之常能體現於日用人倫之間；宗教信仰者則更進一步朝邁宇宙未創以前的本體前進，以「歸根復命」的「回天」理想，作爲修煉的正鵠。因此，解決「生從何來？死歸何處？」可說是他們詮釋「天命之謂性」的主要重點，《中庸證釋》云：「《中庸》一書，首以此語指明人生之本始，以教人毋忘失其生生之道」（頁 69），即說明了其立言之本旨。

二、率性之謂道之詮釋

朱子訓解此句之意義言：「率，循；道，猶路也。人物各循其性之自然，則其日用事物之間，莫不各有當行之路，是則所謂道也。」（頁 17）性本具五常之德，故「率性」乃循本然之性而行，而「道」是指當行之路，亦即所應遵行的人生指標。朱子雖重在政教之施與道德層面，但此一釋解，影響後人甚遠，民間教派亦承繼其文字表義，於此基礎發展其對此言的宗教意義。

> 性本天理，循天理便是率性。道乃事物當然，順當然便是修道。人循其人之性，則爲人之道。物循其物之性，則爲物之道。如牛可耕、馬可乘、雞可司晨，犬可守夜、桑麻可衣、穀果可食，春宜耕、夏宜耘、秋宜獲、冬宜藏。此道理本天生成，萬世不易，一皆循性之

自然，不假人力強爲，此得其道矣。若不循其性之自然，使馬耕牛
馳，衣穀粟而食桑麻，春藏冬耕。此則拂其性，而失其道。（《中庸
輯義》，頁5～6）

率，循隨也。……循著人的本性來做人、做事，正是正道。循的天
理良心去行叫做道。（《學庸小註》，頁5～6）

率者，循也，順也。言循之順之，以全之盡之也。人能循率其性，
由其道，始能全其生，合於天，而無悖矣。（《中庸證釋》，頁70）

就萬彙種類而言，物物各賦有天命之性，落入後天形骸之身，則物物所呈現的
個體性已有差異。在宇宙生成的過程中，每一物皆有其後天之本能，萬物本能
之結合，方成一世界。是以時序之更迭，動、植物之本能，俱在此一自然中循
天理而行。因此就整體而言，「率性」乃由外在的世界體察萬類物種在此一空間
的存在之道，循天理本性成長、發育，隨四季轉換生滅是我們感受的自然之道，
本此思考應如何將天命之性發展而出，同爲宇宙間之一物，何以星宿、動、值
萬物皆循天理軌道，各司其職，而人爲萬物之靈，反而不知「率性」？。因此
就人而言，如何讓本有之天性發揚光大，人人循性之本然而行，此即人人所當
行、應行之道。簡言之，順循本具之天理良心而行，這就是道：

事物莫不有道，道非無由而強爲也。蓋性分之中，萬理俱備，人物
各隨其性之自然，則其日用事物之間，莫不各有當行之理，至當不
易，若道路然。如「循其仁之性，自父子之親，以至仁民愛物，則
爲仁之道。循其義之性，自君臣之分，以至敬善尊賢，則爲義之道。
循其禮之性，凡進退周旋之文，恭敬辭讓之節，則爲禮之道。循其
智之性，凡是非曲直之別，邪正眞妄之分，則爲智之道。循其信之
性，自朋友之交，與凡夫實心實事，則爲信之道。」……是道於性，
乃率性之謂道。（《中庸輯義》，頁4～5）

率者，循軌道而行，天有天理、地有地理、人有性理，各有正理軌
道。性理者，性份中具有之五常曰人道……五常者，人人應遵守之
軌道也，循此道而行，在世爲君子，去世靈性合於天，能歸根復命，
最宜之道也。所謂（盡）人道達天道。（《學庸簡解》，頁93～94）

率，循也。道則自性中所具三綱五常，即孝悌忠信禮義廉恥。……
人之身中，各具一部「中庸」，人能率循性中之中庸正道而行事者，

則謂之道。道者，路也。夫三綱五常，乃天之所賦命，人應當遵行
之正路也。(《文外求玄——學庸註解》，頁 106)

率，循也；道乃自性中所具五常之道也。……性本至靜，萬物皆備，
五常具焉，落後遂蔽其真矣。如悟之覺之，克念除慾，復性本來面
目，率性中所具之五常，而實踐之。則入世曰人道，人道大備，出
世則自合天道矣。……所謂道者，即性中所具五常之德也。……離
五德則無道，無道即無倫常。無倫常者，人道尚不能容，況天道益
深嚴乎？是以覺性率性，為人生當前惟一要務，不宜乎作怱輟，以
自甘墮落也。應以虛無之性，自耕自耨，戰兢自持。(《學庸淺言新
註》，頁 57～58)

「道」的基本定義是本著與生所賦的天理良心行事，然而這是人之為人所應遵
行的道德準則，就宗教修行的角度而言，這是「人道」。儒教入世的修道理念，
注重落實「人道」的道德行為，這是宗教信徒應具的基本條件，更是具體實踐
中庸之「常」道。道本體現於日用之中，活潑靈巧、生生不息，宇宙萬物具存
在於此一自然的軌道當中，運轉流行。而人之生乃本天命之性，「性」之本然乃
涵蘊五常之德，是以雖落形骸之身，受氣質所影響，然若能覺悟本性的原來，
超氣溯理，踐行五德，則是謂「率性」，具體落實道德規範，磨練後天之性，使
之純善無惡，逐漸邁向天道。因此五常之道是人人應遵行的正路，循此而行，
則氣質之性漸消，天命之性漸展，行為處事自然合乎真理之道，《學庸白話解》
言：「率作領導講，是叫先天本然之性把後天氣質之性領導起來，然後說話行事，
方合大道，與金剛經降伏其心相同。」(頁 5)。因此，儒教所談之天道，絕不
是高深莫測的虛玄之理，也不是空幻難解的奇奧之言，而是力行生命理想的實
踐。從日用人倫中體證天道，亦即所謂的盡人道以達天道，人道不盡，則天道
難成。是以所謂的「率性謂道」就人之修行過程而論，首先必須順循本然之性，
將之實踐於人道之中，再由人道之洗練，達乎天道：

率性之謂道者，本人之性，而立之道，故曰率性之謂道。……聖人
以人之性本於天，天之性本於道，人與天道，無二無殊。始於天道
以立人道，而使人知人道之合於天道，即在此二語也。人能率天命
之性以盡天道，是即人道也。……故人道者，在率性以盡其仁義之
德而已。(《中庸證釋》，頁 70)

循其上天賦於我的理性良心的品德，發而應於事事物物者，人道也。

> 性本至淨，萬物皆備，無思無爲，無善無惡，循性自然，感而所應
> 而不染者，天道也。(《大學中庸講義》，頁46～47)

將虛靈不昧之明德自性，具體力行於生命之言行中，這是人道的實踐。我們
可就此了解，本天道以立人道，盡人道以達天道，這是民間教派一貫的精神，
以此表明天人不二。因此了盡人道中的每一事宜，乃爲體悟天道，以明天道
雖無形象，卻是實實在在存在於生活之中；雖是平常，卻不可稍離。藉以說
明修天道絕不是尋求神通陸離之事，更不是於深山幽谷自悟古佛。能夠將生
命理念落實於世間人群中，已算是修行者，待明師一指至善本源地，體悟性
命生死所在處，則天道人道已無差別。以有形身骸所作之事，則稱入世；無
形性靈之至淨無染，則曰出世，出世、入世同爲一事，不分不離。是故修道
絕不是形式上的比較，而是重在對天道的體會，進而實踐於人倫日用與社會
群體之間，故《大中眞解》言：「能得率性工夫，復命歸根，返本還源，自不
難矣。」(頁2)。準此而論，則性、命、天、道本是一體，沒有差別：

> 人與天地，一道所生。……人同稱大者，正以其有同出之道爲其性
> 也。人性自出，原本於道，而曰天命者，有二義焉：一、天地先生，
> 天先人生，人之所受，猶天之所受也。天生有名，道則不測，天道
> 一體，天命猶道命也，故曰天命爲性。……故天命者，道也；性者，
> 亦道也。(《中庸證釋》，頁73～75)

> 率性謂道，見性外無道，凡形氣與虛幻，皆非道也。……率，訓循，
> 猶隨也。道，猶路也，孟子所謂夫道若大路然。人物各循其性之自
> 然。其日用事物之間，莫不各有當行之路，是即所謂道也。天、命、
> 性、道四字，本是一理，體用兼賅，其實一也。自其主宰於氣化者
> 言之，謂之天；自天所賦於萬物者言之，謂之命；自人物所受於天
> 者言之，謂之性。自其循性之自然而行於事物者言之，謂之道。(《中
> 庸輯義》，頁2～3)

以宇宙全體而言，「道」爲天下母，老子以「不知其名，強名曰道」說明宇宙
之始。然之所以別立他名，主要解釋宇宙萬類之生成原理與現象。名之爲
「天」，乃因一切之造化運行，皆在此一軌道中運轉不悖，具有自然之意；名
之爲命，乃萬物之生命動力皆由天所令，具有天意號令的主宰意義；名之爲
性，則就個體之本質而論，具有本然性理的意思，綜而言之，俱是一「理」。
是以人之生雖稱天命，亦是道命，因爲性外無道，「道」雖無形無象，難以揣

測，然其具體落入各類物種之個體，則各顯其特質之性。因此言性、道、天、命只是為了解釋現象而言，四者無有區分。

　　觀察民間教派對《中庸》次句的釋解，可知其一本回溯本體之源為其詮釋重心，因此無論語言如何轉換，其傳道的核心宗旨不因外在文字而改變其教義思想，從此一閱讀角度可理解民間教派對《學》、《庸》的詮釋體系。

三、修道之謂教之詮釋

　　朱子對此句的註解云：「修，品節之也。性道雖同，而氣稟或異，故不能無過不及之差，聖人因人物所當行者而品節之，以為法於天下，則謂之教，若禮、樂、刑、政之屬也。」（頁 17）其對「教」的定義乃為制度之施與教化的意思，亦即人物之生，因所受氣稟之異，故氣質之性或善或惡，不能等齊，聖人因而設立各種制度，化導萬民百姓，使其去惡向善，展露本然性道相同的天命之性。民間教派在朱子學說對傳統社會的影響下，一本朱子因道設教的立場，發展其立論之言。

> 道者，所以返本復始也。返本復始，脩之功也。故聖人準人道以教人脩之，而返於本，復其始，斯即脩道為教之義。夫道體無形，性成為一，而天法道，性承天，則所謂脩者。返本復始者，盡之達之和之成之者，莫外於不違其性，不悖於天，不睽於道而已。（《中庸證釋》，頁 79）
>
> 道者，天賦本然之性，人得之而為五常之理，發於四端，施於四體，演為日用尋常事物當行之道。以其體言，人失本然之性，則靈去身亡；以其用言，人背當行之道，則近於禽獸。（《中庸輯義》，頁 6）
>
> 道者，首走也。言修道是頭一宗好事，窮理正心、修己治人，明天理、滅人欲。通天徹地，達古貫今，無始終、無邊岸。覆萬物者曰天道，載萬物者曰地道，修齊治平曰人道，窮理盡性曰聖道。天下第一宗好事，莫如讀書。讀書第一等高人，方能學道。諸陽在首，所以學道者，天下之首行也。（《大中真解》，頁 2）

聖人設教乃本道的宗旨而立，雖其主要目的乃藉著道的精神教化萬民百姓，使人人向道而行。「率性」謂道，此乃聖人要我們發揚本賦的天命之性，藉以體證天道，返本溯源，聖人因道設教之主要原因即在此。然因人人氣稟之異，

對於體證天道的稟賦亦不相同，因此立教之道必須以「人道」五常爲首。因爲「道」乃無形象、無對待、無終始的超然本體，若無人指引則難以認識其眞，故須落實天賦之德性，使百性有跡可循，藉「有」體「無」。是以「道」之終極精神乃返本復始，但若欲百姓溯源返本，「人道」之修爲其必要。故聖人立教，先從人道之施，以教百性，人之異於禽獸，乃因所稟賦的五常之德，若不知率性、體證道體，則與禽獸一般無異。因此，聖人因道設教，乃要告知天下眾生，「修道」乃人生第一大要事。以入世而言，修己治人、超苦拔難，利己利人；以出世而論，窮理正心、達貫古今，了脫生死，故言天下第一等人乃學道之人。據此可知，民間教派認爲，《中庸》所言「修道之謂教」的意義，首在了解聖人因「道」設教的苦心，有了此一基本認知，才能眞正體悟儒教修己化人的修道精神：

> 教也者，因人道而立其則，使民共覺而習之也。教立於聖人，而以修道爲旨，故曰修道之謂教。道本在人，與生俱生，何以待夫修哉。蓋道之爲道，內存於身，非如耳目手足之著也。人之生也，往往知有形而忘無形，知情欲而失心性。……故徇物逐情，往而不返，聖人憂之，始爲之著其道，明其德，以立之教。……聖人立教，必明指生之由來，性之所在，天人之際，道德之旨，不可不精思之，以達於本始之域，至眞之境。故《中庸》之教，必以明道爲先，而修養必以明性爲始，盡性必以全天爲歸也。（《中庸證釋》，頁71～73）

> 夫天道乃至虛至微，至玄至妙，無色相、無聲臭，無朕兆、無端倪，雖在人身，而人莫能知、莫能見。自落後天以後，拘於氣稟，蔽於物慾，遂失其眞，無復有人知道自身中，有此中庸之正道矣！是故上天特命聖人設教，闡揚天道至理，條陳縷晰，細分綱目，是謂彝倫道德，綱常倫理，明教後人，使人人易知易行，克念除慾，由人道而進於天道，修復性中本來面目，故曰：「修道之謂教」。（《文外求玄──學庸註解》，頁107）

> 聖人依性立法以垂訓於天下則有教，而教非強人於本無也。性道雖同，而氣拘物蔽或異，故不能無過不及之差。聖人因人物所當行之理，爲之品節防範，使過不及者，皆有以適乎中。爲辨其親疏之殺，使之各盡其性，則仁之爲教立。爲別其貴賤之等，使之各盡其分，則義之爲教行。爲之制度節文，使之遵守不失，則禮之爲教得。爲

> 之開導禁止，使之有別不差，則智之為教明。為之去偽存誠，使之
> 真實無妄，則信之為教著。推之天下之物，則亦順其所欲，違其所
> 惡，因其材質之宜，以致其用，則其取用之節，以遂其生，皆有文
> 物政事之施。此聖人所以裁成天地之道，致使其彌綸輔贊之功，是
> 教因乎道，乃修道之謂教也。(《中庸輯義》，頁 5)

聖人設教，以修己化人為主要目標，故其教化過程以人道為始，天道為終。設教立言的用意，主要喚醒人人本具之性。道降於人身，無論聖凡，本自俱足，只因氣稟所蔽，迷途失真。以宗教修行眼光而觀，人之最悲者，莫過於己身有之，而向外尋求。常人只知向外求法求佛，卻不知與生所具的自性佛；一般人只重視短暫的物質現象，卻不知無形的永恆。是以聖人立教，以人道為始，乃藉道德實踐之力，喚回人性之本然，藉政事文教之舉，使人人易知易行，達乎五常之德的基本要求；聖人立教，以天道為終，故必闡明生死所由，使人人返回先天之真，復命歸根。因此「修道之謂教」實含二義：覺與學。〔註 27〕所謂覺，乃指因道設教之人，其以道為本，了悟自性中庸，故立教指明天、命、性、道之所由，教導世人明其明德，《學庸淺言新註》言：「修乃盡性之能事也，教者化也。……聖人以至道化民，先使人人明曉性源之所在。」(頁 57、60) 一位盡性得道之人，乃由內而外：將本具光明之性推展至天下眾生，使人人明善復初。聖人仙佛即是本此「覺」的精神渡化世人。所謂學，即是接受制度教化之人，實踐聖人之教，藉外力以反觀自性，學習如何成為聖人，《中庸心法通論》云：「修持這種正道，天命之性，自然法則，聖人制訂的禮法，謂之教化。其目的在去人欲，存天理恢復本來之性。修道要有禮法可循、規律可依，才不會順情導慾，才不會差之毫釐，失之千里墜入輪迴。」(頁 13) 一位學道受教之人，乃由外而內：藉聖人所立的外在制度法規，省思本有之道。是以聖人因道立教乃以得道覺者的慈悲之心教化萬民；而受教者則須本學道的精神，接受聖人所制定的禮法規則，循規蹈矩，待明

〔註27〕 參鄭琳《中庸翼》(臺北：文史哲出版社，1982 年 3 月)，頁 140～141。鄭氏乃以個人的體道歷程而論，他說：從知說，教者覺也，生命途程的豁朗是在生命的清醒之中，除了天縱之聖的率性而為道之外，修道的途程乃是始於靈明的覺醒；從行說，教者學也，當我們率性而不為道，不具生而知之，安而行之的資稟時，那末，學而知之，困勉而行之，就是必要的修道工夫了。何為學？學為大人，學為君子以復其天命之性的純全，所以學就是明善而復其初的修道工夫。本文雖也認為「修道之謂教」具有覺與學的意義，但所觀察的角度不同。覺者乃屬於修道立教的聖人，而學者乃是受教的平民百姓。

師指點，則聖人之道即在眼前，儒教心法具體應驗，天人一體的眞實境界，
不假外求，就於己身實現：

> 修，品節之。品爲等級，節爲節制，隨輕重厚薄，莫不有一定之制以
> 限之也。聖人依其本性，因人物之所當行者而品節之，以爲法於天下，
> 則謂之教。若禮樂刑政、文物制度，詩書經典之屬是也。蓋人知己之
> 有性，而不知其出於天；知事之有道，而不知其出於性，知聖人之有
> 教，而不知其因，吾所固有以裁之成之也。（《中庸輯義》，頁3）

> 修者改也。修道之謂教，化新民也。教，教化也，修道使人人明德
> 叫教。我們照著天理良心去教化人，以期歸向正道，叫做「教」。人
> 落於後天，難免有毛病、脾氣。人要改毛病去脾氣，改惡向善，就
> 得受教。修道爲的是明理，自己能明理。也讓天下人人皆能明理。
> 在未明理之前如何去修，往何處下手呢？這就必須接受教化，接受
> 別人的成全，尤須先受明師一指，指明生死妙道，才能達到至善之
> 地。……性、道、教，其本皆出於天，而實皆備於我。天賦於人是
> 自然的，人順天行事也是自然的。（《學庸小註》，頁6～7）

修道的目的，就是要從被動的「學」者而成爲主動的「覺」者，也就是成爲
一位「明理」的人。人易落入「知其然而不知其所以然」的盲然，聖人設教
的根據，乃就本賦的天命之性而立法，其主要目的乃要世人藉此達本溯源。
因此，在未成爲「覺」者之前，我們必須去脾氣、改毛病，存天理、去人欲；
在未成爲「覺」者之前，我們必須要有虛心受教的精神，接受他人的渡化。
待明師一指，點明性道根源，當下明白宇宙萬物之本，則可謂「明理」之人。
一旦洞悉根本之源，即可知所謂「修道」乃盡原始之「我」的本然，絕非勉
強而行。常人認爲「修道」乃強人所難，主要在於被物欲所拘、氣稟所蔽，
認假當眞。而經過明師指引的修持者，即是要藉假（肉體）修眞（本性），
如此才是一位「明理」的「覺」者，也才明白天、性、道、教本是一體無別，
《中庸輯義》說：「性、道、教之所由分，其本皆出於天，而實皆備我也。」
（頁5）知此一原理，可知一切語言文字的分別，都是爲了渡化眾生，無有
他意。

　　中庸之三提說經過民間教派的詮釋，已全然的宗教化了，而其之所以重
視此首三句，最主要乃在於天（或天命）、性、道、教的解說，說明人之本源
與修道、立教之因。《中庸輯義》：「欲人知其本皆出於天，而實皆備於我也。

體用本末，一而已矣。」（頁 2）與《學庸淺言新註》：「中庸首節，曰天命、曰性、曰道、曰教，經旨奧義，已言盡無遺矣，其下係其用也。」（頁 60）二者說明了民間教派為何重視三提說之詮釋，雖然有學者一再強調中庸不可以「靈理」說解，〔註 28〕豈知民間教派正是循「靈理」系統釋解中庸，可由此可知學術界之觀察與宗教上之體察是大不相同的。

小　結

我們從民間教派對《大學》三綱領與《中庸》三提說的詮釋中，可以發現其共同之處：體證先天本性、發揚「性」之本然、教化萬民百姓，最終達到人人皆明其明德的「至善」之境。（雖說對於本性「至善地」的發現須要經過儀式傳授，屬於宗教的密契體驗。）由此而觀，自宋明以來，《學》、《庸》被視為性命之書，二書首章被認為是全書的體要，而三綱領與三提說又是首章的章旨，在傳統觀念的影響之下，民間教派認為二書所說實指一事，無非覓尋自性心法，文字雖異，目標實一。

以修道的角度而言，《學》、《庸》二書互為體用。《大學》以明德為本，《中庸》以明道為本；一重人事，一重天道，所談論的重點雖有差異，但其目標是一致的。因為德不明如何修道，道不修如何德明。因此《大學》雖談人道，但最終仍須回歸天道；《中庸》雖重天道，但仍須力行人道，才能與天合一，二者互為體用表裏，不可或缺：

> 天命之謂性，即「大學」之明德也。率性之謂道，即「大學」之明明德也。修道之謂教，即「大學」之在新民也。《大學》之三綱領，即「中庸」之三綱領也。（《理數合解》，頁 35）

> 明德，天命之謂性；明明德，率性之謂道；新民，修道之謂教。（《學庸小註》，頁 7）

以章要而論，從本性的體現以至教育化民，導人向善，《學》、《庸》所談本屬一事。明德乃天賦虛靈不昧的本性，也就是《中庸》所說的「天命之性」，具

〔註28〕 見熊公哲先生〈中庸要義臆釋〉，收於《中庸論文資料彙編》，頁 210～213。熊先生認為，《中庸》所言，大抵皆上達之蘊奧，夫子之所罕言也，學者非躬行而心得之，不易窺其旨歸所在。而佛老之說，誣性命以盡人者，亦往往託焉。熊先生雖已看出魏晉南北朝以後，以釋、道解釋中庸的現象，但其仍無法接受此一詮釋角度，力求回歸儒家思想本旨。

有五常之德；能夠將本具之光明德性發揚，即是《中庸》所說的率性；能讓眾生皆明其明德，去其舊染，現其本然，此一「新民」之功，即是《中庸》所謂修道之教。民間教派以修己渡人的角度解讀《學》、《庸》，使二書在修道的歷程中，修己不忘渡人，渡人不忘修己，內聖外王之功缺一不可，修己之「道」與化人之「教」並存，成為儒教的一大特色：

> 欲新民者，必先使其自明本性之「明德」；而新民於天下，協和萬邦。能率性而行，代天行道，宣揚道德，普化眾生；故《中庸》云：「率性之謂道，修道之謂教。」蓋有教無道，則天人路迷，不知來源，何能歸根？有道無教，則師生道絕。不知「明德」，道無以繼，何能新民？道全於己，可以繼天立極，參贊化育；道教於人，可以宏道新民，代天宣化。繼天立極，參贊化育，明體也；宏道新民，代天宣化，達用也。（《文外求玄──學庸註解》，頁18）

「道」、「教」並存是儒教修道的特性。「道」為本體，宇宙萬物之根源，若有道無教，則教落入獨善其身，真道將因無教之傳而滅絕；教之旨本是化民成俗之用，但若無本體真理為其依據，則必陷入乖張詭譎之說，不識本源，何能復性反本。因此，《大學》談明德，最終仍要新民；中庸談性道，仍須以教做為傳授之用。是以明德、新民與率性、修道所用之名詞雖異，但終極理念是一致的。因此，道全於己，則天人不分，本性回天，參贊天地之化育；道教於人，人皆新民，則真道可傳遍九州萬世。據此而論，民間教派之所以重視《學》、《庸》三綱領與三提說，正在於其互為體用表裡，道、德並修，道、教並傳的修道之功，也可看出儒教入世的修道理念。

第四節　民國以來一貫道對《大學》、《中庸》詮釋之關鍵

通常我們進入一貫道佛堂，可以清楚看到類似這樣的對聯「大學道千秋金鑑，中庸理萬世丹根」、「大學之道貫徹天地，中庸性理普傳萬世」、「明德新民止至善，一貫忠恕達本源」據此可知，一貫道對《學》、《庸》的尊崇與重視。而在一貫道自設的教育體系中，《學》、《庸》亦為其必修學程，將之視為修持過程中的必讀書。由於一貫道對《學》、《庸》的重視，因此在一貫道道親所開設的出版社中，有關詮釋《學》、《庸》的著作不勝枚舉，成為民間教派解讀儒家

經典的活教材。

一貫道之教義基礎奠定於其十五代祖王覺一，王氏理、氣、象的本體論與宇宙論，至今仍是一貫道道義的核心重點。〔註29〕「道在師儒，降於火宅」這是民間教派詮釋道統時的重心，故而儒家經典在這樣的傳道理念中備受重視。〔註30〕《學》、《庸》所談乃夫子之性與天道，一貫道對於修道的理念最重性理心法之傳，職是之故，《學》、《庸》成爲其修道、悟道的必備聖典。

一、理天──性命之本源

「天」是宇宙的本體，萬物之總源，這是傳統對天的認識。然在一貫道的道義中，「天」只是一個總名，而就其實，有不同的層級。故欲明性命之源，必須對「天」有正確的認識，如此才可修得正道。若對「天」的本然認識不清，則易墜入左道旁門，認假爲眞，苦修而難成。

中華民國一貫道總會主編的《一貫道簡介》敘述一貫道教義時，首揭「理氣象三天論」的思想，其言：

> 宇宙間不外理、氣、象三者。理無形無象，至虛至靈，爲天地萬物之根源……氣者，係屬太極，氣天也，爲無極理天所化……象者象天也，爲太極氣天所化，即形形色色有實質可見的世界，在天爲日月星辰，在地爲山川動植。故，理爲主宰，氣司流行運化，象係形象，乃顯示也。（《一貫道簡介》，臺南：青巨書局，頁9～10）

關於理、氣、象的宇宙論，一貫道紹承王覺一的思想，以理爲主宰，氣爲生

〔註29〕根據清廷檔案，王覺一之傳教活動在當時頗爲活躍，而其每到一處傳教，都會贈送信徒其著作，故其著作至今仍流傳。從王氏的著作中，可以清楚看到理學思想對民間教派的影響。王氏著作的特色，在於「理、氣、象」的天論。理天是天體的主軸，萬物的根源，是宇宙主宰與本體；氣天則是天地萬物生成與變化的動力，舉凡天地運轉、星宿運行，日月更迭、四季交替，俱是氣天的作用；象天則是現象界中的一切。在心性論上，王氏承傳理學家本然之性與氣質之性之說，所以人之本性源於理天，純善無惡；降生之時受氣天之氣的干擾，故有善有惡；而人在現象界中，甘食悅色，不視本來，故屬於惡。而修道所要修者，即是回返理天的本然之性。王氏亦承明清以來民間教派「三期末劫」的說法，在末劫來臨時，氣天、象天俱毀，而人居象天之中，必先受道波及，因此其傳道的本義在於渡人救劫。王氏在教義上影響一貫道最深遠者乃其「理、氣、象」之宇宙論以及救劫的觀念，詳參拙撰碩士論文。

〔註30〕根據宋光宇先生的田野調查與研究，一貫道在教義上多以闡揚儒家五常爲宗旨，紹承傳統的倫理觀念，以弘揚儒家思想爲主。見氏著《天道鉤沉》，頁243。

成動力，象是現象界形色聲聞的存在，今在一貫道道場通行，署名濟公活佛所纂述的《一貫道疑問解答》〔註31〕解釋「何謂理氣象三天」時說：

> 理天，就是真空。沒有形色，沒有聲臭，只是一團虛靈。潛的時候，至虛至靈，寂然不動，大無不包；現的時候，至神至靈，感而遂通，無微不入。雖是沒有形色，而能生育形形色色；雖是視之弗見，聽之弗聞，卻是體物不遺。沒有生他的，他也不死不滅，他是永遠靈明，永遠存在，並且永作萬類的根本。無論氣體物體，都沒有脫離他的可能。萬物存在，他固然生存，萬物消滅，他依然存在。心經上說『不垢不淨，不增不減』那就是說他的本體。（臺北縣三重市：大興圖書，頁 24～25）

對於氣天的描述說：

> 氣天，宇宙間的氣體。普通也稱為天，因為氣體輕清的是天，重濁的是地，輕清屬陽，重濁屬陰，陰陽對待，即稱為乾坤。乾為天，坤為地，我們嘗說『天地萬物』這個天就是氣天。如果沒有這個天，而地也不能支持，人物也不能生長，日月星辰也不能懸掛，並且一切有形色的物件，都不能存在。所以他的功用，就是流行升降，默運四時，終始萬物。（頁 25）

敘述象天時說：

> 象天，就是形形色色，有實質可見的一界。在天日月星辰，在地山川動植礦，換句話說，凡有形體的物件，無論有情無情，都是屬於象天。（頁 25）

由一貫道書籍對於理、氣、象三天宇宙論的詮釋，可以清楚了解其教義理念完全是承襲王覺一的思想。理天是本體，無形象聲臭，至虛至靈，永遠存在，雖然寂然不動卻能感通萬物，為宇宙的根本，萬類的主宰；氣天則是可眼觀目睹之天，一般我們所看得到的天空；象天則是動植萬物所居處的現象界。以理天為本體主宰，修道的終極目標即是指此一本源，故一貫道闡釋《學》、《庸》所談之儒門的性與天道，即是以此為依歸。

〔註31〕《一貫道疑問解答》乃於民國 26 年（1937）由濟公活佛扶鸞所著，對於一貫道道場內較常發生的疑問作簡答。後有一貫道信徒夢湖以此書為底本，為之作註解、改編，更名為《性理釋疑小註》（草屯鎮玉珍書局出版），於一貫道道場內廣為流傳。

理天在一貫道信徒的心中是一個神聖空間，其乃無形無象、無始無終，寂然不動、感而遂通，又稱爲無極理天，其乃一切之根源，故人物之性命源自此一神聖之地。以修持的角度觀閱《學》、《庸》，其所言之重點在於性、命、天、道之所由，一貫道以「理天」思想爲中心，以此詮釋《學》、《庸》：

> 天乃理天也……道自理天所出，佛心普渡萬緣，自性大源，賦自理天也。天者，非氣象之天，乃眞空至靜無極理天也，在天未命於我之前曰理，旣命於我之後曰性耳，理與性無別也。(《學庸淺言新註》，57)

> 蓋人之本性，來自理天，性即理也，本來面目，乃眞實無妄之至誠也。(《文外求玄——學庸註解》，頁 156)

中庸首言「天命之謂性」，而因一貫道對本體之「天」有特定的意義，故須強調《中庸》所言之天乃是「理天」，《學庸小註》言：「象，暗而不明；氣，有明有暗；理，本體常明，至善之地也。」(頁 6)所說即是理天之至淨無染，人稟此理而生，故本然之性至善光明；氣天則已非純善，兼有污濁，人之出生因受此氣之影響，故後天之性有善有惡；象天則盡是充斥形象聲色之景，最易使人迷失其中而不知，故人之所以迷眞逐妄，乃在此一象天空間之中。承繼「性即理」的修持理念，本然之性來自理天，故修道的正鵠必以性命之所來爲目的地。故而《大學》所說的「至善」即指此地：

> 止至善……本性應當所止的地方，修道率性成眞，達到理天極樂的境地。……性善即爲明明德之所在，明德者，人之所得乎天，即天命之謂性也。(《學庸小註》，頁 5～6)

> 《大學》經典，教人修道，吾道一以貫之，一理散萬殊，萬殊歸一理，本性要回理天，大道傳世，後人悟明眞理修道，立聖甚多，世人所共知也。(《大學一理解剖》，頁 18)

「至善」地就個人而言，乃是明德本性之所在，也是性命的本源；若就整體而觀，則是指萬物之本源——理天。因此大學之道即是學「大」，亦即學天，而學天意指學「理天」之道。是以本性必須回歸理天，與理天主宰同體同德，超離於氣、象之外，永無生滅之苦。

以「理天」爲本體主宰解釋《學》、《庸》，這是一貫道對於孔門心法之根源所作的詮釋，藉此了解《學》、《庸》所論之性與天道的微言大義。一旦我們了解其解讀《學》、《庸》之關鍵語詞，就可較容易理解一貫道所傳達的宗教思想。

二、玄關——生死門戶

　　「三寶」是一貫道在新進信徒的求道儀式中，所傳授之心法，〔註32〕包含合同、玄關、口訣。合同乃禮拜時的手勢指訣；口訣爲無字眞經，以心印心，默記於心，藉以對「道」的體會與了悟；玄關則是直指本性之源，修道、悟道之中心。三寶心法是明清以來民間教派於入教儀式中必傳的修持方法，合同與口訣會隨教派與時代而有所更改，唯一永恆不變的，即是吾人之自性本來。〔註33〕

　　「玄關一竅」最早是道教煉丹的術語，又稱「玄牝」、「玄關」、「關竅」其觀念源自老子《道德經》所言「玄牝之門」。〔註34〕老子認爲「玄牝」是「谷神不死」、是「天地根」，其將「玄牝之門」比喻爲天地造化之源。雖然老子並沒有指出「玄牝之門」究竟於何處，但是後代的修道者皆以尋知「玄牝之門」作爲他們修道的關鍵，並且認爲此一「玄牝之門」不僅是天地之源且就在自身之中，因此點明「玄關竅」成爲民間教派於傳道過程中的重要儀式。〔註35〕

　　「玄關」是人之自性本體的所在地，古之修道者所要參悟者，以了脫生死輪迴即在此。「玄關」雖就在己身之中，但若無明師指點，則苦修不知其所，是以一貫道在求道儀式中強調其神聖性即在此。若能明白自性所在處，則可體悟聖人仙佛所傳之千經萬典所指爲何？經典所言，不過是藉由文字傳達本體之奧妙。

　　一貫道的修持，非常重視己身本性之源，也就是玄關〔註36〕之所在，玄

〔註32〕傳三寶在一貫道中是屬於神聖且神秘的。必須經過獻供、請壇以及引保師及新求道人當愿，點傳師在神聖的空間（佛堂），經過傳道神聖的儀式傳授三寶。因爲三寶乃一貫道至高的修持方法（又稱性理心法），非人非時不傳，故新求道親在點傳師傳授過程中，以心印心，須由點傳師於神聖的空間與儀式中傳授，是以不可私自傳授。職是之故，通常於求道儀式結束後，都會囑咐新求道親不可私自傳授他人，若有緣人欲求道，必須本人至佛堂，經過上述儀式之後，再由點傳師傳授。由於傳授三寶時是屬於神秘的（也就是所謂的密契經驗），故而早期一貫道常因此而遭到誤解。關於其他宗教對一貫道的攻擊，可參宋光宇先生之大作《天道鉤沉》。

〔註33〕詳參林萬傳《先天道研究》第三章第一節「心法」部分。頁 1-57～1-59。

〔註34〕中國道教協會編《道教大辭典》「玄關一竅」（北京：華夏出版社，1994 年 6月），頁 413。

〔註35〕明清以來的新興宗教大多數有「點玄關」即「點香」之儀式。其法係以香枝引點佛燈，指向入教者之玄關部位。儀式本身具有深遠的意義，告知入教者人之本體之所在，由是修行，超凡入聖，了斷生死。詳參同註33，頁 1-52。

〔註36〕一貫道所謂的「得道」乃展現在其「點玄關」的儀式上，關於明清民間教派

關爲本體之由，爲性命之所，故玄關代表性命之根源：

> 道出自理天，賦於人身謂之性，那麼道性一者一體也。今天我們得
> 一，才知一之道理也，性得之理天，神爲元神，隨身之有無，從受
> 胎以得其生，凝於無極之中央（玄關），主宰生身之造化，故性在人
> 存，性去人亡。所以人之軀殼不能離開這道也，離開即亡矣。（《學
> 庸簡解》，頁 95）

> 修道率性成眞，達到理天最好的地方，即極樂世界。渡化世人達到
> 最好的境界，叫人在生時，自性放在玄關處。（《學庸小註》，頁 10）

玄關乃主宰我們性命之所，故不可須臾離也，也可說是「道」降於人之處，
攸關性命之存亡。修道所要修煉者即在此也，歸根復命亦在此，達本還源也
在此。據此可知，其所言之玄關處即是落入個體之「明德」居所、「至善地」
以及中庸之「中」：

> 「中」字之義，乃口中一直，上通天外之天，下貫大地九幽。「口」
> 字範圍上下左右四方，即表示宇宙之意。「1」一直者，即無極之眞
> 理，太極之一，至中至正，不偏不倚，法一之中道也。中道者，居
> 於中央戊己之眞中，眞空生妙有，眞虛統至實，由無形而生天地萬
> 物之有形，由無聲而發天下萬種之有聲，萬靈萬彙之所從始，四端
> 萬善之所由生，即天之理、無極之眞，是謂眞天大道之奧竅，吾儒
> 所謂「至善地」。（《文外求玄──學庸註解》，頁 102）

以整體而言，「中」乃宇宙之本，即是理天。就個體而論，本然之性源自無極
理天，落入於個體之中，即是河圖所指之「中央戊己土」屬信，居於人首之
正中，此處統萬萬四端，眞空妙有，靈明至實，雖有而不知其有，卻是性命
之大源，也就是《大學》所說的「至善」。其對「止於至善」之描述曰：

> 止於至善者，止於至在而不遷也。……止住在一竅，無聲無臭中至
> 善之體也。……至善而明德也，止於至善者明明德也。孟子曰：十
> 二時中，念念不離。有子曰：君子而時中。子思曰：上天之載，無
> 聲無臭矣。金剛經云：如是我聞，一時應如是住，如是降伏其心。
> 五祖曰：應無所住而生其心。道祖曰：返朴歸眞。常無欲以觀其妙，

與一貫道對「玄關」之重視與解釋，詳參林榮澤（孚中）《一貫道發展史》之
「伍、普渡的驗證（一）『玄關寶藏』」（一貫義理編輯苑，臺北縣板橋：三揚
印刷總代理），頁 297～332。

常有欲以觀其徼。清靜經云：眞常應物，眞常得性，常應常靜，常
清靜矣。心經云：觀自在菩薩，行深般若波羅密多（在者止也）……
惠能曰：不思善不思惡，正與應時，那個是明上座，本來面目。（《大
學中庸講義》，頁 14～17）

所謂「止於至善」，在一貫道的解讀中，乃「止住一竅」，此一竅乃明德自性
之本來面貌。以是引用許多聖人仙佛之言，以證三教聖人所言乃同屬一事。
我們姑且不論其所用引文是否正確屬實，〔註 37〕但是可以肯定的，其所欲詮
釋者，皆在於自性之形容。儒取「中」之義以及中庸末章對至德之形容；道
家則以「觀徼」與「眞常之性」；佛家則以金剛經之無住之心與心經之般若及
六祖惠能所說自性之本來面目，所強調者，皆要說明與生具足的光明自性。
其中所引用的三教之言，皆是平民百姓較易接觸的經典與語詞，以此告知信
眾三教聖人所言實是一事，修道必須得其「竅」，此「竅」即儒之「至善」，
道之「玄牝」，佛之「金剛」，總而言之，即是「玄關」：

要止於至善定要明理，才不會半途而廢。要明理，一定要接受明師
指點。（《學庸小註》，頁 11）

求明師指開玄關，即爲知止地。（《學庸簡解》，頁 9）

修道一定要「止於至善」才知爲什麼要修道，才知修道本是自然，而非強人
所難。一旦知此道理，不論過程多麼堅辛，都會以修到至善之境爲目標。而
要知「至善」地，一定要經過明師指點，指出人人之自性處，指出明德本性
所居之「至善地」。

「玄關」是本性之所，也是性命之根源，依民間教派的說法即是「眞我」；
而形骸肉體乃爲「假我」。「假我」隨時會死去、腐朽，而「眞我」亙古常存。
人之輪迴，即是此一「眞我」隨形骸而流浪生死。點出「玄關」所在，即是讓
信徒明白自性所在地，此一明德本性，虛靈不昧、五德具足，奈因形骸受現象
界聲色誘惑而迷眞逐妄，不識本來。因此點出「玄關」至善地，主要在於生從
此處來，嬰兒呱呱落地，先天靈性從此貫入，故死須從此處去，如此才是得正

〔註37〕民間教派對於經典的解讀，通常有「萬經皆我註腳」的傾向，他們以宇宙主
宰與自我天命之性爲讀經的重點，因此在經文的引用上，有時會有「斷章取
義」或錯引，以及借經文之文字，做爲解讀教義所用的現象。我們不能就此
而責怪他們，因爲他們對信仰有其宗教式的詮釋角度；再者，宗教的修行重
視體驗與實踐，語言文字只是工具而不是修行的憑藉，這是宗教家與思想家
面對經典詮釋的不同態度。

門而出入。一般人不知生死門戶，故身死亦再墮入六道輪迴，不得回天之門。

理天是一貫道修行的終極地，人物之性皆由此而來，故應返此而歸。理天之性降在人身中謂之「至善地」，也就是性命之源——「玄關」。了解了一貫道的這兩大修行目標，則我們就可以理解一貫道解讀《學》、《庸》的關鍵。將此二觀念置之於《學》、《庸》所論的性與天道，就可以理解一貫道所解讀之「道」的意義了。

第五節　《大學》、《中庸》所指涉的終極目標

民間教派對於《學》、《庸》的重視，主要在於儒教心法之傳盡載於此二書。整體而論，《大學》是用、言「德」乃教人之事、以明德新民為宗旨；中庸是體、言「道」乃學道之事、以成己成物為依歸，故《大學》、《中庸》互為表裏。成己成人、修己渡人，這是儒教外在淑世與內在性靈濟度的修道方式，而對於二書在終極目標的詮釋，亦本此一宗旨而述。

一、止於至善，明明德於天下

民間教派對於「大學之道」的最終期待乃是人人皆能「止於至善」，這是儒教修道的終極目標。將入世化導人心的外王之業，與出世修煉性靈的內聖之境結合，成為既符合傳統社會倫理，又可滿足人之內心對宗教聖境期盼的修行方式。因此，民間教派認為修道須修己渡人二者兼顧，故而許多教派強調成全渡人的重要，最主要乃是儒家精神的承紹。就入世而言，人人皆明其明德、止於至善，這是他們對世間人事的努力與實踐。

《學》、《庸》互為體用表裏，是以二者須互參，缺一不可。欲達天道須先修人道，這是民間教派一再強調的修道重點，由平常日用之中見「道」之自然奧妙，《中庸證釋》言：「中庸之行，見於庸言庸行，即《大學》止慈止孝，為止至善之本一義。知其終始，而後通達，故曰一貫，言始終由此致之。」（頁357）可知力行人道之常，由人道參天道，這是民間教派不離人世關懷的終極之境：

> 《大學》、《中庸》，一言教一言道，而皆以明德為明道也。故《大學》以明明德為學，而其終則止至善。《中庸》以修道為教，而其中皆論成德之事。故德即道，欲明道，不可不明德，此教之勉人修身，而必以仁義禮智種植德目以勵其行也。（《大學證釋》下冊，頁72）

> 《大學》言明明德，即爲推己，恕也。止至善即爲盡己，忠也。忠
> 恕皆至，是德全而道凝。德全道凝，純乎至性，所謂至誠至聖之域
> 矣。故曰一以貫之者，忠恕之道也。(《中庸證釋》，頁 320)

儒教最重一貫之道，亦即忠恕之道，忠以盡己、恕以推己及人。故《大學》
由己之明德而教人明其明德，己達止於至善之境亦教人止於至善。明德、親
（新）民、修道、成教，所言皆由己而推之天下萬民。是以《大學》談明德，
最終目的乃是明道；中庸談明道，須以明德爲首。而欲明德自現，則又須以
實踐人道使之日益光明。因此，推展儒教一貫忠恕之道，首須以「明德」爲
目標：

> 「明德」乃萬事萬端之發源地，萬德萬善之樞府，良知良能之源泉，
> 知覺生死之主宰，人鬼佛聖之關頭，升降沉浮之總樞機也。故曰：「本
> 立而道生。」(《玄外求玄──學庸註解》，頁 28)

以得道者之「覺」的角度談論人性根本，明德爲人之本然天性，其乃性命生
死源頭，故成仙做佛、居聖爲賢，皆賴明德自性之光明；若不知琢磨本性，
使之黯淡帶罪，則沉淪於六道，本來面目漸失，回天之道遙遙無期。因此，
得知「明德」之地與本然是修道者的首要之事，因爲其乃修行之最根本，身
亡形滅後，佛聖人鬼之道，皆賴生前明其「明德」否？所謂「本」即在此，
而「道」亦在此。

　　《大學》首章三綱領以止於至善爲目標，首章末更以「自天子以至於庶
人壹是皆以修身爲本」做爲推展大學之道的終極理念，也是實踐明德、親民、
止於至善的最終期待，民間教派亦就本此精神推展其成全渡人的外王之業：

> 無數人，同此一性，性海圓滿，併無一點缺，久自人不善，喪了良
> 心，性海遂不圓滿，固是不能已止，就是一家一國的人都善了，性
> 海仍不圓滿，仍不能已止。必然待世界的無量人都善了，性海方到
> 了圓滿的時候，方爲大同，方爲至善。(《新註大學白話解說》，頁
> 13 右)

> 性大者，非一人獨具，天下萬民悉具也，天下有一人未復其本然性
> 大，則我性何足爲大？……視人猶己，性係同胞也，我覺性，同胞
> 迷性，我心何忍？故應實踐親民渡眾，捨己從人，化人人爲善之責，
> 躋世界爲大同之任。人人身有所循，心有所歸，性有所安，則我臻
> 至善矣。(《學庸淺言新註》，頁 12)

「止於至善」並非我一人知止而已，而需達成人人知其所止，人人明其明德自性。原因無他，只因天下眾生皆是所同出，皆由主宰之天賜予虛靈之性，只因落入後天，受氣稟物欲所惑，迷失本來，故不知本源何在。是以渡盡天下人，使人人明其明德，得「至善」之道，返本歸根，同體同德，這是儒教入世的終極理想。一人德不明、不知止至善，則我之德明、知止亦有所缺。因為眾生之降世人寰，本是同體，無有差異，如一圓形，相依相成。是以天下有一人德不明，則此圓亦不圓滿，有所缺憾。因此大學之道不是特殊之人才可得，而是天下之人皆可得。是故上自天子，下至平民百姓，人人皆以明德、止於至善為目標，如此大學之道才算完成：

> 中庸之道……以立己立人成己成物為功。……儒者首揭中庸脩道為
> 教之旨，則成行必以成道為期。而成道之方，雖不一途，仍必先有
> 其定心一志之道，而後能深造乎道也。故大學首明明德，而必終以
> 止至善。（《中庸證釋》，頁339、495）

> 自從天子一直至眾平民，都是明在不二法門，獨一無二的理之
> 本。……自從天子一直至眾平民，一切的都是要明上天賦於我的性
> 王，中心得位，心意五官四肢，相率從正，譬如北辰居中，眾星拱
> 衛。（《大學中庸講義》，頁40）

明德新民、修道立教，這是儒教一貫的宗旨。民間教派將之落實於宗教生活的實踐，也就是所謂的行功立德。行功屬外王，渡盡天下眾生，無論賢愚貴賤；立德屬內聖，修復明德自性。是以修己以立己，渡人以立人，使天下人人皆明其明德，皆止於至善，如是則儒教之入世目標才算完成。

　　從修己渡人的角度觀察民間教派解讀儒家的入世關懷，可知其雖將《學》、《庸》宗教化，但基本上，他們一本儒家人溺己溺的精神，拯救群生，只是他們將之超越化，以超越的覺醒〔註38〕、回復人人本具的性靈為使命，由此可見其入世的宗教精神。

二、終極之境 ── 上天之載、無聲無臭

　　終極之境的追求是每一宗教信仰者所嚮往之處，對信奉者而言，這是內

〔註38〕大多數的宗教有一共同的因素，即是本身是涉及對超越的覺醒。宗教經驗與
　　　　超越有關，僅管超越有不同量度的定義。參賈詩勒（Norman L. Geisler）著、
　　　　吳宗文譯《宗教哲學》（香港九龍：種籽出版社，1983年5月），頁25。

心一種絕對的依賴感，〔註 39〕也是人類心靈對無限境界的渴求，〔註 40〕更是奉道者性命歸依之所。民間教派對儒教的奉行雖以入世修煉達成對世人性靈的濟度，但是回歸至修道的最終處所，才是宣揚儒教的主要意義。

　　《學庸小註》說：「中庸的道，本於天，原於性。天是性的本源，所以開首由天說到性，由性說到道，由道說到教……一切的事，都是盡性的功能，盡性到了極點，便與天合，所以末了一章，歸宿到『上天之載，無聲無臭』此乃教人學天，以返我本來面目也。」（頁 171）以天始、以天終，這是《中庸》一本天道化人的根本精神。因此民間教派認爲，由本文的「天命之謂性」迄至末章「上天之載」都說明了天是人之根源，故最終亦須以天爲歸宿，如此才可以直契天道之眞。故而天下一切，都是本性份內之事，所談的修煉方法與過程，無非要人體證本我，返回本來面目，以合天道。在這樣的修道理念中，對於儒教終極實體的詮釋，民間教派對於《中庸》末章之「上天之載，無聲無臭」多有發揮。《中庸》末章之本文言：

　　　　詩云：『予懷明德，不大聲以色。』子曰：『聲色之於以化民，末

　　　　也。』詩云：『德輶如毛』，毛猶有倫。『上天之載，無聲無臭。』

　　　　至矣！（頁 40）

《中庸》本義乃言個人明德之極，以此教化百姓，百姓以其德爲準則而奉行之，浸濡其中而不知，以說明用聲色、刑罰教導民是不足取的，可知其本義乃爲政教之用，然在民間教派對此解釋，則將重心置之於末句，與本義有別。

　　就修道者而言，終極至境有兩層境界上的意義，一是屬於個人的修行境界，一是屬於宇宙本體主宰的描述。前已述及，個人修煉的終極至境是「止於至善」，《學庸小註》即言：「儒家至善之境即道之先天，佛之淨土地。止至善者，即道之成眞，佛之正果也。」（頁 32）此乃形容個人修成正果，返回本體之天的境界而言。而對宇宙主宰化育天地乃於無聲無息之中造設萬彙物

〔註 39〕施萊爾馬赫（Friedrich Ernst Daniel Schleiermacher）認爲，宗教信仰就是"一種神性意識"（a consciousness of divinity），也就是說，作爲一個宗教信徒並不僅於信奉外在的結果或表現，關鍵在於心裡擁有一種"絕對依賴感"即"無限感"（the sense of infinite）。見張志剛《走向神聖──現代宗教學的問題與方法》（北京：人民出版社，1995 年 12 月），頁 95。

〔註 40〕保羅‧田立克（Paul Tillich）認爲，人類心靈之所以渴求無限的境界，是因爲有限之物視無限爲其所歸，當有限之物進入無限境界時，其一切需求都會獲得滿足。見氏著、魯燕萍譯《信仰的動力》（臺北：桂冠圖書，1994 年），頁 13。

種，其自然奧妙深不可言，是至極的本體，在寂然肅穆的運轉中，感應萬物：

> 上天之主宰，以眞空至理，生育天地，運行日月，長養萬物。一無
> 聲色，二無氣味。無聲色者，清也；無氣味者，虛也。清虛之極，
> 毫無一物，故曰無極。無極者，極於無也。……如是始能造乎至理
> 之極也。（《學庸淺言新註》，141）

> 上載之道，乃眞空妙理，一無聲色，一無氣味，清虛之極，毫無一
> 物。至虛至靈，至微至妙，其玄其妙，無有限量之終極也。（《文外
> 求玄——學庸註解》，頁 253～254）

「無聲無臭」是形容宇宙主宰開闢天地最極妙之言，在至清至虛的本然中生
育天地、運行日月、長養萬物；其虛靈至極，不著一物，雖不著一物，卻可
包含萬物，故又稱「無極」——無以窮盡的至極之境。而其主持天地萬類奧
妙之處，並不是現象界之「有」，而是其「無」的本來。由無生有，此乃現象
界的存在，人人可以耳聽目視，自探其道；而由有體無，則需要對性命有深
刻的認知，與修煉的眞體驗、眞功夫。因爲，世人常被絢麗的現象假相所迷
惑，而捨棄假相外之常而無息的眞理。是以民間教派認爲，《中庸》之言雖是
讚嘆主宰之天，然其言外之意，乃要告訴修道之人，所有物皆從「無聲無臭」
之處化育而來，故人之本來亦是「無聲無臭」，回溯此一與主宰同體的性命原
貌，可說是修道者在修煉過程中，極具關鍵的修爲工夫：

> 上天之宰，至無而含天下之至有，至虛而統天下之至實。凡聲色皆
> 於此有其端倪，凡臭味皆於此有其朕兆。藏於至靜，則極天下之無，
> 欲聽之而無聲可聽，欲聞之而無臭可聞也。夫聲臭有氣無形，已極
> 至妙，而又謂之曰無，則德之微妙，已無跡象之可見，可謂直抵於
> 無極而無以復加矣。以此形容君子不顯之德，若無若虛，同其不貳，
> 非窈冥之爲神也，同其不已，非杳紗以爲化也。上天之載，無聲無
> 臭，其不顯之德不亦至其極乎！……無聲無臭，又極乎天命之性，
> 實理之原而言也。（《中庸輯義》，頁 228、229）

> 上天是無聲無臭的，人的本性也是無聲無臭，盡性至命，到了歸宿
> 地方，仍是無聲無臭。（《新註中庸白話解説》，18 右）

> 上天之載無聲無臭，無聲無臭是性的本體……人的本性也是無聲無
> 臭的。然道由於性，性命於天，體道可以盡性，盡性可以達天，所

> 有我們能盡性至命，到了歸宿的地方，仍然是無聲無臭的。無聲無
> 臭的地方，正是天地的樞紐，在天稱理天，在人稱至善地。(《四書
> 心德——大學中庸》，頁199)

「至無含有，至虛統實」本就天之本體而言，然就其落實於人而論，未嘗不
是如此。人之性命根本，正是此一無聲臭形象之「性」，失此根本，則肉體即
將隨之而腐朽。是以人之肉體雖可觸摸，有其形象可以感受生命具體的存在，
然而此一形象卻不是永遠存在，只是一個暫時性的物體現象。職是之故，修
道者所要追求的境界，乃是此一無端倪與朕兆的實有之性，「無聲無臭」為其
本然，可見人之本來，與上天之載實一，其德至極，不著形象痕跡。修道者
若達於此，則其德之微妙至極，已與主宰齊一。因此，「無聲無臭」象徵著宇
宙原始的極妙之境，無人我的差別，一切具在此一極妙之界之中；無天人的
差異，同具丕顯至德，神聖微妙，何須區分。因此「無聲無臭」雖是天之本
然，更是性命的本來，修道的最後終極處，即是達到此一「無聲無臭」的天
地樞紐。

修道以達「無聲無臭」的境界為正鵠，這是民間教派本著天人一體無二
的理念對終極至境所作的詮釋。而在教化信徒、宣導教義的傳道歷程中，亦
須本此精神化導眾生，藉以證明《中庸》所言「聲色之於以化民，末也」的
聖人之言，並以告誡修道者，凡是著聲色、形象者，皆非正法真道，有心向
道者不得不謹慎小心。一旦貪戀光怪陸離的神通法術，極易墜入旁門左道，
不得正法，最終仍難免輪迴之苦：

> 有聲有色，則著氣象，而欲聲色覺性，則無此理。……以真空至理，
> 而覺萬民之自性，使萬民之自性，各臻於理而後已焉。(《學庸淺言
> 新註》，141)

> 金剛經第三課，佛告須菩提菩薩，有我相人相眾生相壽者相，即非
> 菩薩。末章三十二課又云，不敢於相，如如不動。《中庸》第一章經
> 文開口說，天命之謂性，率性之謂道，末尾第三十三章又說，上天
> 之載，無聲無臭，合而觀之，佛儒之道，均在修性上用功，絕不著
> 一點形相。(《學庸白話解》，頁56)

> 上天之載，無聲無臭至矣，就把整個聖人思想表達出來，讓修道者
> 有法可依，有字可尋，有目標可前進。……告誡修道者，要由本性
> 本體起用，外才能於相離相，內才能於法離法才能超凡入聖，真是

最高深，最眞實的修道方法。(《中庸心法通論》，頁 337)

不假聲色、不著形象、不借任何法術神通，凡是由自性本體做起，雖是庸常，卻是最眞實的修道法。是以修道、傳道、教化眾生，皆須以「無聲無臭」的目標爲主，三教聖人所言，亦本此精神而揚道。金剛經所說的凡所有相皆非菩薩，即是最好的證明。因此，修道須以明道盡性爲根本，而傳道亦以正法眞理爲主要，須知一切法乃爲渡化眾生而用，眾生皆已明德盡性，法有何用？若不識此眞機，本末倒置，執於法而迷失修道的本旨，枉費其向道修持之心。因此修煉的歷程中，無論修己渡人，聖人以「無聲無臭」告誡世人，一切法皆屬虛無，修道須離法離相，回溯明德自性之本來是唯一目標，此爲修道之眞實意義。

「無聲無臭」是民間教派解讀宇內宙主宰、個體自性、修道、傳道之終極目標。通達本源、體悟自性本來是其不變的理念，此爲三教聖人經典傳世的意義與目的，若能深透箇中所傳達之眞理，以此爲依歸，則可了解三教聖人所言修道的終極至境，即在此一「無聲無臭」微妙涵義之中：

> 佛言無色界天以上爲淨土，即至境。《中庸》以無聲無臭至矣，結全書之義，明至境之眞，正與佛同。無聲無臭，即超無色天上，故稱爲至。人之脩道，必達此境，始爲至誠，《大學》之至善者亦此義，故曰靜、曰安、曰慮、曰得，得斯境而常往之，是爲止至善。佛之淨土大定，老之常樂我淨，皆明指脩道之成，眞實不虛也。(《中庸證釋》，頁 507)

言淨土、至善、無聲無臭，其精神宗旨並無不同，所異者在於所使用之文字與其所形容的語詞。以此證明世間所有一切都是可變的，唯一不變的乃運轉化育天地的本體主宰與明德至善的自性。因此，「無聲無臭」象徵著修道的指引與修道終極地，說明修道是人生必走的路程，也是回歸本我的光明之路。

「無聲無臭」象徵著天人一體的至德至善，故修道之成，即在於返本溯源，回歸原來。民間教派認爲，此爲儒教修道的終極目標，因此所言已超出《中庸》本義以及朱子以「德」爲主的詮釋範圍，其以修道、傳道、成道解讀此一語詞的涵蘊，使得此一語詞成爲宗教上的重要語彙。

從民間教派對於《學》、《庸》命名的解釋，以及二書章旨的三綱領與三提說的解說，迄至終極目標的詮釋，可見《學》、《庸》在宗教信仰者的解讀中，又開展出不同的註解系統。

　　若運用黃俊傑先生所提「句──文──書」的詮釋理論，覘視民間教派對《學》、《庸》的解讀，可以清楚的發現，從「大學」、「中庸」名稱的定義以至內容的詮釋，若忽略其中一環，以傳統的解釋角度閱讀民間教派詮釋儒家經典的著作，將是扞格難入。就此可以確定，民間教派有其解釋儒家經典的注疏系統，而此一系統雖受到了大傳統的影響，卻又開展屬於宗教修行，不同於學界的注疏系統，此一現象，實不容忽視。

　　由民間教派對《學》、《庸》首章的解讀可知，他們認為二書所用的語詞雖不相同，但是終極目標是一致的。因此可時見他們用相同的觀念解釋二書，以表示《學》、《庸》二書在修道之途是屬於同一套必讀的宗教聖典，不可將之分裂。是以閱讀民間教派解讀《學》、《庸》之作，必須二書同參，方可見其註解《學》、《庸》之脈絡與關鍵。

第五章　民國以來民間教派對格物致知
　　　　　與誠意慎獨之詮釋

　　自宋以來,《大學》、《中庸》一直被視為盡性至命之書,此一思想洪流所及,至今仍影響我們的閱讀態度與思考方向。而民間教派則落實宗教修行的實踐,視此二書為修道的聖典,並以宗教的角度重新詮釋之,賦予其神聖的義涵。

　　前已述及,回溯「格物致知」的本來真諦,這是民間教派對《學》、《庸》再詮釋的主因之一。自朱子作格致補傳,歷來對此爭論不休,其中的爭議,無非以回歸《大學》的本義為宗旨。民間教派站在回復明德自性與止於至善的終極目標,以修道的角度參與了「格物致知」補傳與解讀的活動,此一對儒家經典的再詮釋,實值得我們注意。

　　《大學證釋》:「自格致至誠意,為內修工夫。若以宗教言,實教中最重教義。……故學者欲明道明德,必先於此用功。」(上冊,頁 28 左)就此而言,「誠意」是民間教派的修道過程中極為重要的一環,而與誠意息息相關者,即是慎獨。二者是《學》、《庸》二書的核心思想,故在民間教派中,對此主題亦有所發揮,我們可藉此觀察民間教派的解讀角度,並且較深入地探討庶民社會對《學》、《庸》中心思想之理解與認識。

第一節　民國以來民間教派對格物致知之詮釋與補傳

　　「格物致知」究竟為何?這是朱子以後,學子們閱讀《大學》時所面對的問題。然無論肯定朱子或支持陽明,關於「格物致知」的論辯至今仍是研

究《大學》的重要主題。〔註1〕

　　回復「格物致知」的原貌，這是學界與民間教派一致的目標，其中最主要的共同原因，皆在於他們不滿朱子所作的補傳，然而朱子思想影響所及，卻無法使他們不受朱子的影響，這是中國士庶社會中一個有趣的現象。

　　民間教派對於「格物致知」的詮釋與補傳，乃本著渡人救世的濟度情懷，此一修己渡人的傳道態度，可說是他們對《學》、《庸》再詮釋的主因。配合儒門應運、道降火宅的道統觀念，使得「格物致知」的眞義在此一時機中詮解而出。《學庸淺言新註》言：「因道脈相衍至秦，運數應隱，故慘遭離火之焚。獨失格致二章，迷入門之階梯矣，如是已歷二千餘載，無復知其源者。」（頁1）與《新註大學白話解說》云：「聖言直捷簡當，明明德三句，本是一貫說下去。……但不過道亦待時而後明，時機未至，雖大賢如朱子王子，難免有知不敢言，言有不到處。」（頁12左）我們察其所言，可知民間教派對「格物致知」之重新詮釋，有其「時機適當與否」之說。故而他們認爲秦火焚毀「格物致知」本文，乃因「天時」的因素，象徵心法在中土已失傳，故稱「運數應隱」。因「時機」未到，即使如朱子、陽明等大賢之人，亦無法徹底體悟聖人所隱含的天機旨意。然當「格物致知」被正確地釋解而出時，即表示「時機」已到，象徵道統心法應運「道降火宅」之時，「格物致知」在此時亦被「正解」而出。

　　本文所蒐集民間教派對「格物致知」之詮釋者，以扶鸞儀式而作解釋者，計有《大學證釋》、《增註大學白話解說》、《學庸淺言新註》等書；而著作者之再詮釋者，將以江希張之《新註大學白話解說》爲代表，江氏之著較屬於早出，其書於當時印刷百萬部，〔註2〕影響之及可想而知。爲了明白其間的互動、融合與影響，此一章節將以出版年代先後作單一的解釋與說明，以見民間教派對此主題的認識與理解。

一、江希張《新註大學白話解說》之解讀

　　江希張對於《大學》的認識，乃以《禮記》原典作爲其詮釋《大學》的

〔註1〕　唐君毅先生於其論著曾言：「宋以來言大學格物者，全祖望已言有七十餘家，八百年之公案，乃至今未決。」見《中國哲學原論‧導論篇》（臺北：臺灣學生書局，1993年2月），頁302。

〔註2〕　見《歷城文史資料（第二輯）》（中國人民政治協商會議歷城縣委員會：文史資料研究委員會編，1986年12月），頁26（這分資料由東海大學歷史所夏明玉小姐提供，於此致謝）。

文本，由此可知，江氏較能接受王陽明的觀點（雖說他對陽明「格物致知」的解釋亦無法全然接受），他批評朱子說：

> 朱子誤以爲物爲事物的物，格爲窮至的格。故疑舊本頗有錯簡，強取誠意章內諸節，分解聖經綱領，輕分章次，補出格物致知一章遂致千古學人，不獲入德惟一無二直捷法門。（《新註大學白話解說》，頁 12 左）

朱子以「即物窮理」闡釋「格物致知」，〔註 3〕若以探究知識的態度而言，朱子之求知精神實爲學子所當學習，但若就道德修養而論，則物無窮盡，故象山譏諷朱子之學乃支離破碎，而後有陽明格竹子之誤解。〔註 4〕然江氏對朱子的最大批評，乃在於其輕分章次，支解《大學》綱領，使得後人迷失了"入德之門"。準此而論，江氏批評的主要原因乃在於內在的修爲，而不是外在的知識論，基於此一觀念，而提出他對「格物致知」的註解：

> 致是推廣，格是格去，物是從外入的一切私慾。……推廣他那良心上的眞知識，推廣良心上的眞知識，就是格去一切從外入的物慾上。……從外入的一切物慾格去，以後才能推廣眞知識到了極點。
> （《新註大學白話解說》，頁 2 右）

從格除外物私慾的理解裏，可知其乃承繼陽明的學說，而致知之"知"解釋爲「良心上的眞知識」，也是陽明"致良知"的再延伸。只是其所謂之「眞知識」究竟所云何義？江氏又言：

> 一切的學問，在吾知識內。……這知識要貴無所不到，欲知識無所

〔註 3〕朱子所謂之"物"乃指一切客觀對象，其言「凡天地之間，眼前所皆之事，皆是物。」（《朱子語類》卷五十七）；而所謂之"知"有兩方面的涵義，一指主觀認識能力及其作用，一指心中固有的道德知識，這是"知"的主要涵義。朱子的格物之學最終是要把握全體，即天地萬物的總規律，也是道德的原則，爲此，朱子提出了"豁然貫通"之說，這是"格物"的結果，也是"致知"的完成，"格物"與"致知"本不可分。詳見蒙培元《理學範疇系統》（北京：人民出版社，1989 年 7 月），頁 347～349。

〔註 4〕其實，朱子的格物致知說，並不是要取得眞正的科學知識與認識客觀世界，而是通過物理的認識對心中"全體大用"的自我認識。他認爲，人性的自我完成和自我實現，全靠知識的積累，認識論、人性論、眞理論、價值論，從根本上是統一的。最終目的是爲了"明明德"、"止於至善"實現人的自覺與自我價值，此爲格物致知之眞諦。而陽明對於朱子格物致知之學的誤解，可說是前所未有。參同上註及陳來《有無之境——王陽明哲學的精神》（北京：人民出版社，1991 年 3 月）。

不到，這並無千方萬計，總在格去那外入一切的私慾，使此心中無
一點私妄，還那天賦清明的本體。……一切從外入的物欲既都格除
去了，還他天賦清明的本體，自然知識容易發達，發達至極處，無
一點障礙。(《新註大學白話解說》，頁 12～13)

其所謂之「眞知識」乃指「天賦清明的本體」。江氏解釋「明德」時曾說：「德
是心，明德是人的良心。」(頁 1) 又說：「一部《大學》，明明德三字就可以
概括了。明明德三字不但可以概括《大學》，并可以概括孔教全體的學
問。……并可以概括萬教及講究修性煉心、治國平天下的一切學問。……因
爲明德是人的本性，不分內外、不分大小、不分人我。」(頁 2 右) 我們從
其對「明德」之說明，可知其乃本著朱、王的傳統，以天賦的「德性」註解
明德。故其所謂「天賦清明的本體」乃指明德本體，因此他認爲只要將「天
賦清明本體」之「眞知識」發揚到極處，自然無所不入；而若要達到此一清
明「眞知識」的境界，則須格除外在的私慾妄念，江氏這樣的解說，基本上
是延續陽明的說法。

　　從思想傳承的脈絡中，可以看出朱、王在中國傳統社會的影響。以所接
受之教育資源的眼光而論，朱子編訂《四書》的影響，在於學子們所學所思
皆以聖聖相傳「四子」爲主，但是朱子窮經皓首的治學精神，並非人人可行；
因此若就實踐的角度觀察，則陽明的發揚天理良心的思想則較可行。再從修
行的觀念理解，朱子的格物致知之學，雖是內外合一之學，但其所言「格物」
意謂窮至事物之理而無不到，「致知」是推極吾心之知而無不到，〔註 5〕朱子
之學較重視外在的學問，藉由這些學問知識進而反觀內心，這與民間教派所
言修道先修心的本旨在程序上已相違背；陽明之學乃就良知本體用工夫，較
符合修道修心的理念。職是之故，朱子的補傳在民間教派中時受批評。雖然
他們較能接受陽明的說法，但是爲了表明「格物致知」的「正解」乃「應時
應運」註解而出，亦不免對陽明之說有所批評：

詎知朱子說的格物，就是孔子說的致知；窮究事物的工夫，就是致
知的說法。格物自又是一層工夫，就是格除物慾。孟子說的惟大人

〔註 5〕 就此而言，朱子的致知是「就心上說」，格物是「就事上說」；致知是「自我
而言」，格物是「就物而言」；格物「以理言」，致知「以心言」；格物是「零
細說」，致知是「全體說」。總之，致知是由內向外，格物是由外向內，此乃
朱熹所說的內外合一之學。詳見蒙培元《理學的轉變——從朱熹到王夫之戴
震》(臺北：文津出版社，1990 年 1 月)，頁 70。

能格君心之非，是即格物的格；孟子又説的物交物則引之而已矣，是即格物的物字，鐵版註解，乃朱子誤以格物爲致知。……而陽明王子，雖知朱子錯解格物，仍反舊本，但以明德爲一項，親民爲一項。明德固要止於至善，親民也要止於至善。明德不止於至善，是爲佛老，親民不止於至善，是爲管商。是兩項説法，非一貫説法，比量起朱子來，雖爲近是，然聖言也不若是的委曲。（《新註大學白話解説》，頁 12 左）

由於江氏將「致知」解釋爲「推廣良心上的眞知識」，因此他認爲朱子以「即物窮理」釋「格物」，實是「致知」的眞義，並引孔、孟之言以證明其所言之「格物致知」乃爲正解，指出朱子釋解之誤。他雖同意陽明返回古本以解聖意的作法，但亦不滿陽明的解讀。然其批評陽明將明德與親民區分爲二，實是誤解了陽明之意，因爲陽明已說：「至善者，明德、親民之極則也。」（《王陽明全集》，頁 969），而且其「萬物一體」的思想，即是以明明德、親民、止於至善作立論的基礎，三者同屬一體，本不可分。〔註6〕江氏所說「明德不止於至善，是爲佛老，親民不止於至善，是爲管商。」之言，實乃陽明已見之弊端，故其才主張「萬物一體」之説，陽明曰：

蓋昔之人固有欲明其明德者矣，然惟不知止於至善，而騖其私心於過高，是以失之虛罔空寂，而無有乎家國天下之施，則二氏之流是矣。固有欲親其民者，然惟不知止於至善，而溺其私心於卑瑣，是以失之權謀智術，而無有乎仁愛惻怛之誠，則五伯功利之徒是矣，是皆不知止於至善之過也。（《王陽明全集》（下），頁 969）

由此可見，江氏實誤解了王陽明的說法。然其如此說明，可以推測其乃欲爲「格物致知」立一家之言，表示數百年來的公案可就此結束，是以沒有考慮思想傳承的關係與其立論無法周全之處。

江氏所註解的「格物致知」雖可說是陽明學說的再延伸，然因其當時於民間流傳數量之大，以及其有「神童」之名享譽全國，故而其說廣爲民間教派所引用，而其以「格除私慾，推廣良心上的眞知識」解讀「格物致知」，其中「眞知識」一詞因解讀空間較大，對往後民間教派詮釋「致知」時，產生極大的影響。

〔註 6〕關於王陽明以明明德、親民、止於至善爲基礎，而立論之「萬物一體説」，可參秦家懿《王陽明》（臺北：東大圖書，1992 年），頁 130～138。

二、救世新教《大學證釋》之改本與詮釋

　　《大學證釋》乃扶鸞而出，此書對於《大學》本文作許多的修正，可說是民間教派在《大學》改本活動中的代表（全文見附錄二）。由於其本身已對《大學》本文作極大的改動，據此可見其對朱子所分章次之版本甚為不滿。故欲藉仙佛之力，回復《大學》「格物致知」的原始面貌。他們認為「格物致知」的原貌應如下文，其言：

> 所謂致知在格物者，人之其所親愛而辟焉，之其所賤惡而辟焉，之其
> 所畏敬而辟焉，之其所哀矜而辟焉，之其所敖惰而辟焉。故好而知其
> 惡，惡而知其美者，天下鮮矣！故諺有之曰，人莫知其子之惡，莫知
> 其苗之碩。子曰聽訟吾猶人也，使無訟乎！無物不得盡其情也。此謂
> 物格，此謂知本，此謂知之至也。（《大學證釋》上冊，頁 15 右）

這段文字於《禮記》本文乃先子曰：「聽訟，吾猶人也……大畏民志，此謂知本。」次接「所謂脩身在正其心者，身有所忿懥，則不得其正……食而不知其味，此謂脩身在正其心。」再接「所謂齊其家在脩其身者，人知其所親愛而辟焉……莫知其苗之碩，此謂身不脩不可以齊其家。」朱子將『子曰：「聽訟，吾猶人也。」』這一段編入全文傳之四章，並言此段之主旨為「釋本末」；將「所謂脩身在正其心者，身有所忿懥。」這一段列入傳之七章，順著原文章旨，題意為「釋正心脩身」；上述最末段為傳之八章，題意「釋脩身齊家」。從上述引文所謂「格物致知」本來觀察，雖說《大學證釋》並沒有像朱子一般，重作補傳，但是對於《大學》的更動則更甚於朱子，將朱子所謂傳之八章，結合傳之四章，並更動「無情不得盡其辭」為「無物不得盡其情也」。而其作此一更動的原因，其言曰：

> 此章係分論格物致知，但文久錯亂且遺缺，茲補之。所謂致知在格
> 物者，人之其所親愛而辟焉，至莫知其苗之碩止，即今本所謂齊家
> 在修其身者以下諸語，因錯置在彼也，可照移於此。下聽訟吾猶人
> 也，至使無訟乎止，下無情一句，系顛倒錯誤，茲改正為無物不得
> 盡其情也。下即此謂知本，此謂知之至也，原重一此謂知本，而遺
> 物格句，蓋傳訛也。（《大學證釋》上冊，頁 15～16）

「文久錯亂且遺缺」、「錯置」、「顛倒錯誤」、「傳訛」等語，說出了他們不滿朱子竄改《大學》的作法，〔註7〕而今本《禮記》在傳抄的過程中有舛錯的現

〔註 7〕　他們批評朱子所作的格物致知之訓解云：「宋儒訓格為至，實不甚差，不過僅
　　　　　知至物之義，而不能盡悉格物之理，遂疑格物為多識鳥獸草木之名而已。使

象，因此提出了他們認為正確的文本，並且進行對「格物致知」的詮解。在其所謂「格物致知」的正確原典中，有一重要的關鍵，即是對「物」的解釋究竟為何？其釋解所改正的「格物致知」曰：

> 格者，為明乎物而盡其情，使不害於吾之正。辟，即格也。人之有知，由於情；情生於性，非性之正，逐情循物，乃蔽其聰。明物順性，乃充其智，故格物為致知，而物格知乃致矣。後人或謂格物為窮物理；或謂格物為去物欲，其實兼斯二義，且不僅此二義也。《中庸》所謂盡物之性，亦在此格字中。蓋物者，包舉萬事萬物而言，人之情欲亦物也；天地之間，耳聞目見，心思身觸，皆物也。先須明之，而後可以去之。去之不足，而必盡其情以順其生。要在明乎物而不為物所蔽，適於物而不為物所役，斯可謂之格物，斯可以致吾之知。若但作窮理解，是逐物而將亡其正，何有於致知？若但作去欲解，是外物而不盡其情，亦何有於致知？故不得僅以窮或去為訓也。（《大學證釋》上冊，頁 16～17）

觀其訓解，首在於「明物順情」，亦即「格物」應解為「適物」，物物各順其性，使其性能發揮最大的效用。因此，他們認為朱子之窮物理與陽明之去物欲，皆只是偏執一隅，無法達到「物」的全面性。從外在表現而言，人體五官所接觸者以及行為舉止，皆是「物」；從內在思量而言，則起心動念之間的思維活動亦為「物」。我們就其註解角度審視，前者之說乃繼承程、朱的理念，後者之言則為陽明的思想。二程及朱子皆主張「物」乃一切客觀事物與人們所從事的活動，其中亦包含了一身之中以至萬物之理；〔註8〕而陽明則說：「物者，事也，凡意之所發必有其事，意所在之事謂之物」（《王陽明全集》，頁 972），是以此一釋解，乃融合朱、王之說，再加以延伸。

　　這段「格物致知」的註解，主要的特色在於藉中庸「盡物性之說」解答何謂「物」，說明往者對於「物」註解的片面。故其言物乃包舉萬事萬物，是以耳目見聞、心官之思皆為「物」的範圍。了解「物」的定義，則須回歸「適物」的本旨，因此「明物」為格物的首要認知。所謂「明物」乃是探究事物本具的性質、本能，順其本能而發展，使物物各盡其性而發展，以達到最大的功效。而這裡所說的「明物」，乃就整體的根源性而論，而不是指窮究物物

　　格物之學，而成博物之科，無怪乎道之不明也。」（上冊，頁 25 左）
〔註 8〕見同註 3，頁 345～346。

事理，因爲若單指窮理，則對物的觀察，將著重於物的外放性，而忽視了物之本然，如是則將被物的外在所蒙蔽；也不能將格物解釋爲去除物欲，因爲萬物各有其生長之理，若只是以壓抑的方式限制其發展，則萬物必失其所，此乃「抑物」，而不是「明物」、「適物」。

　　結合中庸「盡物之性」的說法以解釋《大學》之「格物」，故其「格物」之說，應解爲「明物順性」，若能知此，則格物之功將是「明乎物而不爲物所蔽，適於物而不爲物所役」，順物之性，使其發揮最大的功用，而不受物所影響、左右，如此才是「格物」的正解。我們由此可知，救世新教對於「格物致知」解釋的重點較著重於「格物」，他們認爲一旦明物順性則智乃充。而其詮釋「格物」的角度，乃以實用的觀點解說，肯定物存在的必要，因此一再強調須明物、適物，其又言曰：

> 聖人之教，親親仁民，仁民愛物，不可去也。聖人以盡己之性，盡人之性；盡人之性，盡物之性，不徒窮也。故必由格物而得其情，使皆樂其生，適其序，而吾乃能即物之情以順人之情，而毋害於生，悖於序，方可以致其全知，發爲上智。所謂仁則愛物，智則辨物。……精言之，《中庸》言致曲，言不二，皆格物之功也。故曰不誠無物；又曰其爲物不二，則生物不測。蓋人生而後，無時無地不接於物。人，亦物也，故曰物交物，引之而已。以在物之間，舍物無以生，務物則爲害，必明物之與人，皆生息道中，並鞠並育而本不相賊。設悖夫生生之則，而爲情欲之所驅，心爲耳目之役，神爲形體之官，是下愚之夫，何以語於道。又或攝於禍福，強爲寂寞，自絕於天地，獨儕於木石，是孤陋之士，何以宏其德。故聖人皆所否也。此章以七情好惡譬物而蔽其明，必明物之情而後得眞知。下引聽訟之喻，謂盡物之情，始能各順其生而無所爭，無非論格物以致知之義耳。

（《大學證釋》上册，頁 17～18）

因其以實用的觀點肯定物的存在，故強調人不能離物而生。因此聖人設教化民，主要在於明物之性，使物物各順其性，各盡其用。再者，人亦爲萬物中之一物，因此必須仰賴他物、與他物互動而生存，故何來去物之說。是以他們認爲，歷來對「格物致知」的誤解，主要關鍵在於不明「物」爲何義？有的專窮物理，如朱子之屬；有的專指物欲，如陽明之屬。二者皆忽略了「物」之本源何在？「物」由何處而生？「物」之存在的作用是什麼？若能明白萬

彙物種存在於現象界，各有其意義、功用，就不會否定「物」之存在了。

肯定「物」存在的實用價值，然恐信徒逐物忘性，爲物欲所迷，因此以根本之「道」的精神，說明人與物俱在「道」的運轉中生息，若識此一根本，就不會有迷情忘性之事產生。從「道」的根本談論「物」的存在，並教導百姓如何明物、適物、辨物，不爲外物所蔽，此爲這篇鸞文的重點。從此一觀點考察，他們反對壓抑人欲的作法，因爲這只是表面工夫，而非根本之道。因此強調從明物、適物、辨物中，了解人、物自然之情，使人、物皆順其情而樂其生。此一自然之情決不是感官享受的情欲，而是人物本能的呈現。宛如風吹雲動，枝柳搖曳；或如冬雪褪去，綠芽滋長，這些都是自然的現象，若只是一味地否定或壓抑之，則無法知曉人物之情性，何以得到「眞知」？

就上述可知，其何以移動《大學》本文，以親愛、賤惡、敬畏、哀矜、敖惰、好、惡等解釋「格物致知」了。因爲這些表現，都是常人自然流露的現象，也就是說所謂的「情」。在此並非要人們壓抑這樣的情感表現，重點在於是否適中恰當，不能任由其發展無度，並且須知道爲什麼會有此一表現，當審思「情」之發展因由，就可以正情知性了。一旦以性觀情，則何情不當發；以性觀物，則何物不明，也就不會有情迷物蔽之本末倒置之事產生了。是故其更改聽訟一章，以「無物不得盡其情也」，說明無物則何以知人、物所當表現之「情」？無「情」之表現則何以正情知性？不知性又何以修道？

由外往內、層層推演，這是《大學證釋》由明物順性的角度詮釋「格物致知」，而其核心乃以超然的道體做爲詮釋的根源，故又引中庸之致曲、不二佐證，以明「格物致知」的終極目標，同爲救世新教所扶鸞之《中庸證釋》解釋「致曲」時言：

> 曲者，有所容。有所容，即有所執。有所執，而後有存。有所存，而後有定，此《大學》知止之謂也。止則不紛，不紛則一，一則靜，靜則安，此存養必然之途，即致誠不二之道也。老子曰，常有欲以觀其竅；又曰聖人抱一，皆此義也。性之所見，在於能一，故曲者，止眾爲一也。（頁140）

前已述及，「止於至善」在民間教派的解讀中，視爲得道的象徵，也是個人修道的最高境界。「至善」更具有宗教上的神秘意義，雖本具於己身，但須明師指點，方可求得。在此所謂的「致曲」即是《大學》中的止於至善之處，爲明德自性居處之地，即道家所謂之「觀竅」、「抱一」，爲修道者之最終目標。

結合中庸以闡釋「格物致知」，這是《大學證釋》的特色。其言「物」乃包舉萬物而言，而人亦爲萬物中之一物，故所說之「物」已包含客觀外界之物，與主觀思維之意念，範圍之廣，可見一般。而其對「格物致知」的解釋，決不是以壓抑物情人欲，而是明性順物（物之情）。由情知性，由性知道，以見根本。因此，須從明物、適物、辨物的角度看待其所談論的「格物」，他們認爲一旦「格物」之功以成，自然眞知及至。雖然其重點置之於「格物」的詮釋，但我們可就此了解救世新教對「格物致知」的理解。

三、《增註大學白話解說》之補傳與詮釋

《增註大學白話解說》乃扶鸞而出，此書之排列、段落與朱子相同，分成經一章與傳十章。最大的不同在於其結合朱子所分之第三章「釋止於至善」與第四章「釋本末」，統稱爲第三章「釋止於至善」，以扶鸞方式爲《大學》作「格物致知」補傳，並且將此一補傳分爲兩章：釋格物與釋致知。其認爲「格物」的本文應如下：

> 所謂格其物，使無所見欲，則其物不生，而物格之矣。（《增註大學白話解說》，頁 23）

在其〈字解〉中解釋格與物的意義曰：「格是除去，物是一切聲色和自己的私慾。」（頁 10）據此可知，其所言之「格物」乃去除物欲爲主，又於解釋此段文字之宗旨云：

> 所說格去他的物欲，是由使他人心莫有可欲願的事情。物欲不生，那物欲亦就格去了。要格去物欲，叫它人心莫有可願欲的，是甚麼緣故呢？是因爲人心見了自己心裏愛的物品，合他好的事情，就隨著人心內妄思妄想。人心作用，使色身就形容在外，亦就不合禮，所以本節特注重無所見欲。這句話呢，換句話說，就是佛云，一切有爲法，應作如是觀。亦就是非禮勿視，非禮勿聽。因人心所好的，俱是不合禮的多，因此就使他無有可願欲的事，還得叫他守性中的自然。如心經云，五蘊皆空，一塵不染。就使人心無有好樂的事，那物欲雜念胡思亂想，就不生出來了。空空洞洞，太和眞相，就是達到無物的目的了。（頁 23～24）

就「格物」的字義而言，是指格除一切聲色私慾。然就其解釋而觀，則已談及了心的作用，以及因心的作用所導致外在的行爲表現，由此而論，他們雖

延續江希張去除物欲的說法，但是又比江氏更接近王陽明的說法。陽明認為人之所以要格物，其因在於易動於欲、蔽於私，故格物之目的就在於去私欲之蔽而正心明知，〔註9〕而去私欲的根本工夫則是「格心」。〔註10〕上述引文所言，人常因心的作用而產生妄想，致使色身之行為隨心之妄念舞動，而有不合禮法舉動。這段「格物」的正文似乎是以去外物為主，然就其釋文而觀，其根本之道乃以「格心」為要，使「心」的作用回到如如不動的原始本來，不受外物所驅使。因此其認為，一切具有人為思索的作法方式，只是一個工具，修道的最終境界，仍是要將這些工具放開，不能執著於心，若執著於心，雖是善法，終究是「心物」，故亦須去之，頗有道家「不落言筌」的想法。因此其引心經所言，無非使心不著於物，無有好樂之事，達到無物於心的目標。

　　從其對「格物」的釋文中可知，格心去物、回復心之本然為這段「格物」補傳的宗旨，因此正文所謂之「無所見欲，其物不生」乃就心之作用而產生的結果而言，是以「心」之本然究竟為何？可說是這段「格物」補傳的另一重點：

> 本章的宗旨，是格去物欲，心滅法滅的說辭。如儒云，實若虛，有若無，即是如此呢！怎麼實若虛呢？就是這聲色的實體，就相虛空一樣，有這形相，就是無形相一樣，這就是使無可見的聲色形相了。因為都把他當作空，不以為事，就是見了，亦是不見，那還有欲念呢？那物亦就不生了。道德云，為腹不為目，萬物的擾亂就無了。空洞無物，似有這體，似無這物，真是自在如此呢！佛云，一塵不染於物。道云，清靜皆歸於吾。儒云，四非皆空無物。回云，清真無欲。耶云，默然不動心，皆是除去物欲，從根本上作起呢！（頁24）

這段釋文雖以萬教本一的角度解釋心的根本，但可見「心滅法滅」是其中心思想。將一切現象皆以心之本體的角度視察之，則物之形體與其是否存在，已不是最重要的事了，重要的是修道者是否能體現此一真理，以及心是否不

〔註9〕　參張立文《中國哲學範疇發展史（人道篇）》第十五章〈格致論〉（北京：中國人民大學出版社，1995年8月），頁582。

〔註10〕　王陽明於〈傳習錄·上〉言：「格物，如孟子『大人格君心』之『格』，是去其心之不正，以全其體之正。」（《王陽明全集》上，頁6）又言：「格者，正也。正其不正，以歸於正。」（頁25），可知陽明之「格物」之說，乃由「格心」做起。另可參陳來《有無之境——王陽明哲學的精神》（北京：人民出版社，1991年3月），頁132～135。

受外物所影響，時時處於不動心的本然狀態。因此，除物欲是格物的基本工夫，最重要則是「格心」，而「格心」之宗旨則須返回空無一物的原本之「心」。

至於「致知」的補傳，則明顯受到江希張的影響，其言：

> 所謂知致，致其物，以致其理，可謂知之至也。（《增註大學白話解說》，頁24）

其解釋「致知」之意義言：「推致到極點的眞知識。」（頁9），此一釋解可說是完全承繼江希張的解釋，對於這段原文的解釋，其言曰：

> 所說眞知識，知道至極的處，推至到萬物的理，莫有不明曉的。再推到眞理的微細處，亦莫有疑惑的，這叫眞知識，達到至極的處呢！使眞聰明知道至極，推散萬物不惑，考證眞理不疑，這等至玄至妙的眞知識，可算知道極處了，就是萬物一理成。道德經云，玄牝之門，是爲天下之根。眞知識由玄牝發出，天地萬物的理還在吾的性中存，所以這叫知道至極處呢！（頁25）

江希張對「眞知識」的解讀是「天賦清明的本體」，也就是「明德」本體，他認爲眞知識發展至極處，一切的知識、學問，將會無所不到，無有障礙。此處雖承繼江氏之說，但更具體解釋「眞知識」的意義，意謂人人本自具足的自性本體、老子所說的玄牝之門，就是明德至善地（頗類一貫道所說的「玄關」）。故此一眞知識可推展萬物而不惑，考證萬理而不疑，可謂放之則彌六合，卷之則退藏於密的眞實實體。是以此處所說的眞知識，較江氏所言更重視自我良知天性，他們認爲，天地萬物之理本存於此，不假外求。是故一切思維若能從此處出發，則必能合乎天地之理，順乎四時之序，適乎萬物之性，無有悖逆天道之事，如是才可稱爲推至極處的「眞知識」。

這篇鸞文對「眞知識」的釋解，偏重於由明德本性所發展的內在之知，據其所言，內在的明德之知若能清明朗澈，則藉由教育所得的外在之知，自然了然於心。就宗教家的觀點而言，人最不了解的是自己的本然，而非外部的學問；若能體悟自己的本然，則物我本無分別。洞察事理的本體根源，才是「眞知識」所要傳達的修道意義：

> 本章的宗旨說眞知識，達到至極，自然萬物皆備於我，盡吾的性可以知天呢！良知良能，明至極處，萬物的理不外乎吾性以內所包含的，推至物理不二，推至眞理亦可辯明，一但豁然貫通，這算知道至極的處呢！就是佛云，知性明覺，上乘菩薩。智慧大開，達到如

來本體上，可稱得至極處呢！耶云，博愛不遷。回云，慕祖朝中。
　皆是證明真知識，達到極處呢！（頁25）

知道至極之「處」是這篇鸞文解釋「真知識」的重點，意即真知識非假外求，
已本具於人人之身，此為性命之根源，也是物我無別的所在地，儒家所說的
明德、至善，道家所謂的玄牝之根、眾妙之門，佛家所言之金剛、如如不動
的本體，三教所言皆是此一真知識之「處」。是故引文所說的如來本體、不遷、
朝中，所說即是指此「處」。若能洞達此處之真機，了悟自性本同於天的真理，
即可知萬物之理本具於心，故萬物皆備於我，同贊天地化育，如此方可推
展真知識到極處。由其釋文可知，其「致知」基本觀念雖來自江希張，但是
與江氏所重視者不同。他們更重視追求天賦之良知良能的本體根源，故重視
心的作用，強調回歸不變的自性本然，以及自性本具於己身之處。就此可知，
民間教派有時雖使用同一語詞，但在釋義上，並不是全然相同。

　　《增註大學白話解說》的「格物」、「致知」補傳，一則因其繼承前人之
說，一則其以較淺顯的口語注疏，故影響了往後民間教派對「格物致知」的
註解，《學庸白話解》即收錄此一補傳原文，並循其釋文之意而解釋之，其言：

仙佛所說格去他的物慾，是由使他人心莫有可欲願的事情，物慾就
不生，那物慾也就除了，這是說心裡先把物慾除掉清靜，六根自然
不染外邊六塵。亞聖孟子說，物交物則引之而已矣。前物字是心裡
之物，後物字是外邊之物，心裡有物，所以就叫外邊的物引去，既
然格除了心裡的物，雖然見了外邊多少的物，自然不能引動了。有
四句偈語可以誦讀，偈曰，觀心無物心，觀物物無心，心與物俱忘，
虛靈觀世音。……致知就是大智慧頓開，心體成了一個無極圈。王
陽明說過，人心必無翳障，方能照臨萬物，所以到了致知的時候，
就沒有難知的理，難行的事了。（《學庸白話解》，頁14～15）

這裏循著《增註大學白話解說》對「格物」的註解義涵，先除心物再去外物，
心若不受外物雜染，自然五官之感皆屬平常；現象界之物過之即去，不著於
心，則外在的物質欲望自然隨之而去。而「致知」乃將「真知識」轉化為「大
智慧」，此一「大智慧」乃是心體的本來——無極之真。無極一詞在民間教
派的觀念中，具有宇宙本來、宇宙主宰的神聖意義。宇宙整體有一無形無象，
超然實有的無極本體，而人身之中亦有一無極本體，也就是光明無染的明德
本性，實踐了「格物」的修煉工夫，自然無極本體之本來，漸進體現於自身，

這就是所謂的「大智慧」。因此將「大智慧」推廣至極處，一切事物皆以本心觀照，事事物物自然洞明朗澈，就不會難知之理與難行之事了。就其所言，可知其所闡述即如文中所說的「王陽明說」之思想，乃是陽明「致良知」的伸展。

　　從格心以至推展良知（眞知識、大智慧），都可見陽明學說之視見本心的觀念對民間教派的影響，只是他們認爲此乃仙佛的意思，藉由神靈的顯赫以增加其神聖性，提升信仰者的信心與實踐精神，從中可知理學觀念對於民間教派的影響。

四、一貫道《學庸淺言新註》之補傳與詮釋

　　《學庸淺言新註》亦是扶鸞之著，其所作之「格物致知」補傳現今於一貫道道場廣爲流傳，可視爲一貫道解讀「格物致知」的活教材。《學庸淺言新註》對於「格物致知」的詮釋與補述，遵循朱子補傳的分段，在朱子所編列之〈傳第五章〉「此謂知本，此謂知之至也」後，進行對「格物致知」的補傳，且在補傳之後加入朱子的補傳，以讓信仰者比較其中的差異，這一作法，後爲一貫道詮釋「格物致知」時所仿傚，是以當今所看到一貫道解讀《大學》的作品時，這兩篇補傳通常會同時出現於書籍之中。

　　從上述的探討可知，王陽明之「格物致知」學說，偏向於生命體驗之學，故在實踐上較爲可行，因此民間教派對於《大學》的分章方式雖遵循朱子的版本，但對於「格物致知」的理解卻是以陽明爲主，這樣的現象，也顯現在《學庸淺言新註》的補傳中，全文如下：

> 所謂致其知在格其物者，心有所貪慾而性辟焉；心有所嗔忿而性塞焉；心有所癡奢而性蕩焉；心有所愛妄而性遷焉。是以欲格其心物者，必戒貪欲，則扶性辟爲正矣；息嗔忿，則闢性塞爲揚矣；消癡奢，則收性蕩爲定矣；剷愛妄，則挽性遷爲止矣。是故君子愼心物於隱微，過意惡於動機。故心物自蔽，身物自染。格心物者，復初性也。驅身物者，覺心源也。性心身者，一貫也，三者之不可離，猶植根植本之不可分矣。性心居內曰自覺焉，身行著外曰覺人焉，故內聖外王之功，豈可缺一哉。心物滋蔓，莫不自蔽己性焉。故聖人愼心物於隱微之間者，心物未動也。雖未動而持之一愼，則心物終無矣！心物終無，則至性常皓，至性常皓則即復性初也。身物昭

著，莫不自染己心焉。故賢人驅身物於昭著者，以其心物未慎於隱微也。心物弗慎於未動之間，貪嗔癡愛遂熾焉，而現於言行矣，此謂之身物昭著也。故驅身物者，即日覺心源也。心者易動，深恐始勤終懈，是病焉，則身物復昭著矣。如能如終覺心，則亦漸趨於覺性矣，及其成功一也。此謂物不格，不可以致其知。所謂誠其意在致其知者。故心物未發謂中和，良知性也。心物既發謂動機，紛乘意也。是以慎心物於隱微，過意惡於動機，以復其良知，而臻於至理矣。故格其心物以致其良知者，內聖功也。聖足而後，則意不誠而誠矣，心不正而正矣。雖序有四，實則二焉，以其心意儲諸一身，故亦列內聖之功矣。此謂知不致，不可以誠其意。（《學庸淺言新註》，頁 22～29）

這一段的「格物致知」補傳可說融合前人的說法做一總結，以「心」之發動做為詮釋的重點，可說是陽明心學影響民間對修道理念的結果。

　　這篇補傳目前在民間頗為流傳，許多注解《大學》的民間教派作品，泰半會將這篇「格物致知」傳文加入其中，尤其是一貫道道場出版的作品，幾乎將此文視為「格物致知」的「正解」，奉為圭臬。由於這篇傳文對民間教派的影響甚大，而且在此之後，許多扶鸞的作品雖不斷地興起，〔註11〕但已罕見專論《學》、《庸》的鸞書了，更遑論對「格物致知」進行解說，因此本文將以較大的篇幅論述這篇補傳。對於全文的解析，將循其原典所彰顯的主旨，藉由其體例中原有的〈字解〉、〈節解〉之解說，探討他們對「格物致知」的詮釋。

（一）「格物」的定義：除心物、驅身物

　　這篇補傳雖是為「格物致知」作正解，但是首重仍在「格物」的意義，其首段即言：

〔註11〕　臺灣目前仍存在許多以扶鸞的形式進行創作，但已罕見對儒家經典進行註解的鸞書。鄭志明先生曾將 1979～1989 年之間的鸞書作一鳥瞰，將鸞書的創作形式分為古文式鸞書、語體式鸞書、對話式鸞書（〈臺灣現階段民間鸞書的文學形式〉，《漢學研究》第八卷第一期），整體而言，已不見對某一專書進行論著。筆者曾就扶鸞詩形式的改變作一探討，發現越是晚近，以接近白話的語言形式作品越來越多，最主要的原因在於整個社會所接受的教育資源，以及閱讀習慣有關。鸞書的著作目的乃站在發揚宗教上所宣傳的理念，因此讀者群的接受度與接受能力，成為其創作時採用何種語言呈報的主要依據，是以現今以少見以專書論述的鸞書。拙作見〈臺灣扶鸞詩初探——一種民間創作的考察〉之「扶鸞詩表現形式轉變之探討」（《臺北文獻》直字第 128 期）

> 所謂致其知在格其物者，心有所貪慾而性辟焉；心有所嗔忿而性塞
> 焉；心有所癡奢而性蕩焉；心有所愛妄而性遷焉。

「物」在這裡的初步解釋是「心物」，而干擾人心最重者則有貪、嗔、癡、愛
四物。貪、嗔、癡在佛教中被視為「三毒」，其原因在於「貪欲與瞋恚愚癡此
三者荼毒人最劇，故稱三毒」。〔註12〕而在三毒之外又加入「愛」（或稱為妄），
稱為「四心物」。在佛教的解讀中，「貪」與愛是「異名同體」，〔註13〕可知在
佛教中，「貪」與「愛」的意義較為接近。然在此則將之融合為一，此一融合
思想，突顯民間文化的特色。雖然貪、愛在佛教中是異名同體，但在這裡則
賦予不同的意義，此段文字的〈字解〉云：

> 貪嗔癡愛，四心物也。欲，近私也。忿，近恨也。奢，過度也。妄，
> 非分之想也。辟，偏倚也。塞，滯結也。蕩，流動也。遷，更移也。
> （頁22）

在此所言，皆因「心」之所向而引起的偏執。其對「心」的定義是「心者，
一身之主，萬相之宗。」（〈節解〉，頁 9）又曰「心之源出自性，心乃性之靈
苗也。」（〈節解〉，頁22）可知註解這一段文字者認為，就人之根本而言，是
屬於「性本論」者，而就以人的形體與舉止行為而論，則屬於「心本論」者。
〔註14〕據此而言，則人類的一切外在行為與內在思考，皆起源於「心」的活
動；而「心」的活動若朝向貪欲、嗔忿、癡奢、愛妄一途，則「性」必受嚴
重的干擾，導致於人性偏向私欲怨恨、貪婪驕奢、偏執滯礙、搖擺不定發展，
如此在道德上已不符標準，更遑論修道一途了，是以掃除貪、嗔、癡、愛四
大心物，實為修養心性的第一工夫，是以次段即云：

> 是以欲格其心物者，必戒貪欲，則扶性辟為正矣；息嗔忿，則闢性
> 塞為揚矣；消癡奢，則收性蕩為定矣；劃愛妄，則挽性遷為止矣。

修行之第一要務首要掃除四大心物，回復本性的本來面目。關於本性之初何以
被四大心物所蒙蔽，導致人性純善本質的改變，漸被貪、嗔、癡、愛所雜染的
原因，民間宗教家以「先天」、「後天」來解釋說明，此段文字之〈節解〉言：

〔註12〕參高觀盧主編《實用佛學辭典》（臺北縣板橋：正一善書出版社），頁1325。
〔註13〕同上註，其曰：「貪之與愛，名別體同」（頁1324），又云：「貪與愛，異名同
　　　　體也。」
〔註14〕就此而言，我們無法確切的說，民間所接受的理學知識是程朱一派抑或陸王
　　　　一派，而應說兩派之間在民間中互相交流，互相影響，在民間文化雜揉與融
　　　　合的特色中形成民間文化中的理學，而不是傳統知識分子所認知的理學。

> 性本大中至正，落於後天，遂受貪慾牽扯，而偏辟焉。……性本能
> 大能小，放之則彌六合，卷之則退藏於密，落於後天，遂受嗔忿牽
> 扯，而閉塞焉。……性本寧靜，落於後天，遂受癡奢牽扯而流蕩
> 焉。……性本知其所止，落於後天，遂受愛妄牽扯而遷移焉。（頁
> 23～24）

人之本性本是至大光明，一塵不染，一旦落入後天，若不知時時省思，返回
原來，則一切惡習妄念將隨之而至，甘食悅色，致使本性蒙蔽，迷而不覺。
而其所謂「後天」乃指人類所居住的凡界，〔註15〕此一凡界受世俗雜染，使
我們本具的光明自性亦因居處其中而迷昧不清，因此欲回復先天自性，首要
除卻四大心物，故〈節解〉言：

> 覺貪慾之非，有傷性正，戒貪除欲，則匡扶偏辟，復性本旨之正
> 矣。……覺嗔忿之非，有傷性揚，息嗔忍忿，則闢破閉塞，復性本
> 旨之揚矣。……覺癡奢之非，有傷性定，消癡去奢，則收復流蕩，
> 復性本旨之定矣。……覺愛妄之非，有傷性止，劏愛除妄，則挽轉
> 遷移，復性本旨之止矣。（頁24）

自「覺」乃回復本初自性的第一要素，透過自我的省思，參悟本性之寬廣明
徹，無所不包。在此需對此一參悟過程有不同於思想家的理解與認知，對於
自「覺」的省悟，此一「覺」的生命歷程，絕非只是一道德理念的體驗，必
需擴及於宗教生活的實踐，此為宗教信仰者與思想家的不同之處。思想家對
於本性的認知為一道德的實踐，而宗教信仰者對於本性的體會則是生命深處
與宇宙主宰的冥契，因此除了道德實踐的基本處世原則，最重要者，在於對
宇宙實體的追尋與對終級關懷的體證。〔註16〕因此以上所述劏除貪、嗔、癡、
愛四大心物，不僅是對道德實踐的要求，更是對生命深處的省思與對終極實
體的證驗，而在民間教派的理念裡，回復與宇宙主宰齊一的光明本體是修道
的第一步,故欲踏上修道之途，則首要除心物，這也是《學庸淺言新註》論及

〔註15〕 以宗教人的眼光而言，聖界與凡界是一相對性的名詞。「聖界」是宗教人對於
　　　　終極實在的嚮往與追求，而「凡界」一詞根本上是消極的宗教術語，是宗教
　　　　人追尋終極實在界時用以貶稱浮淺的日常生活。詳見 Louis Dupre 著、傅佩榮
　　　　譯《人的宗教向度》（臺北：幼獅文化事業，1986 年 12 月），頁 13～15。
〔註16〕 宗教體驗與信仰之間是密不可分的，因宗教體驗而使宗教人對於所信仰者堅
　　　　信不疑，逐步邁向終極實體的生命驗證，因此宗教人不只是道德上的實踐，
　　　　宗教體驗與實踐才是他們共同追尋的終極目標。可參王志成《解釋與拯救─
　　　　─宗教多元哲學論》（上海：學林出版社，1996 年 12 月）。

「格物」時，大費篇章談論心物對修持影響至深的原因了。

「心」是引導人一切思維的主因，而伴隨心物之蔽所引發的具體外在行為表現則稱為「身物」，故說：「心物自蔽，身物自染。」〈節解〉對身物的解釋曰：

> 何謂身物？因其心物未慎於隱微，貪嗔癡愛遂滋蔓焉，行於身發於外是也。（頁 25）

又云：

> 身者，心之役。心物滋蔓，發於身，身安敢不惟命是從乎？（頁 22）

身物乃因「心」之作用而起。人的行為，因心作用而將其所隱藏之貪嗔癡愛的想法表現於外，此一行為，不僅未能符合道德標準，更遑論修道人於鍛鍊心性的要求了。是故作補傳之時，先講明去除心物的重要性，再論及驅身物之必要。就理論上言，覺心物之非為先，驅身物之動為末，但就修持上而論，二者之去除實無先後，因為聖人所戒慎恐懼者實在「隱微之間」，因此對於掃除心物、身物之非，實無先後之分，故其又言：

> 身物昭著，莫不自染己心焉。故賢人驅身物於昭著者，以其心物未慎於隱微也。心物弗慎於未動之間，貪嗔癡愛遂熾焉，而現於言行矣，此謂之身物昭著也。故驅身物者，即曰覺心源也。心者易動，深恐始勤終懈，是病焉，則身物復昭著矣。如能如終覺心，則亦漸趨於覺性矣，及其成功一也。

在此說明了驅除身物的重要性，能夠對生命進行反思者，時時刻刻可由其行為舉止作一自我省思。在宗教體驗中，須先從自我行為初步檢討，然後才可論及與宇宙同體的光明本性做深刻的理解與體會，是以除心物與驅身物二者偏一不可。驅身物之主要目的在覺心源，心為一切思維之主，若能導心為正，勿使其走入迷戀心物之途，則心正身正，身物自然驅除；身物無存，則心源自明。自性光明，自然不受凡界俗事干擾，而修道一途必然可成，因此傳文才說：「如能如終覺心，則亦漸趨於覺性矣，及其成功一也。」而〈節解〉亦言：「故慎心物於隱微者，至性本來面目也；驅身物於昭著者，清心台之源流也。」（頁 25），因此除心物去身物是《學庸淺言新註》對於「格物」一詞的註解，也是我們對於其補傳應有的初步認識。

（二）「格物致知」與「誠意正心」

在「格物致知」的補述上，《學庸淺言新註》對於「格物」一詞的著墨較

多，主要原因在於其將「物」的意義措置於心物與身物的定義上，此二者正是一般人最易犯染的毛病，影響了我們的道德修為，而這種損耗是無形的侵蝕，使人陷入其中而不自知，如此則人的行為日漸放蕩，本性逐步地邁向黑暗、淪喪的一面，因此「格物」的鍛鍊與體驗是修道人驅除脾氣毛病與自見本性第一工夫。職是之故，《學庸淺言新註》對於「致知」的撰述敘述不多，甚至於本文都不見對「致知」的解釋，對於「知」的認識，需由其〈字解〉與〈節解〉中探求。

在〈節解〉中對於「致知」的基本定義是「良知即自性也，致者推廣行遠也。」（頁 9）可知其對「致知」的基本認知乃將天賦本性推行廣遠，也就是發揮天所賦與的良知良能，這是陽明學說在民間教派發展的另一證明，也是《學庸淺言新註》對於「致知」的基本定義，而「致知」的宗教義亦由此展開。

由於補傳對於「致知」的著墨不多且多與「格物」一同解釋，因此我們探討「致知」的意義時，則需與「格物」一齊視之，在首段「所謂致其知在格其物者」的〈節解〉云：

> 是以欲將良知良能推廣行遠，必須格心物也。……欲將良知良能復初，推廣行遠，非徹底將此心之四物剷除不可。（頁 22～23）

次段「是以欲格其心物者」的〈節解〉則言：

> 心物所生……本然之性遂受傳染之性所蔽矣，故欲致其良知，覺性之初，當何如也，其良方下備載焉……。（頁 23）

「知」的定義是「良知」，亦即天賦本性，屬於王陽明致良知思想的再傳衍。然詮釋良知時必與格物一齊講解，可見註解者認為，格心物、驅身物是修行的首要工夫，格物之後良知自然顯現，若無格物的基本體認，則良知已受心物、身物所蒙蔽，何以呈現天所與我的良知良能呢？因此〈節解〉又言：

> 如格物工夫不能作到盡善，而欲致其良知者，猶之築屋，基礎未堅，而欲上營其華，則恐危矣！……是故格物者，乃聖功之要領，願有志於道者，幸照吾言，躬行實踐，則心物可格，性體圓明，而至道凝矣。（頁 24）

格物」是修道人驅除脾氣毛病與掃除物慾的基礎鍛鍊，唯有克服貪、嗔、癡、愛的欲求，才能使本性具足、光明圓滿，良知良能自然落實呈現。因此在「格物致知」的體驗工夫上，「格物」為首要達到的目標，「格物」若成，則良知

自然明現，這是這篇補傳詮釋「格物致知」的意義。

　　雖然《學庸淺言新註》主要在於對「格物致知」作補傳，但其對於「格物致知」與「誠意正心」之間的關聯亦有其看法。傳文即言「是故君子慎心物於隱微，遏意惡於動機。」說明的心之動與意之動的密切關係，這段文字的〈節解〉作了詳細的描述：

> 貪慾、嗔忿、愛妄、皆由於心物之不慎於隱微，遂相因而生焉。故心為大同之先導，心為浩劫之動機，心為萬事之源樞，心為鬼神之趨徑也。不甚於心物之隱微，則意惡流浪，遂相因而動機焉。聖人無他技，其心休休焉，無非慎隱微，遏動機也。……故欲致其良知，慎心物遏意惡，乃為當前之急務矣。（頁24）

在此說明心之動與意之生是息息相關的，而最重要的契幾在於「隱微之間」。「隱微」一詞所注重者乃君子的「慎獨」工夫，其隱微與慎獨意義的解釋曰：「隱微者，心物欲動未動之間也……是故修性之君子，所慎者，心物欲動未動之間也……是故君子慎其獨者，乃慎隱隱微微心念也。」（頁 58），此一說明亦著重於心物興起時的一念之間，因此所說的「慎心物、遏意惡」就在於頃刻之間的意念想法了，一念善即為君子聖人，一念惡則為小人惡鬼，因此才特別叮嚀修道人要慎心物於動與未動之間，謹防於心物導引惡意的興起。

　　《大學》與《中庸》都講究慎獨，但二者的意義有所不同，《大學》從誠意說慎獨，即從人心說，而《中庸》則從不睹不聞說，乃從性說。〔註17〕但是民間教派乃結合二者而論，就心物之動影響意念之生乃從人心上而論，就意念之生而影響良知良能之自覺，乃由性而論，然無論從心而論或從性而說，「格物」是一切為聖工夫的要領，是以其言「故欲致其良知，慎心物遏意惡，乃為當前之急務矣。」

　　由於論述者一再強調「心之所發，意必隨之，意之所動，身必行之。」（〈節解〉，頁9）是以「格物致知」的補傳也牽涉了《大學》「誠意正心」的問題，其言：

> 所謂誠其意在致其知者。故心物未發謂中和，良知性也。心物既發謂動機，紛乘意也。是以慎心物於隱微，遏意惡於動機，以復其良知，而臻於至理矣。

就為學次序而言，《大學》原典的工夫次序為：格物→致知→誠意，而《學

〔註17〕參楊祖漢《中庸義理疏解》（臺北：鵝湖出版社，1986年9月三版），頁96。

庸淺言新註》的次序則為格物－誠意－致知的循環之道。此一說明，若吾能格除心物則意自然誠矣，意誠則良知自然呈現，良知自然呈現，則距聖人之路不遠矣；反溯而論，良知本性光明具足，則意念自然而誠，不假虛偽；意念誠正，則心物俱無，如此格物工夫已完成，聖人之路自然不遠。然而在此我們需注意者，《學庸淺言新註》的注釋者將「格物」與「正心」等同視之，故傳文中只談及「誠意」而少論「正心」，他們認為，格除心物其實就是「正心」，這樣的解釋與王陽明的格物論有相通之處，王陽明所謂的格物實為「正物」，因此首先需「端正念頭」，如此才能使事事物物各得其正。

《學庸淺言新註》為「格物致知」所作的補傳較著重在「格物」的詮釋，最終雖然回歸《大學》格致誠正的主題，但仍強調「格致」才是《大學》的本旨，故傳文最末段言：

> 故格其心物以致其良知者，內聖功也。聖足而後，則意不誠而誠矣，心不正而正矣。雖序有四，實則二焉，以其心意儲諸一身，故亦列內聖之功矣。

在此雖言誠意正心亦為內聖之功，然而內聖之功主要仍在格物、致知的修行功夫，只要去向心物，則良知自明，自然心正意誠，因此一切的修道之功以格致為重。故〈節解〉言「格致之功，內聖之大本也。格心物以致其良知，致其良知，以極於至理也。心意者性役也，性復而後，則誠正不行而至矣。故聖功序有四焉，曰：格致誠正是也，其實即格致耳。」（頁 29）在此所強調者依然以「格物致知」為重。但是我們由其所謂聖功次序而言，我們可以發現注解者為了回復《大學》原文本意，而犯了於傳文中格物－〉誠意－〉致知的次序，為了彌補這個遺憾，又巧妙地說：聖功序有四焉，其實即格致耳。由此可見民間宗教雜揉與創新的能力與文化，這也是研究民間教派時須留意之處。

（三）「格物致知」的終極意義——性心身一貫

《學庸淺言新註》詮釋「格物致知」時，作者強調格心物，主要原因乃在於正心，驅身物則避免人的行為有所偏差。而格物的主要目的乃在於回復人所與生具有的良知良能，若能時時發揮本具良知，則本行性自然光明，不受雜染，如此則修道之途可成。因此，性——心——身是一體的，彼此環環相扣。性不明則心不正（被心物所蒙蔽），心不正則身不軌；反溯而回亦復如此；若身清則心正，身、心皆正則性必光明。據此，談論「格物致知」時必論及彼此一體的重要性。

補傳本文對於性、心、身的關係有一段明白的說明：

> 故心物自蔽，身物自染。格心物者，復初性也。驅身物者，覺心源
> 也。性心身者，一貫也，三者之不可離，猶植根植本之不可分矣。
>
> 性心居內曰自覺焉，身行著外曰覺人焉，故內聖外王之功，豈可缺
> 一哉。

在此必需對「性」作一說明。《學庸淺言新註》的註解者為「格物致知」作補
傳，主要的目的乃欲人人回復「本然之性」。而其對「性」的解釋與本源較接
近於程、朱性即理的說法。其言：

> 性者，先天也。（〈節解〉，頁 17）
>
> 性本至大者，與理係一體也。（〈節解〉，頁 28）
>
> 先天賦我之性，本源何在，曰真理也。……大本大源，既已明曉，
> 應當復性返本，歸於真理。（〈節解〉，頁 13）

所謂先天之性即天所賦與的本然之性，此性與「理」同體。因此就心性本體
而言，其所言乃屬於「理」本論者，乃為程、朱的說法。他們認為人之大本
大源乃為一理，亦即人之本性與理、天齊一，無有分別，因此修道者應回歸
本性主體，切勿冥頑不靈，被心物所牽引，以至輪迴生死。據此所言，人之
本性來自於天，具有與理本體的同質性，何以眾生心性不一，善惡不齊？據
此，〈節解〉有詳細的說明：

> 性本至善，曰本然之性。身歲漸長，氣拘物蔽，曰傳染之性。人人
> 各具其性大，惜乎不知覓耳！（頁 12）
>
> 性源者理也，本旨皓亮，落於後天，遂被氣象拘蔽，而心物遂起。
> 心物以起，猶雲霧之蔽青天矣。（頁 25）
>
> 因其人落紅塵，氣秉所拘，物慾所蔽，將充分之性天，而陷於萬丈
> 塵氛之內。（頁 6）

人之本然天性原為至善無惡，降落後天之後受凡界的氣象所蔽，沉迷不悟，
是以心性已非與理合一之性，逐漸沉淪於心物之追求。其所謂的後天氣象，
實為理學家所說的「氣質之性」。本然之性即天命之性，純乎天理，亙古不變，
亦即所謂的性即理；氣質之性乃因氣稟不同，雜有偏正、昏明、純駁、厚薄
等不同，故有善有惡，非純然之善。然而個體在現象界中的發展泰半朝向氣
質之性而不知。是以理學家提出天命之性與氣質之性的分別，主要目的在於

激發人的自覺反省，回復至善的明德天性，藉以修正氣質之性之於人的不良
影響，以朝邁聖賢之道而前進。就性體論而言，《學庸淺言新註》的作者乃結
合程、朱的理論，轉化成為宗教的語言，藉以傳教，使得理學的理論在民間
重新詮釋，賦予理學不同的生命面貌。

　　由於氣質之性受心物的感染，也再次強調「格物致知」的重要，而要徹
底實踐此一聖人目標，最重要者即要體認性、心、身本為一體，無有分別，〈節
解〉即言：

　　　　性者君也，心者臣也，意者民也，身者役也。君心克明，峻德是懷，
　　　　而心意身，始能共役。（頁 10）

觀其所言，可知「性」為主體，是人之主宰，而心、意、身乃人之欲念所產
生的想法與行為。因此若能體認本然之性才是人之主體，與天、理齊一，則
必然心正意誠，而所付諸的行為也必與性、心、意合一，無有分別。以性為
君，而心、意、身乃為臣、為民、為役，藉以說明修行必需先正本溯源，正
視根本，自然而然本體與心念、想法、行為能齊一，不致有誤。孚祐帝君於
前言之〈大學之我見〉亦言：

　　　　性為聖君，心作賢明之臣，以道化身，則身心性融為一矣。性本至
　　　　靜，有感隨通，發於心而役於身，莫非皆道也。須知身心性亦有三
　　　　大分別，性本至善，心有本善、有不善，身本惡濁也。如性秉其權，
　　　　則心身共役，雖欲心之妄動，身之妄行，誠難為矣。（頁 4）

「性本至善，心有本善、有不善，身本惡濁也」乃就天命之性與氣質之性所
發展的不同結果而論。但仍著重在「性」為本體的理念上發揮，只要認識「性」
為本體，心就較不會被四大心物所牽引，意念也不會因此而妄動，行為舉止
亦不會有所偏差。因此其重點在於「身心性融為一矣」藉以說明「格物致知」
的終極意義在於性、心、身融為一體，合為一貫，此一理念在〈節解〉中更
是再三強調：

　　　　故至性曰天理，賦人曰性，性主體骸曰心，心發而昭著曰身。名雖
　　　　三其實一貫也。理者根也，性者本也，心者幹也，身者枝也。根衰
　　　　則葉萎，性明則身正，性、心、身三者之不可離，猶植物根本幹枝
　　　　之不可分矣。（頁 25）

本著「性即理」的理念，這段文字一再聲明性 —— 心 —— 身的修行是一致、
不可分離的，譬猶植物之根本枝幹，不可各分西東。因此性 —— 心 —— 身的

修持之道是循環不息的，彼此環環相叩，不可稍離，是一體而不是零散的。因此「格物致知」的修道理念，最終目標乃為一總體目標，按作者的語言即是性、心、身一貫，三者息息相關，缺一即無法成就聖人之道，可知追求性、心、身一貫是作者詮釋「格物致知」的最終理想與目標。

（四）「格物致知」的宗教意義——末劫的啟示

「救劫」在民間教派所宣揚的教義中，占有很重要的地位。我們綜觀明、清民間宗教之所以盛行的原因，〔註18〕其中宣揚末劫訊息占有極大的比例。因為末劫將臨，許多救世主（各教派的教主）應運而生，拯救眾生脫離即將降臨的浩劫，也因此有所謂的「救劫」之說。

道、劫並降是民間教派所闡揚的理念之一。道本不輕易降臨普傳，因上天為了拯救世人之原靈，因此派救世主傳道拯救眾生，於傳道之時並傳達上天降劫的旨意，有緣有幸者能得到上天的救贖，若是依然冥頑不靈、不知悔悟，只有自毀於劫難之中。

降劫之說實是將中國的宇宙循環論加以宗教化，民間教派的宇宙論乃屬於循環的宇宙論，藉由生→滅→生的周期循環不已。而民間教派則將此循環論宗教化，將「滅」的循環周期視為上天降劫，毀滅天地。而《學庸淺言新註》為「格物致知」作補傳，就宗教意義而言，傳達末劫的啟式，呼籲世人早日修道，實為仙佛降靈扶鸞的主因。

關於「劫」的降臨，一為宇宙由創生至毀滅必經的循環之道，此為天理定數，無法更改；一為因人類行為的惡行惡狀導致而成，上天因觀人類行為漸行漸惡而不覺，是以降劫懲罰罪人，使之自食其果。然而造成劫難即將來臨者則屬於後者，是以仙佛扶鸞著書，主要目的乃欲導正人心，奉勸世人行道。《學庸淺言新註》之〈大學總論〉即言：

> 現在浩劫彌漫，黎民倒懸，究其劫源，皆係蒙蔽己性，利用己情耳，久之則己性益塞，氣質日深，嗜慾日甚。……心為造劫之淵源，噫嘻，心為造劫弭劫之樞紐耳。（頁51）

「心」之動為一切的根本。因為心若不修則性必不明，如此則氣質之性向惡無善。因此修心是修道之本，也是為什麼認為「格物致知」是《大學》的根

〔註18〕莊吉發先生根據清檔案的記載，在清代的民間教派即有二百七十餘派之多，可見當時民間教派的盛行。見〈「真空家鄉，無生父母」——民間秘密宗教的社會功能〉（《歷史月刊》第八十六期），頁51。

本，所以我們可以說，「格物致知」的意義若從降劫方面來解讀，則說明了若世人不致力於「格物致知」的實踐修行，則必遭受浩劫的毀滅。〈節解〉亦言：

> 三期時代，造劫彌漫，就其劫源，乃起於心物之飲微耳。如貪慾、癡奢、愛妄、皆由心物之不慎於隱微，遂相因而相生。（頁24）

傳達三期末劫的訊息為明清以來民間宗教的共同特色，〔註19〕在此所言則以回溯「格物致知」補傳的撰述意義，對於驅除心物的重要性也再次重申，因為心若為貪、嗔、癡、愛所雜染，則身必隨行之，性也因此而迷昧不明。若世人皆為心物所染，必普遍存在著惡的思想與行為，則人間即地獄，上天若不降劫毀滅行惡之人，則善人何所居處？職是之故，劫之降臨乃因人之惡，而人之惡乃在於受心物所迷惑，因此格物首格心物主要原因乃在於返回本然善性，人人返溯天性，則何劫之有？

從修道面觀察，這篇「格物致知」補傳乃在鼓勵世人格心物、驅身物，以推廣良知良能；若從救劫的層面觀察，則「格物致知」的撰述者則以末劫的啟示勸諫世人早日行道，以躲災避劫。因此我們可以從另一角度體察民間宗教家除了承傳理學家對於義理的闡揚之外，更加重的宗教上的濟度意義，這是我們觀察民間宗教家轉化理學思想時所必需留意的。

小　結

從民間教派對「格物致知」的解釋，我們可見自王陽明提出「格」為「正」，「物」為「意之所在」，「格物」包含著「格心」與「格物欲」的意涵。整體而言，這樣的詮釋觀點，在民間教派裡已完全取代了朱子的「即物窮理」的解釋。

雖然有些教派結合朱、王之說以表其全，然而就修行的角度解讀，陽明學說還是較被接受的。我們可就此返溯而觀，何以陽明後學被人譏為狂禪，〔註20〕以及吸收王學之說而演變成教派的三一教，〔註21〕與清道光、咸豐年

〔註19〕對於三期的名稱，稍有不同，或稱青陽、白陽、紅陽；或稱龍華初會、二會、三會；或稱先天、中天、後天；或稱無極、太極、皇極，名號之多，不勝枚舉。然其所代表的意義則為一致，代表過去、現在、未來三期（三世）的時序觀念。詳參洪美華〈明末清初秘密宗教思想信仰的流變與特質〉收於《「明清之際中國文化的轉變與延續」研討會論文集》（臺北：文史哲出版社，1991年2月）。本文所指稱的三期則為青陽、紅陽、白陽之名稱。

〔註20〕黃宗羲於《明儒學案》卷三十二〈泰州學案一〉云：「陽明之學有泰州、龍溪而風行天下，亦因泰州、龍溪而漸失其傳。泰州、龍溪時時不滿其師說，益啟瞿曇之秘而歸之師，蓋躋陽明而為禪矣」（臺北：里仁書局，1987年），頁

間，屬於民間性儒家學派的太谷學派，〔註22〕他們爲何以「宗教」的形式流傳？而且在民間社會中廣被接受，其中的思想理念從未斷層，延續至今。

我們知道，傳統的儒家教育注重在"道德"層面，卻很少教人如何才能使人生幸福，換言之，儒家教育偏重屬於"道德論"而罕言"幸福論"，二者的不相應，使人內心深有一股遺憾。〔註23〕當理學被民間教派以宗教的語言解讀時，許多傳統的道德語言被以宗教意義解讀，甚至於被神秘化、神聖化，傳道者告訴信仰者，什麼才是眞智慧？眞幸福？以宗教性自覺的理念取代道德性的教條拘束，用宗教慰藉的力量，安撫人追究未知的茫然。而陽明所提倡的天理良知，正可符合這樣的要求。良知不假外求，故可在民間社會中廣爲流傳；天理自存於心，故人人皆可成佛。在人人都可接受，人人都可做到的前提下，陽明的「致良知」學說在民間社會中被實踐，這是可以想像的。況且陽明自己說道：「良知二字，是千古聖學之秘……此乃孔門正法眼藏，從前儒者都不曾悟到。」（《王陽明全集》（上），頁200）其所言的「聖學之秘」、「正法眼藏」，都已涉及了神聖性與神秘性的問題，因此陽明之學會演變成宗教，實是有跡可循的。

解讀民間教派所作的補傳與詮釋，必須要有「時」與「濟度」的觀念，如此才可以了解何以他們在眾多的注疏本中，還要進行補傳與再詮釋，這樣的閱讀態度，才能更契合他們的解釋觀點與理念。

第二節　誠意愼獨之宗教意義

《大學》、《中庸》皆談誠意與愼獨，《大學》從毋自欺的角度審思，《中

703。雖然嵇文甫先生認爲此乃晚明社會思想解放與反抗傳統的結果，但是陽明之學演變成狂禪的結果，泰州學派之作風乃爲主因。嵇氏之著見《左派王學》（臺北：國文天地雜誌社，1990年），以及《晚明思想史論》（北京：東方出版社，1996年）。

〔註21〕參鄭志明《明代三一教主研究》（臺北：臺灣學生書局，1988年）；馬西沙、韓秉方《中國民間宗教史》第十三章〈林兆恩與三一教〉（上海：上海人民出版社，1992年12月）；林國平《林兆恩與三一教》（福州：福建人民出版社，1992年12月）。

〔註22〕參王汎森〈道咸年間民間性儒家學派──太谷學派研究的回顧〉（《新史學》第五卷第四期）。

〔註23〕森三樹三郎著、蕭彥英譯《中國思想史》（臺北：文思出版社，1981年），頁18～19。

庸》則由不睹不聞的獨處工夫討論，無論從那個方向思考，二者皆不可分開而論，誠意是愼獨的必要條件，愼獨是誠意的必然結果，二者相依相成，缺一不可。

　　朱熹釋解「誠意」時說：「誠者，實也。意者，心之所發也。實其心之所發，欲其一於善而無自欺也。」（〈大學章句〉，頁 3～4）、「誠者，眞實無妄之謂，天理之本然也。」（〈中庸章句〉，頁 31）朱子以"實"、"眞實無妄"強調「誠」的主體，其乃天理之本然，落之於個體的內在，即是無自欺的省察工夫。而無自欺的眞實呈現則是愼獨，朱子註解愼獨時就說：「獨者，人所不知而己所獨知之地也。……蓋有他人所不及知而己獨之者，故必謹之於此以審其幾焉。」（〈大學章句〉，頁 7），說明了若欲達到眞實無妄的境界，最須用力者乃在於人所不知而己所獨知的幾微之處，這也是無自欺的具體表現。

　　王陽明則以「誠意」貫通《大學》、《中庸》之思想，〔註 24〕他在〈大學古本序〉言：「大學之要，誠意而已矣。」又在〈大學古本傍釋〉云：「誠意只是愼獨工夫……猶中庸之戒懼也。君子小人之分，只是能誠意與不能誠意。」（《王陽明全集》（下），頁 1197、1193）在陽明的心中，誠意與愼獨是一體兩面，君子之修道煉性，所當用心者即在於此，他在〈修道說〉言：「君子有修道之功，戒愼乎其所不睹，恐懼乎其所不聞，微之顯，誠之不可掩也。修道之功若是其無間，誠之也夫。」（頁 265）據此可知，陽明認爲誠意與愼獨本是一事，具體而言，只是「誠」之工夫，故其以誠意概括二者。

　　民間教派對於誠意的理解，基本上是紹承朱、王思想，視誠意爲修道過程中之必要工夫。但是對於愼獨的釋解，在誠意的基礎上，一方面承繼朱、王的義理思想；另一方面則有其異於理學家的宗教詮釋，此爲民間教派解讀《學》、《庸》的特色，在以修道爲主的觀念中，開創屬於他們的思想體系。

一、誠意愼獨的基礎 —— 毋自欺

　　「毋自欺」是《大學》解釋誠意、愼獨的具體說法，與《中庸》所言「莫見乎隱，莫顯乎微」的自我修煉而言，所指實屬一事，皆要人坦蕩的面對自己。

〔註 24〕在王陽明的心中，《學》、《庸》思想是連貫不可二分的，〈傳習錄（上）〉記載其弟子陸澄問《學》、《庸》異同，陽明回答：「子思括《大學》一書之義，爲《中庸》首章」（《王陽明全集》（上），頁 16），由此可見陽明貫通《學》、《庸》二書之作法。

此一自我的真實朗現，須是當下自覺，就如同人之惡惡臭、好好色，都是當下最實在的表現，沒有任何矯飾與思索。而一般人所欠缺者即在於時時刻刻都能真實地面對自己，這種「毋自欺」的自覺與內在省思，就是《中庸》所說最須戒慎恐懼者，乃在不睹不聞之時，因為不欺人是屬於外在的道德修為，因此容易做到；不欺己則是內在的心性覺醒，若非大覺大悟之人，實乃行之不易，是故《學》、《庸》所談之誠意、慎獨的根本之道，最主要乃在於不欺己。

就修道的過程而言，民間教派承繼理學家賦予「誠」的神聖意義。《大學》以誠意談修己，《中庸》則以天道之真實呈現談「誠」，視「誠」為天人合一的至高境界，〔註25〕因此「誠」可說是溝通天人的基本條件，也是盡人道以達天道的內在修煉。《新註大學白話解說》即言：「誠字是為人的根本，所以《大學》特重誠意。誠意就是《中庸》誠之者的意思。這是聖人特開的方便法門。」（頁4），誠意是一切的根本，也是聖人教人修道的入門之法。誠意代表著天人合一的真善美的境界，〔註26〕然而伴隨誠意所引發的問題則在於「獨處」時的意念動機，故《學庸白話解》云：「《大學》最注意誠意，故指出戒自欺及誠心好善惡惡與慎獨功夫。」（頁57），據此可知，「自欺」乃是修道人提升自我心性時所面對最大的瓶頸與障礙。

修道的根本在於「誠」，而「誠」之真實與否的關鍵則在於「獨」，因此「獨」可說是誠意與否的最具體狀態。如何避免獨處時的思緒紛飛，擾亂心性，此乃修道之人面臨自我「獨」處之時最應注意者。然若欲於掃除獨處時的心緒雜染，根本之道仍在「誠意」的體現與認知：

> 所謂誠其意者，是不自欺自己的良心。如口是心非者，即自欺也，
> 自欺欺人即欺天耳。……此則所謂「自己良心之實語，此謂之毋自

〔註25〕關於《中庸》「誠明」的解讀，陳滿銘先生從「偏全」相合的角度審觀，以求合中庸之意旨。陳先生認為，一般人讀中庸，都從「全」的角度——道的本源與踐行上看，導致「自誠明」與「自明誠」二者斷然分開。若能從「偏」的一面解讀，即由人之天賦與學者人為上的努力，將與生所具之「誠」的力量發展而至，則「自明誠」方有其實踐之可能，否則將成空中樓閣，虛而不實。故其認為研讀中庸須配合「偏」的角度，才能周遍理解。參氏作〈從偏全的觀點試解讀四書所引生的一些糾葛〉（《中國學術年刊》第十三期）

〔註26〕「天人合一」象徵著理學範疇在主體所達到的人生與宇宙合一的最高境界，而在理學所討論的範疇中，只有"誠"、"仁"、"樂"是單獨出現的，這三個範疇乃代表著真、善、美三位一體天人合一的整體境界。詳參蒙培元《理學範疇系統》，頁469。

> 欺也。」如果不欲自欺者，必須顯現良心，先誠其意；立定眞信，
> 使人心無所用其技倆矣！能如是，則眞心現，人心亡，自能率性而
> 行。（《文外求玄──學庸註解》，頁59～60）

不欺自己的良心可說是「誠意」的初步工夫，亦即獨處時須以天賦良心爲準
則，此爲不自欺的扎根工作。然若欲良心能時時刻刻處於「誠」的實體，則
須「立定眞信」。「眞信」之義，已包含了宗教的原動力，確立「眞信」的信
仰目標，就此修煉，良心自然不因時、空而嬗變，可知戒自欺之初步工夫乃
在使良心自然湧現。

　　將良心的眞實呈現做爲誠意、毋自欺的基本條件。良心發展至極處，在
於隱微獨處之際，其良心依然光明朗現，不因離群獨居而改變。因此，體現
良心的最大障礙即在幽暗細微處，故而欲達到眞正的毋自欺，不睹不聞時之
起心動念，亦成爲自欺與否的問題所在：

> 隱，幽暗難見也。微，細事不顯也。獨，人所不知而己所獨知也。
> 言幽暗之中，細微之事，雖其跡未形，而心機已動，人雖不知，而
> 己之良心昭昭自見，是天下至著至顯之事，蓋莫過於此者。是以「君
> 子既存天理於未動，復遏人欲於將萌」，而不使其潛滋暗長於隱微之
> 中也。（《中庸輯義》，頁7～8）

一般人於人群之前，其天理良知易受外力影響而顯現，故《學》、《庸》對此
較少談論。然於個人獨處或隱微之時，其欲念因少外力之牽制而發動，故
《學》、《庸》重視「慎獨」時的誠意工夫即在於此。心念之發動雖外人所不
知，然而面對自己的良心，卻無絲毫隱瞞，因此「毋自欺」不僅是誠意的根
本，更是「慎獨」的具體修煉。

　　誠意與慎獨的基礎工夫皆在毋自欺，從誠意中朗現良心本來，由良心的
起動，證驗「慎獨」的可貴。就此而言，則誠意與慎獨在修道的過程中是不
可分離的。「誠於中，形於外」是誠意至極的外在行爲表現，然而「誠於中，
慎獨於內」則是誠意至極的內在心性修煉。內外相融，無有分別，如此方爲
眞正的毋自欺：

> 慎獨無非去欲，無非戒自欺也。以其自也，故曰獨，爲自己一人，
> 人不得而見焉，此最傷其眞之時。如惡臭好色，必起念於無人之時，
> 無聞見之地，妄念所至，無所不爲，而眾惡行皆成矣。溯其初也，
> 皆緣獨時之一念。以其數於一念，故曰獨，謂其微也，誠意之道，

> 必自此始。（《大學證釋》上冊，頁 26 右）
>
> 意本無不正，但不受欺，即隨發皆充實有力。若一受欺，即私慾秉
> 權而意且王矣！故誠其意者毋自欺也。……言慎獨，正申明無自欺
> 下手處。慎獨者，敬慎於幽獨之地也。幽獨之地真意存焉，意本無
> 不善，其不善者，則私慾也。吾人從欲以自欺其初意，而意之微明，
> 究不容瞞昧，於此不容瞞昧處，慎獨以持之，則可以絕自欺之萌矣！
>
> （《大學性理闡義》，130）

人之所以意不誠，最主要在於人所不知而己所知之時的私欲紛擾，而此時的
欲念最傷明德自性，使其無法止於至善，是故誠意、慎獨之目的，無非不欺
己，呈現最真實的自己。因此，誠意乃為慎獨之根本，而慎獨則為證驗意誠
與否，二者的共同目標，乃落實內外一致的修道理念。

誠意、慎獨皆以毋自欺為基礎，主要在於發展最真實的自己，以此做為
修煉的目標，努力不懈，求得真理本然，共邁終極之境。

二、毋自欺的修煉階段

毋自欺是誠意、慎獨的共同基礎，乃將自我本性真實展現，這是結合二
者以體現內外不離的修道目標。就目標而論，實無內外之分，然就過程而言，
則毋自欺的修道歷程有其階段性，從其階段性的體證，更可了解民間教派對
毋自欺之修道意義的解讀。

（一）外力的約束──不欺天

《大學》以「十目所視，十手所指，其嚴乎」，說明即使在幽獨之中，依
然須謹言慎行，如同在眾人面前一般，勿生妄念；中庸則以「可離非道也」，
強調隱微之中，也不使人欲滋長，否則悖天逆理，離道越遠。二者所說皆語
帶警戒，示人於獨處時，亦不可稍有懈怠之心。就此而論，則人實踐誠意、
慎獨的過程中，最初乃借助外在的制衡力量，戰戰兢兢，戒謹恐懼，由外而
內，以達真正不欺己的體道工夫。在此所謂的「不欺天」乃泛指一切非自律、
自省的外力作用，因為廣義的天可指一切的存在，而且「天」對人有警告作
用，故以此指一切外在的約束力量，包含無形之仙佛鬼神。

民間教派對「毋自欺」的修煉之道，在整體過程中，強調力行實踐的重要
性，因此，其對於誠意、慎獨的解讀，不是一步登天，直達究竟，而是將其體

道的過程一一陳述。是以其講解毋自欺的過程中，亦有其階段性的描述。由外在的警示以至內在的修性，此乃常人共同的經驗，因此強調外力的作用，成為其對毋自欺的初步解讀。《新註中庸白話解說》言：「《中庸》合《大學》相表裏，《大學》是《中庸》的條目，《中庸》是《大學》的精神。……人何以能誠意，必須信仰敬畏鬼神，方能誠意。《大學》最重誠意，《中庸》始終的工夫也是一誠字。戒慎不睹，恐懼不聞，與慎獨不自欺是一樣的。」（頁 19）這裡說明人之所以能誠意，其初步條件在於必須信仰鬼神，相信鬼神的存在。鬼神之靈是無所不在的，鬼神之存是無形不宜的，因此若能信奉鬼神，即使在不睹不聞之時也能意誠不改初衷，不欺己心。《中庸證釋》也說：「《大學》誠意章，與《中庸》首章，皆以慎獨爲戒。即爲神之鑒臨，微而顯，隱而見，必恐懼於不睹，戒慎於不聞，以明道之念，行敬神之功，以畏神之心，勵脩養之志，此首末一貫，初成同途，不可不知。」（頁 230）此亦說明神之鑒臨，於顯微之處無往不存，是以何以須戒慎恐懼於不睹不聞之間，只因神無固定形體，亦無時、空之隔，若稍微懈怠，則神必知矣，是故須時存敬畏鬼神之心於獨處之時，彰顯誠意至極，如此於上可不欺鬼神，於己亦可坦蕩光明，不欺獨處之心。

藉由外力作用以達時存謹戒之心，除了戒除無人視睹的自欺心理，另一用意乃要說明，宇宙萬物本皆同源，是以在靈性的溝通中，本無阻礙。因此，若因意不誠而心生妄念，則天下之物皆感其動而知其意。一般人、物之所以無法洞察他人心意，乃因後天氣稟所拘、欲念所蔽，故而喪失此一天賦。而仙佛鬼神因超越了氣稟塵染，故可感應凡人之心思意動。所要說明者，常人雖可欺有形之人，卻無法欺無形之神，以此警告修道之人，切莫以爲人不知而自欺己心，鬼神已隨之應感而動，無可脫逃，是以切勿心存僥倖，欺神欺己：

> 誠意是明明德的要法，人的明德，本來是圓陀陀、光灼灼的，只因意不眞誠，虛詐邪妄，自己良心上，不免愧怍，不能自快自足，這明德就受了污染，有了虧缺，能以誠意就能以彌補良心的缺失，明德自然光明圓滿了。誠意的方法，是用意沒有絲毫虛假，不自己迷昧了天良，精神還在慎獨上。人的所以敢用意奸詐邪僞，是認的自己知道，一切神人都不知道，那知實有於中，必發現於外，萬瞞不了人的。且意是由心裡發，心的靈是由上帝分來（即萬物的本源）心裡發出意，上帝豈不知道，不但上帝知道，十方無不知道。我的心合十方的心，同是一元，自能聲息相通。……仙佛心體光明，便

> 有這能力（他心通）。曾子十目所視，十手所指的話，是實有其理，
> 實有其事，不是故意恫嚇人的。所以明道的君子，沒有不愼獨，沒
> 有不誠意的。(《新註大學白話解說》，頁 4）

> 人不愼獨，妄舉意念，縱然人不知曉，難逃仙佛的指視。所以曾子
> 警告天下人民說，十方仙佛的眼目看你，十方仙佛的手指你，要指
> 示出你的不好意念來，造下惡因，必有惡果，可厲害的嘍！(《學庸
> 白話解》，頁 16）

明明德是誠意、愼獨的主要目的，而其初步工夫則在不欺己。在天人一體的
理念中，物物之間皆有感悉通。因此欺己不僅只是個人之事，已關涉了宇宙
本體是否圓滿，是故具有感應能力者如仙佛鬼神，在人之意念動搖之時，雖
其無形體，但已知人之心念起動。聖人畏因，即在於恐一時之妄想而欺天欺
己，是故誠其意於隱微之際，愼獨於不賭不聞之間，其所戒愼者乃畏懼一時
之欺天而造下惡果。可知在習道的過程中，必須理念清楚無誤，步步為營，
不因外在環境而動搖心念，此一愼防心物滋長的工夫，即從誠意、愼獨下手。

　　藉由外力以達誠意、愼獨的毋自欺，這是修道過程中的初步階段，具有
警告與恐嚇作用，告知欲修道者不可有心存欺己的藉口，更不可有欺天的想
法，「舉頭三尺有神明」，這是民間社會常告誡世人勿以惡小而為之的警訊。
民間教派則將此一觀念落實在修行的過程中，並且以此解讀曾子所說之語，
使信徒們時懷警戒之心，呈現最真實的本來，而非人前一面，人後又另一面，
表裏不一。

　　內外一致，不欺人也不欺己，這是民間教派解讀誠意、愼獨之毋自欺的看
法，也是修道過程中的初步階段，雖然外力的訓戒大於自覺的內省，但對初入
教，欲達毋自欺之境界的信徒，具有一定的成效。在修道的過程中，每個階段
對信仰者而言，都有其特殊的意義，因此不可因其非自發性的修煉而忽略之。

（二）內在的省察工夫 —— 不欺自性

　　借助外力驅使達到毋自欺的境界，這是修道的初步階段，而非終極究竟。
修道的最終目的，乃要回歸至善本體，因此須是自省自覺，不假外求，體現
本自具足的本然之性，這才是《學》、《庸》傳世的最大意義。《文外求玄 ——
學庸註解》言：「人人身中，自有莫大無上之真富焉，真富者何？即吾人之佛
性也。……只因世人落後天以後，佛性蒙垢，被物慾聲色所迷，湮沒佛性，

雖有此無盡藏之真富，卻不自知其富。」（頁 63）天下最大的財富非外在的物質現象，而是不生不滅明德天性。人因降生而後，受氣稟物欲所拘，是故無法洞悉本來，故須借用外力鞭策，使之「明」其明德，不再沉淪迷失。一旦明德顯現，則無須運用警嚇之語，自然德明善至。

　　《學》、《庸》本為傳授孔門心法之聖典，因此解答毋自欺時，必須回歸二書傳世之本旨，如此才可明察聖人經典傳世，本為傳道渡人，一切的外在做為，只是工具、方法，而非本體。唯有從本體根源講解誠意、慎獨，方可見識《學》、《庸》之真傳：

> 故聖人垂教，以率性為人之道，而脩道為人之本。脩道必先存養，而戒懼為存養之基。……君子之戒慎恐懼，必時時如是，不可稍縱其心。而申以《大學》誠意之義，使知慎獨之訓，有所為也，為以全性以全生，明道以返本也。（《中庸證釋》，頁 88）

率性修道、達本溯源，此為《學》、《庸》傳世之宗旨，是以誠意、慎獨無非明性明道，洞察本然。因此誠意、慎獨皆須以性與天道為根基，如此毋自欺的基礎工夫才算完成，若只是停留於外力的驅使，總有痲痺無覺的一日，縱使仙佛鬼神現身，也只是短暫的嚇阻，對於自我根本的尋求，成效不大。因此毋自欺之最關鍵處，乃在以明德天性為依歸，返復天理良知的本體：

> 「慎獨」慎其獨知之地，即良心之所在也。……成德君子，必須常戒慎不睹、不聞之性天，常處於人所不知，而己獨知之地。（《文外求玄——學庸註解》，頁 59～60）

> 慎獨者，慎其所獨知之地，不欺自心，不欺自天。……如欲不欺自心，必先將真信立定，真信立定，毋欺自心，即毋欺於天矣。……性本虛空，如滄海焉，無細流之不納，推廣行遠，則臻於至理矣。（《學庸淺言新註》，頁 30）

> 慎其獨，於人所不知而己所獨知之時，亦謹慎自我，不敢苟且。即不欺自心，不欺自天也。（《四書心德——大學中庸》，頁 60）

民間教派的修道理念，以尋回自我本體為要，因此誠意慎獨的最高境界，乃止於不欺自心、自性。本然之性，眾理具備，五常具足，若於此處用工夫，無論身處何地，意自然誠。將誠意止於天理良知，獨處之時，以本然天性為主，自然不生妄念。因此誠意慎獨的最後工夫須以明德自性為首，轉化外力的驅使，成為天性的自發自覺，如是則即使鬼神在側，也形同於無有。若能

不欺自性，則毋自欺之功可告完成。

不欺明德自性是誠意、慎獨的最高境界，也是修道歷程中必須達到的階段。達此階段，並不是代表已成道、修成正果，而是邁向終極至境的一個起點，因為唯有不欺自我良知天性，才能真正達到不欺人、不欺天的真實。《文外求玄——學庸註解》即言：「君子知自性之不可欺，故常戒慎於佛性之獨知也。」（頁 62）可知不欺外在，只是一個華而不實的假相，只有不欺良知本體，才是內外一致的毋自欺。

民間教派從外、內的階段性談誠意、慎獨的修煉過程，以達內外不二的毋自欺。據此可知，誠意、慎獨在信仰者的心中，不僅只是知識、想法，最重要的乃將之落實於宗教生活的修煉。結合外在的實踐與內在的理念，使得自我本體，由內而外，光明璀璨，德如未生之時，如是則毋自欺的修煉，在整個體道、修道的過程中，居於一個重要關鍵性的階段，成道的希望乃就此展開。

三、慎「獨」與「十」之宗教密義

誠意與慎獨在《學》、《庸》中是不可分開而論的，二者以毋自欺的基礎，開展宗教修行的實踐。民間教派承繼理學家對「誠」的神聖意義，但對於慎獨也有其不同於理學的獨特解釋。

通常對於慎獨的解釋，較注重於「毋自欺」的修為層面，不論是外力的約束或內在的省察。民間教派對慎獨的初步解讀，基本上是延續毋自欺的詮釋方向，如《大學探源》言：「『慎獨』也就是意念未發將發之際，而自己將其隱微的一點點，趁別人還不知道時，趕快覺醒，理欲分明，這樣叫慎獨。所以，我們要非常小心謹慎於意念欲動未動之際，善者行之，惡者去之。」（頁 104）而《學庸簡解》也說：「所言真實誠意者，出自本性。……故修道要毋自欺也。若明知善而不為是自欺，明知惡而為之亦是自欺，明知利群而不為是自欺，明知損群而為之是自欺也。故修道君子必定要謹慎小心提防自己一人獨處。獨處的時候，雖在心裏未露，人未看到，已有天知、地知、你知、吾知矣。」（頁 49～50）。類此以毋自欺為基礎解釋慎獨，可說是一般常見的通解。

民間教派認為不欺明德自性才是毋自欺的至極處，在以明德至善為目標的修道理念中，此一不欺自性的「慎獨」工夫，就別具意義。

《學庸白話解》即言：「天授爲性，率性爲道，修道爲教，三綱速綴，又云修理個性功夫在乎慎獨。」（頁 1）爲什麼修理個性乃在慎獨？此爲民間教派所要解釋之所在。

民間教派對於「故君子慎其獨也」這段文字，他們認爲「這一節不宜向身外而言，須向身中自覓。」（《學庸淺言新註》，頁 31）。通常我們以「人所不知而己獨知」解釋「獨」的意義。就外在字義而言，乃指個人居於獨處之時空；但就深入文字深處解讀，「己獨知」所指爲何？依此方向思索，則「獨」已具有神秘義了，已不再是慎於獨處之時的解釋了，而民間教派的解讀正是朝往此一「己獨知」的宗教密意發展：

> 獨與禪家曰本來面目，蓋無有異。性涵動靜……只是一獨。知獨者
> 該萬，知萬者還獨。（《大學性理闡義》，130）

在《六祖壇經》中，以「不思善、不思惡」形容人之心性本體，陽明更以「無善無惡心之體」描繪人之本來。〔註27〕民間教派認爲，「獨」即是禪宗所說人之本來面貌，也就是人之性命根源，所指即是《大學》所說的明德自性的至善寶地，《中庸》所說的天命之性，而此一根源處必須明師指點，方知其處，故可謂「己獨知」而人所不知。本然之性與宇宙主宰同體同德，至微至妙，在理一分殊的觀念中，理學家以彌六合、卷於密形容自性之奧妙，而民間教派認爲，彌六合之廣大人皆可視，而卷於「密」之處則未必可知，此一「密」意「密」語即在明德自性之所。

由於「獨」之意義已被解讀爲良知本性，故在宗教上已具有神聖的意義，在天命、性、道一體的觀念中，本然之性參贊天地化育，故「獨」之發動，象徵著與宇宙萬物的交通，更代表著天人一體無二的本來面貌：

> 君子慎其獨也，天下一切萬物，末不由這個隱奧之體生成而現也。
> 天下一切萬物，莫不由這個微妙之心念動發而顯也。（《大學中庸講
> 義》，頁 51）

寂然不動，感而遂通，這是自性本體的微妙處，是故當明德自性彰顯無染之時，則可以參與萬物造化，這是民間教派對明德本性的神聖詮釋，是以當人求得自性根源後，已無天、我之分別，而「獨」的特殊意義即在於此。而之所以慎獨，就是要保守「獨」的本來狀態：

〔註27〕關於陽明四句教内容的研究與後人的解釋，可參蔡淑閔《王陽明四句教之開展與衍化》（臺北：國立政治大學中國文學研究所碩士論文，1998 年 6 月）。

> 「慎獨」更深一層解說，可謂爲「守玄」，自性當家，自然不被聲色
> 貨利引誘而迷了自性，敗壞德性。(《四書心德——大學中庸》，頁
> 61）

本然之性雖純善無惡，然因後天氣稟習染，故易受惑於現象界之聲色形相，因此修道人所須注意者，乃要守住「獨」之本然，亦即所謂的守玄。「守玄」乃將注意力集中於玄關自性處，使得明德自性回歸本然，不受外物誘惑而迷失不知。

　　尋求自性根源是修道主要目標，而且就此根源處而修更是民間教派所強調的重心。然而若非該教派之信徒，實難以知道「獨」（即明德、至善地、玄關）在何處？於是他們將曾子所說的「十目所視，十手所指」之「十」語帶玄機的註解於文字之中：

> 無極而太極，獨之體。所謂未發以前氣象，即是獨中眞消息。「獨」
> 字是虛位，從性體看來，則曰莫見乎顯，是思慮未起，鬼神莫知也。
> 從心體看來，則曰十目十手，是思慮既起吾心獨知時。(《大學性理
> 闡義》，129）

獨之本體乃無極，即所謂性即理的本然狀態。而落之於人身，受之於心之動則開始作用。常人不知自性本根，故不知就根源處而知止，任由思慮盲目運轉，影響自性本心。求道之人則知一切作用的根源在於明德自性之所，唯有知此處，才可避免不必要的思維，而此一處所落於人身，具體而言，即是身中之「十」處：

> 曾子聞道之後，深得一貫之旨也。○古貫字，十即以一貫之，目所
> 示者，此十手所指者，此十謂返觀必須人指示也，慎重保守不可輕
> 忽，曰其嚴乎。(《大學性理闡義》，141）
>
> 十目者正竅，又名十字架，十字中之眞人是上天所賦謂之性。(《學
> 庸簡解》，頁 51）

所謂「十」即曾子所得之一貫之道，也是天賦本性之正竅。依民間教派所論即儒之明德、至善，道之谷神、玄牝之門，佛之金剛、舍利子，此爲性靈之出入門戶。得知此處，就此而修，才是所謂的得道、修道，若不知此，則只是修法而不是修道。法隨時空、因緣而轉，變動不居，故非根本究竟；道則永恆不變，宇宙萬物賴此而運銷、生存，有若無、實若虛，是根本、主宰。因此，尋覓自身中之「十」，乃修行人之大事。

　　民間教派對「十」的觀念乃來自河圖，他們結合了河圖與五行、五德、四季的說法，闡釋「十」的宗教密意，其所言河圖之相位如下：

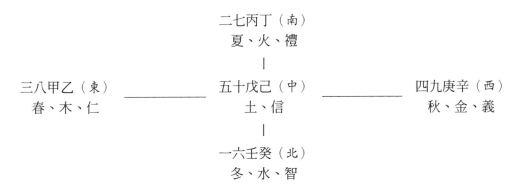

二七丙丁（南）
夏、火、禮
｜
三八甲乙（東）　　　　　五十戊己（中）　　　　　四九庚辛（西）
春、木、仁　　　　　　　　土、信　　　　　　　　秋、金、義
｜
一六壬癸（北）
冬、水、智

以河圖象徵人身，這是民間教派常見的作法。清末末後一著教教主王覺一即言：「理本無象，天現河圖以象之。有象之河圖地盤，如人之身也。無象之河圖為天理，如人之性也。」（頁 2）而其所謂的「十」即是五十中央戊己土，此處的本質，王氏又言：「五十居中屬土，統四端、兼萬善，為性心之本體，信實之大用。此理之所以無所不理，各得其理。其體至虛，故萬殊在於一本；其用至神，故一本能應萬殊。至虛則一無所有，而無所不有；至神則淡然無為，而無所不為。」（頁 2）以河圖之中心象位代表人身之中心，而此中心點即是性、理，也是人之本體。《大中真解》就說：「十是己土，至善之地。……十者手所指也，是求師所指玄關一竅，此機天地最秘，神鬼不敢洩明，其森嚴如此。」（頁 26）可知指明玄關之處是修道者最重要之事，然因有其限制，若未入教，則無法得知。因此以有形的河圖指示玄機，使有心向道者能就有形之象而參悟無形之理，藉外在的河圖而徹透己身之河圖，借假修真，借有返無，此乃「十」字之玄機妙意。

　　由是而觀，「十」與「獨」二字，在民間教派的解讀中已具神聖與神秘之意義。其神聖處在於本自具足的光明本體，貫徹東西上下，無所不往，無有垠限。此一本體乃性命之本源，雖人人皆有，卻不知其有。故其神秘義乃在尋求明師點明自性根源，而且此一明師須具有天命的神職之人，點明自性本源才是得道，依此而修才可成道。據此可知，「十」的意義與「獨」字一般，已脫離了傳統的解釋，而是屬於宗教之密語密意的詮釋：

　　　　十目者，非十方之人目也；十手者，非十方之人手也。試觀「十」

字一直一橫，縱橫四方通天貫地。直爲經，爲道；橫爲緯，爲德。蓋言人心妄動雖屬機微，無人可知，然我自性，十目所視，十手所指，儼然而不可欺也。至於「十」字玄機，非吾人所敢洩焉，欲求深解者，速求天道，求師指點，則自瞭然於心矣。(《文外求玄——學庸註解》，頁 62)

十目非十方之目也，十手非十方之手也。試觀十字，通天澈地，橫貫四方，大無不包，微無不入。十目十手安得向外覓乎？人心血心，乘機萌動，則我自性，十目所視，十手所指，威嚴無私，安可得而欺也。至於深解，老仙不敢洩焉，速求天道，則自明瞭。(《學庸淺言新註》，頁 32)

十者，玄關一竅也。……講誠意必先慎獨，要慎獨一定要先知道「這一點」(《學庸小註》，頁 65～66)

以「十」代表玄關正竅，除了採河圖之中心作爲象徵；另一意義，「十」字乃圓滿之數，從其字體而觀，其乃通貫天地四方，大無不包，細無不入，無有止境，說明了明德本性的本質，任何文字都無法形容其微妙，故借用「十」字表其玄妙。

從具有警戒性的「慎獨」與「十目十指」，以至宗教義涵的詮釋，這其中變化不可謂之不大。但是可以確定的，《學》、《庸》在民間教派的解讀中，已經全然神學化，其中雖有理學家的思想軌跡，但已經被轉化爲宗教語言，成爲修道必讀的聖典。從其解讀的理念，可知以尋回自性根源爲其詮釋根本，離開自性則無道可言，這是民間教派詮釋《學》、《庸》的基礎，也是我們閱讀民間教派作品所應有的認知。

從格物致知之詮釋與補傳，以及誠意慎讀的解釋，可知民間教派在理學家的基礎上吸收、轉化，將《學》、《庸》的主要思想內涵以宗教語言解讀，這樣的詮釋方向雖有別於學術界對《學》、《庸》的認識，卻可讓我們更具體的了解民間教派看待儒家經典的角度，開啓閱讀儒家經典的另一種思維方式。

民間教派對格物致知與誠意慎獨的詮釋中，以尋找人之本源，回歸本性之所，這是他們解讀的關鍵核心。因此，無論是格外物或格心物，推廣真知識或致良知，最終的目標仍落實於濟度人之性靈上；誠意慎獨的詮釋也是如此，即使初步的工夫乃借重外力的束縛，然最終目標還是以找到至善地之玄關處爲目的，因此才會有對「獨」與「十」之宗教密意的解釋。

　　從根本上討論民間教派對格物致知與誠意慎獨的注釋，可知二者是環環相扣的。格物致知是誠意慎獨的基礎，誠意慎獨是格物致知的結果，因此彼此相輔相成，不可斷割爲二。是以閱讀民間教派對《學》、《庸》的註解作品，必須將之視爲連續的整體，如是才可以較深入其詮釋體系與思想核心。

第六章　結　論

　　本文就民國以來民間教派註解《學》、《庸》之作，做爲研究之材料與重心，如何重新定位與認識這些資料，此乃本文努力的目標。從儒家思想被宗教化的探討，可知理學思想從宋明迄今，在民間的影響力並不因西學東進而消失，反而被轉化成宗教的教義，從內心的信仰以至外在的實踐，理學的生命正以信仰的動力在民間教派中滋長。面對民國以來大量以宗教修道的觀念解讀《學》、《庸》之作，其中的關鍵雖是宋明以來，泰半讀書人皆以性命之書的角度閱讀二書，但是二書第一章許多語彙意義的不確定性，開闊了民間教派的解讀空間，在救劫與濟度並重的理念下，發展以修道爲中心的宗教式註解。

　　以宗教修行的角度解讀《學》、《庸》，這是民間教派詮釋儒家經典的另一種注疏著作，與傳統有別。雖然許多觀念承襲大傳統的影響，但是經過民間教派的融合、轉化，《學》、《庸》已成爲宗教上的「聖經」，並且落實於宗教生活之中，這樣的現象更值得研究者關注。從研究資料的解說、民間教派將儒家思想宗教化、學庸被宗教詮釋以及民間教派爲什麼對《學》、《庸》再詮釋的因由，以至民間教派著作內容之分析，我們可見宗教性的《學》、《庸》與義理性的學庸已大不相同，以下的幾個思考面向，回應本文的研究動機與目的，並做爲本文的結論：

一、確立民間教派注疏之作的宗教經典地位

　　中國傳統社會常以「雅」、「俗」之分區別士、庶之間的作品。雖然學術界一再呼籲，這樣的名稱並沒有所謂價值性的判斷。然而若將此觀念放置於儒家典籍的學者注疏之作與民間教派的注疏作品，則所謂「價值性的判斷」

立刻呈現出來。學界知識分子的著作通常是當代學者所重視的文獻資料；而民間的作品，則較易被忽略，以至許多著作在歷史洪流中淹沒，能夠經得起時間考驗而流傳者，相較於學者之作，實是少之又少，以至於忽略了他們在民間社會的角色與影響力。

　　中國歷代因應解釋儒家經典而發展的注經傳統，在此注經傳統中，基本上可分為兩大類，一者恪遵師法，專以訓詁為要；一重抒發己見，闡述所得。然在中國思想史上起波瀾，成為當代之代表與開創者，則是後者。因此在中國注經的詮釋傳統中，許多經典的註解經常成為詮釋者心路歷程的表述。也就是經典詮釋者透過個人精神上的經驗解讀經典，使經典詮釋成為體驗的（experiential）學問，經過這種體驗的解釋，經典本身也被賦予了實存的意義（existential）。〔註1〕若以傳統經典詮釋之體驗的、實存的意義看待民間教派的經典注疏，則他們也正以宗教的體驗註解《學》、《庸》，用生命體證聖人之道，並以修己渡人作為修道之途必經的歷程。這樣的釋經態度，與儒家學者並無不同，若言其差異，只是詮釋角度與觀察面向之別，更確切地說，民間教派乃站在「以教解經」的詮釋立場，故其經典詮釋的用意主要在於宣教。

　　因此，面對民間教派的釋經之作，應為之重新定位，不能僅以「善書」一語看待，而應視為宗教經典。目前坊間所見，不只是儒家經典的註解，另亦見民間教派注釋道、釋之作，這些作品，若單從儒、釋、道各家思想審視，可能無法接受民間教派的說法，恐怕鑽研儒、釋、道思想的專家們，將會認為民間教派胡言亂語，毫無思想體系與根據可言。但是，我們不要忘了，在閱讀的過程中，讀者透過作品所得到的感受與原著作者已不相同，藉由讀者之心得而進行再創作者比比皆是，因此讀者也是作者。〔註2〕而民間教派從事

〔註 1〕　參黃俊傑先生《孟學思想史論（卷二）》（臺北：中央研究院中國文哲研究所籌備處，1997 年 6 月）。黃先生認為，儒家詮釋學至少有三個突出的面相：（一）作為解經者心路歷程之表述詮釋學：許多儒者透過註經以表述企慕聖賢境界的心路歷程，如朱子集註四書，以建立一己之哲學。（二）作為政治學的儒家詮釋學，：由於帝制中國的政治體制是以君主為主體，而儒家政治理想是以人民為主體，儒家之價值理想難以實踐於現實社會中，於是許多儒家學者在有志難伸之餘，以經典註疏之事業寄寓其經世濟民的政治理想，這種詮釋學是一種道德學，而且其中「治道」遠多於「政道」。（三）作為護教學的儒家詮釋學：歷代儒者以經典註疏作為武器批駁佛老而為儒學辯護者代不乏人。而此三者，最足以說明中國經典詮釋學者，以第一項最具代表性。頁 471～474。

〔註 2〕　美・阿布拉姆斯（M. H. Abrams）在其名著《鏡與燈》中，認為作品之產生，

對三教經典的註解，從另一角度觀察，他們正賦予這些經典另一種生命力，使之於民間流通。

透過本文的闡述，民間教派對於《學》、《庸》的詮釋，亦有其立論根本，其以修道回歸與天同體的本性爲主，以「無聲無臭」的終極實體爲目的地，以止於至善、明明德於天下落實他們入世修行的理念，在此一基本的修道觀中，開展他們的注經之作。因此，面對這些民間註解經典之作，應該改變原有的刻板印象，不能以「善書」看待，而應將之列爲民間教派的「宗教經典」。

在西方，因解讀《聖經》而發展的詮釋學（Hermeneutics），〔註3〕隨著詮釋學理論在人文學科的普遍應用，以及國內目前正在進行中國經典詮釋傳統的計劃，研究者亦應以相同的眼光審思民間教派的經典詮釋，以能更全面地探討關於中國經典的詮釋面向。

有如下之架構：

他認爲藝術作品的四種要素：第一是作品，即作品本身；第二要素是藝術家（即作者）；第三是作品的內容，取材於存在事物，表明或反應事物，亦即取於自然與社會，而以更寬廣的「宇宙」一詞代替；第四是作品的欣賞者，即讀者、聽眾或觀眾。阿布拉姆斯指出，一種綜合性的批評力圖要全面地把握這四種要素以及他們之間的相互關係。但是在不同的時代，所注重的要素並不一致，以作品爲中心會產生所謂的客觀研究，以欣賞者爲中心構成實用的研究，以藝術家爲中心產生表現的研究，以世界爲中心形成模仿研究。每當研究重心從一個要素轉移到另一個要素，總要相應地形成不同的批評取向。因此，讀者也是創作的一環。而西方接受每學更提出讀者反應理論，他們認爲，文學作品不是由作者獨家產生出來的，而是由作者與讀者共同創作的，因此讀者不只是鑑賞家、批評家，而且也是作家，因爲鑑賞和批評的本身就是對文學作品的生產，就是文學作品的實現。參美·阿布拉姆斯（M. H. Abrams）著、袁洪軍、操鳴譯《鏡與燈》（北京：中國社會科學出版社，1991 年），頁9；依莉莎白·弗洛恩德（Elizabeth Freund）著，陳燕谷譯《讀者反應理論批評》（臺北：駱駝出版社，1994 年），頁1；德·H. R 姚斯、美·R. C 霍拉勃合著《接受美學與接受理論》（瀋陽：遼寧人民出版社，1987 年），頁2。上述所言雖以文學創作爲主，但將此理論放寬於義理思想之著作亦然。

〔註3〕 Richard E. Palmer 著、嚴平譯《詮釋學》即引《韋伯新國際辭典第三版》說：「詮釋學乃是對詮釋和解釋的方法論原則的研究；尤其指對《聖經》詮釋的普遍方法之研究。」。往後更隨著神學、哲學、文學詮釋，詮釋學核心重要性的提出，更是愈益明顯。（臺北：桂冠圖書，1992 年），頁 4。

二、朱熹、王陽明影響之省思

從本文的論述可知，理學思想雖已在當今社會沒落，卻紮根於民間教派的實踐之中。根據本文的觀察，朱熹與王陽明之間思想的區別，對於民間教派而言並不是最重要的，因爲他們是以修道爲中心，故而可時見融合朱、王之說，然而卻可由此思考，朱、王二人對中國社會的影響力，至今於民間仍然不減。

在本體論上，民間教派吸收程、朱理本論的思想，並以此建構其教義本源與對終極實體之描繪。尤其是朱子集註《四書》，全面影響士、庶社會對儒家經典的閱讀取向。因此，民間教派所使用的《學》、《庸》版本，幾乎是朱子的版本（《大學證釋》、《中庸證釋》、《新註大學白話解說》除外），即使是今日的一貫道，所採用的仍是朱熹的分章方式，雖是如此，他們卻極力不贊成朱子的「格物致知」補傳，《學庸淺言新註》說明其原由曰：

> 朱子深得孔門之奧，以其未受心法之傳，故未造乎其極也。其言事物者象也。身中機構，人莫測焉，身中小天地，窮其源理，則大天地瞭若指掌矣。故格事物之物者，不宜向身外覓焉，以其身外無道也。（頁30）

將「格物致知」解釋爲求取外在知識，這是民間教派最無法接受朱子學說之處。因此他們的修煉方式與體證本心自性根源，則以王陽明的推展良知爲主要，說明修道乃由自身本心修起，而非向外尋求。本心自性才是根本，所有的一切法皆爲渡化眾生而設，修道至極處，乃與宇宙主宰同體，何來法之說？而陽明的學說正是由應證本心、推展天理良心做起，因此，對於宗教的體證，民間教派乃以陽明之說爲要。

就此觀察朱、王學說對傳統社會的影響，民間以整體大環境的閱讀取材，就其所接受的教育資源當作他們理解儒家學說的基礎，然而自朱子進四書退五經，並且被定爲官學之後，朱子的《四書集註》成爲接觸儒家思想的必讀書，但是此乃理學化的儒家，而非原始儒家。而民間社會接受了理學化的儒家思想之後，以此認定儒家思想的內容。民間教派將之神聖化，使之成爲教義核心，但是朱子的治學方式並不適用於民間百姓，而陽明的學說則雖是村夫村婦皆可理解而實踐之，在此情況下，朱、王學說則同時並行於民間教派當中。

我們可就此思考，民間教派融合朱、王之說，是否爲理學思想開創新局？還是理學發展至此難以再有創見？面對著民間教派的信徒，手中拿著朱熹的版本，卻以陽明之說講解，應如何紓解其中的緊張性，而以宗教的體驗解說？

這些都是研究民間教派經典詮釋時所會面臨的問題，也是處於當今社會如何
看待朱、王學說影響民間教派應省思者，使理學研究成為具有生命力的研究
取向，而不再只是文獻資料的研究分析。

三、三教融合之關鍵性的觀念考察

三教融合是傳統社會所呈現的現象，近年來對於三教合一的研究漸漸開
啟。〔註 4〕「三教合一」雖是唐以後就一直存在的事實，但是其中的問題極
為複雜，此乃筆者日後將努力的研究方向。然在三教合一的過程中，什麼觀
念的融合才是最重要的「關鍵」，使得日後中國社會走向三教合一的信仰之
路。

早在魏晉南北朝時期，佛教就採「格義」的方法，以玄學解釋佛學，使
得佛學能夠廣為流傳。這樣的方法雖使原義失真，但確也開啟了更寬廣的詮
釋義蘊。

根據本文所作的基本研究，民間教派對於三教合一的關鍵在於人人本自
具足的本來自性，本性源於天，故人人皆俱，而三教聖人所談者，即在此天
賦本性，在儒稱明德、至善，在道稱玄牝、谷神，在釋稱金剛、舍利子等，

〔註 4〕 目前的研究成果概括而言，可分為兩類，一者為概論性的論述，如羅香林〈唐
代三教講論考〉（《東方文化》，一卷一期）、任繼愈〈唐宋以後的三教合一思
潮〉（《世界宗教研究》，第 1 期，1984 年）、張廣保〈論中唐道教心性之學——
——兼論儒、禪心性論會通〉（《宗教哲學季刊》第二期）、劉學智〈三教合一義
蘊辨微〉（《宗教哲學季刊》第四期）唐大潮〈三教合一思想成因初探〉（《宗
教哲學》第三卷第一期）、〈明清之際道教三教合一思想的理論表現略論〉（《世
界宗教研究》，第 3 期，1995 年）、陳俊民〈宋明三教合一思潮中的心性旨趣
論稿〉（《鵝湖月刊》第十五卷第四期總號一七二號）、〈明清雲南儒釋道三教
合流簡論〉（《宗教哲學》第二卷第三期）；另一則者為某一人或某一教派的三
教主張，如陳兵〈略論全真道的三教合一說〉（《世界宗教研究》，第 1 期，1984
年）、王明蓀〈李純甫之三教思想〉（《宗教哲學》第四卷卷第一期）、李明友
〈馬一浮的三教圓融觀〉（《大陸雜誌》第八十八卷第二期）、鄭樑生〈日本五
山禪林的儒釋道三教一致論〉（《漢學研究》第十三卷第二期）、王祥齡〈華嚴
五祖——圭峰宗密的三教歸一思想初探〉（《鵝湖月刊》第十五卷第九期總號
一七七號）、王煜〈奧東詩豪宋湘及其詩文所表現的三教色彩〉（《思與言》第
二十九卷第三期）、〈王陽明詩十五時期儒釋道三教色彩的消長〉（《中國文化
研究所學報》第一期）、林惠勝〈試論王龍谿三教合一說——以調息說為例〉
（《中國學術年刊》第十四期）、張清泉〈茶酒論與唐代的三教講論〉（《國文
學誌》第二期）等。

他們認為三教聖人形容本性的文字雖不同，但是所指實為同一方向。因此，就修道的根本而論，尋回「我」之源頭，是人為什麼要修煉的主因，民間教派乃就根源而論，故其認為三教合一，「一」的根本即是與天同體同德的光明自性。而在中國社會所展現三教融合的特色，還有其更須待開發的領域，如何將其中最具「關鍵性」的觀念剖析而出，方能更具體了解在三教融合的過程中，信仰者如何解釋其中的異同，並且信之不疑。

筆者目前所蒐集的資料，以三教合一作為詮釋主軸者，有劉謐《三教平心論》、清同治年間赤水明圓光月老人所編撰之〈四書說曰〉、〈眞傳的旨〉、〈眞傳要言〉、〈一貫心傳〉、〈反經錄〉、〈陰符經註〉、〈金剛一貫論〉，今臺北文史哲出版社編製而成的《三教心法》；宣統三年觀禮堂扶鸞而成的《三教眞傳》，包含〈孔教眞理〉、〈佛教眞經〉、〈道教眞派〉；民國十年同善社楊覲東（毅廷）所作《毅一子——儒釋道三家合參聖修心法》；及以三教合一觀念註解道教經典：康熙年間宋常星《道德經講義》、清同治十一年水精子註解、混然子附圖《清靜經圖註》；至今一貫道道場更時可見以三教致一的觀念解讀三教經典之著作。面對這些民間註解的宗教經典，如何在本有的基礎上，再作更深入的研究探討，一一抽絲剝繭，將三教合一最具「關鍵性」的觀念釐清，並且歸納、分析在三教融合的過程中，宗教家如何詮釋、註解，以不同於傳統的觀念解讀三教經典，並且探討三教經典中，那幾部經典被再詮釋的次數最多，深入探究其中的原由。筆者相信，藉由這些民間宗教家對三教的詮釋，將可以對影響中國民間信仰甚為深廣的三教融合問題，作更貼切於民間社會的理解。

四、「信、愿、行、證」的詮釋理解

本文將這個項目列入最後一個思考的面向，最主要「信、愿、行、證」是極具宗教信仰色彩的語彙，但是研究民間教派的經典注疏之過程中，又不可避免的問題，因此將之列為所思考的主題之一。

在信仰某一宗教的過程中，第一要素為「信」，此一意義不僅是相信而已，必須堅定不移、堅持不疑，認定自己的信仰是通達眞理與終極實體的正信；第二則是「愿」，具備了「信」之後，必須要有「愿力」，即自己與所信仰之主訂立契約，希望能夠為自己的信仰盡心盡力，此「愿」是「原心」的意思，以最接近本體的心，回饋於自己的信仰，用「原心」表示，主要在於這是個人對於自己在修行之路的期待，在修己渡人的過程中，成全自己，這是督促

自己精益求精的原動力,而不是外界的壓力使然。「行」則是力行實踐前二者的理念,具體驗證宗教生活,使生活與信仰合一,而不是切割爲二;經過了前三者,最後達到的是「證」的境界,這個境界是個人對主宰本體的體證,達到天人合一的心靈契合,也有較屬於神秘性的證驗,即信仰之主爲之加被,然二者皆屬於個人式的體會。這四個要素是宗教信仰必備的內涵,也就是從非信徒之「教外人」(outsider)成爲虔誠信徒之「教內人」(insider)的必經過程。

民間教派對於經典的解讀,完全是站在「教內人」的詮釋角度,因此若研究者完全以客觀的「教外人」進行研究,則恐怕某些屬於密契的傳授,無法從其外在文字得知;然而若純以「教內人」的角色從事研究,則無法呈現學術研究的客觀性,因此如何取得二者的平衡,成爲研究者首當面臨的詮釋問題。

若理解「教內人」與「教外人」面對問題詮釋時所遭遇的困難,那麼就可以了解,民間教派的注疏者,基本上就是本著「信、願、行、證」的信仰立場註解經典,其乃以宗教家的精神解釋經典,因此許多詮釋已與本意大有差別。是以研究者必須帶有「同情的理解」閱讀這些宗教經典,如此才可以進入民間教派所闡釋的宗教思想與信仰核心。當然,學術研究者的客觀理性的精神本應具備,故在此不多談論。

「信、願、行、證」是民間教派詮釋經典時的解經態度,此一屬於信仰式的著作,已與思想家不盡相同。因此研究者必須有此一認知,如是才可以更確切明白信仰者如何落實他們的宗教實踐於生命之中,以達其修己渡人的終極之境。

以上是本文回應研究動機與目的所提出的幾個思考面向,確立民間教派的經典著作之定位,一直是本文努力的目標,根據本文的論述,民間教派在以修道爲核心的理念中,的確也發展出屬於宗教詮釋的注經方向,與傳統儒學有別。面對當今社會,朱、王對民間的影響仍然存在,研究者又應如何在此一現象中,爲儒家思想的研究展開新局。三教融合的關鍵性觀念的考察,及以信仰者「信、願、行、證」的同情的理解,閱讀民間教派的註解之作。筆者相信,從這幾個角度思考,將有益於民間社會的經典注疏研究,開啓研究者的另一視野。

主要參考書目

說明：一、二、類屬於經籍的原典運用，三、四、五、六、七類則爲今人著
作，除了第一類以外，皆以名字首字筆畫多寡作爲排列順序。

一、研究資料之原典

1. 《大學證釋》，嘉義：玉珍書局。
2. 《中庸證釋》，臺北：圓晟出版社。
3. 《增註大學白話解說》，臺南：法輪書局。
4. 《學庸淺言新註》，臺北縣板橋：正一善書出版社。
5. 王守庭，《大中眞解》，臺北：萬有善書經銷處。
6. 江希張，《新註四書白話解說》，臺南：法輪書局。
7. 佚名，《學庸白話解》。
8. 樵山老人，《文外求玄——學庸註解》，臺北縣板橋：正一善書出版社。
9. 佚名，《中庸輯義》，臺北：正一善書出版社。
10. 佚名，《大學一理解剖》。
11. 夢湖，《學庸小註》，嘉義：玉珍書局。
12. 慧如閑人，《大學性理闡義》，臺北縣板橋：正一善書出版社。
13. 佚名，《大學中庸講義》。
14. 孟穎，《四書心德——大學中庸》，臺南：靝巨書局。
15. 謝金柱，《學庸簡解》，臺北縣板橋：正一善書出版社。
16. 詹長順，《中庸心法通論》，高雄：合信印經。
17. 高斌凱，《大學探源》，新竹：至中出版社。

18. 王覺一,《理數合解（上海崇華堂版）》,臺北縣板橋,三揚企業。

二、古籍類

1. 王弼、孔穎達正義,韓康伯注,《周易正義,十三經注疏本》,臺北:藝文印書館。
2. 王陽明,《王陽明全集》,上海:上海古籍出版社。
3. 朱熹,《河南程氏遺書》,臺北:臺灣商務印書館。
4. 朱熹,《朱子七經語類》,上海:上海古籍出版社。
5. 朱熹,《朱子四書語類》,上海:上海古籍出版社。
6. 朱熹,《朱子性理語類》,上海:上海古籍出版社。
7. 朱熹,《朱熹集》,成都:四川教育出版社。
8. 朱熹,《朱文公全集》,臺北:臺灣光復書局。
9. 朱熹,《四書集註》,臺北:鵝湖出版社。
10. 宋常星註解,《道德經講義》,臺北縣板橋,三揚企業。
11. 何晏集解、邢昺疏,《論語正義》,臺北:《十三經注疏》本,藝文印書館。
12. 周敦頤撰,清‧董榕輯,《周子全書》,臺北:廣學社。
13. 黃宗羲,《宋元學案》,臺北:華世書局。
14. 黃宗羲,《明儒學案》,臺北:里仁書局。
15. 程頤、程顥,《二程全書》,臺北:臺灣中華書局。
16. 趙歧注,孫奭疏,《孟子正義》,《十三經注疏》本,臺北:藝文印書館。
17. 趙順孫,《四書纂疏》,臺北:文史哲出版社。
18.（日）瀧川龜太郎,《史記會注考證》,臺北:洪氏出版社。

三、近人四書類研究

1. 岑溢成,《大學義理疏解》,臺北:鵝湖出版社。
2. 吳怡,《中庸誠的哲學》,臺北:東大圖書。
3. 李紀祥,《兩宋以來大學改本之研究》,臺北:臺灣學生書局。
4. 李明輝主編,《孟子思想的哲學探討》,臺北:中研院文哲所籌備處。
5.（日）佐野公治,《四書學史研究》,東京,創文社。
6. 胡志奎（止歸）,《學庸證辨》,臺北:聯經出版事業。
7. 高柏園,《中庸形上思想》,臺北:東大圖書。
8. 國立高雄師範學院、國文系編輯委員會,《大學論文資料彙編》,臺北:復文出版社。

9. 國立高雄師範學院、國文系編輯委員會,《中庸論文資料彙編》,臺北:復文出版社。

10. 楊祖漢,《中庸義理疏解》,臺北:鵝湖出版社。

11. 陳滿銘,《中庸思想研究》,臺北:文津出版社。

12. 陳兆榮,《中庸探微》,臺北:正中書局。

13. 陳槃,《大學中庸今釋》,臺北:正中書局。

14. 黃俊傑主編,《孟子思想的發展歷史》,臺北:中研院文哲所籌備處。

15. 黃俊傑,《孟子思想思想史論》卷二,臺北:中研院文哲所籌備處。

16. 程石泉,《學庸改錯及新詮》,花蓮:花蓮師範學院人文教育研究中心。

17. 鄭琳,《中庸翼》,臺北:文史哲出版社。

18. 萬心權、蔡愛仁,《大學中庸精注》,臺北:正中書局。

19. 錢穆,《四書釋義》,臺北:臺灣學生書局。

20. 蕭天石,《大學中庸貫義》,臺北:自由出版社。

21. 譚宇權,《中庸哲學研究》,臺北:文津出版社。

四、宗教類

1. 王治心,《中國宗教思想史》,臺北:彙文堂出版社。

2. 王志成,《解釋與拯救——宗教多元哲學論》,上海:學林出版社。

3. 方立天,《佛教哲學》,臺北:洪葉出版社。

4. 中華民國一貫道總會主編,《一貫道簡介》,臺南:靝巨出版社。

5. 田立克(Paul Tillich)龔書森、尤隆文合譯,《系統神學》,臺南:東南亞神學院協會。

6. 田立克(Paul Tillich)、魯燕萍譯,《信仰的動力》,臺北:桂冠圖書。

7. 牟鐘鑑,《中國宗教與文化》,臺北:唐山出版社。

8. (日)吉崗義豐,《中國民間宗教概說》,臺北縣中和:華宇出版社。

9. 呂大吉,《宗教學概論》,北京:中華社會科學出版社。

10. 佚名,《道統寶鑑》,臺北縣三重:大興。

11. 宋光宇,《天道鉤沈》,臺北:元祐出版社。

12. 宋光宇,《宗教與社會》,臺北:東大圖書。

13. 宋光宇,《天道傳燈——一貫道與現代社會》,臺北縣板橋:三揚印刷。

14. 李亦園,《信仰與文化》,臺北:遠流出版社。

15. 余英時,《中國宗教倫理與商人精神》,臺北:聯經出版事業。

16. 李世偉,《日據時代臺灣儒教結社與活動》,臺北:文津出版社。

17. 李富華、馮佐哲，《中國民間宗教史》，臺北：文津出版社。

18. 杜曾瑞（Louis Dupre）、傅佩榮譯，《人的宗教向度》，臺北：幼獅文化。

19. 拉徒萊、王秀谷等譯，《神學——得救的學問》，臺北：光啓出版社。

20. 林萬傳，《先天道研究》，臺南：靝巨出版社。

21. 林榮澤，《一貫道發展史》，臺北：一貫義理編輯苑。

22. 林國平，《林兆恩與三一教》，福州：福建人民出版社。

23. 沈清松主編，《末世與希望》，臺北：五南圖書。

24. 周燮藩等著，《中國宗教縱覽》，南京：江蘇文藝出版社。

25. 馬西沙、韓秉方，《中國民間宗教史》，上海：上海人民出版社。

26. 秦家懿、孔思漢，《中國宗教與西方神學》，臺北：聯經出版事業。

27. 韋伯（Max Webber），《中國的宗教：儒教與道教》，臺北：遠流出版社。

28. 張志剛，《走向神聖》，北京：人民出版社。

29. （日）淺井紀，《明清時代宗教結社研究》，東京：研文出版社。

30. 郭廷棟編，《一貫道疑問解答》，臺北縣三重：大興。

31. 陳志明、蘇慶華譯，《馬新德教會之發展及其分佈研究》，馬來西亞；代理員文摘。

32. 陳來，《古代宗教與倫理——儒家思想的根源》，北京：三聯書局。

33. 陳麟書，《宗教觀的歷史、理論、現實》，成都：四川大學出版社。

34. 梁其姿，《慈善與教化——明清的慈善組織》，臺北：聯經出版事業。

35. 黃進興，《優入聖域——權力、信仰與正當性》，臺北：允晨文化出版公司。

36. 曾錦坤，《儒佛異同與儒佛交涉》，臺北：谷風出版社。

37. 鄭志明，《明代三一教主研究》，臺北：臺灣學生書局。

38. 鄭志明，《先天道與一貫道》，臺北縣板橋：正一善書出版社。

39. 鄭志明，《臺灣民間的宗教現象》，臺北：臺灣宗教文化工作室。

40. （美）斯朗特、王志遠主編，《宗教生活論》，北京：今日中國出版社。

41. 夢湖編述，《性理釋疑選讀小註》，嘉義：玉珍書局。

42. 劉易士（H.D.Lewis）、黃明德譯，《宗教哲學》，臺南：東南亞神學院。

43. 黎志添主編，《道教與民間宗教研究論集》，上海：學峰文化事業。

44. （美）歐大年，《中國民間宗教教派研究》，上海：上海古籍出版社。

45. 羅伯特、龔方震等譯，《宗教與意識形態》，成都：四川人民出版社。

46. 羅納德‧Ｌ‧約翰斯通，尹今黎譯，《社會中的宗教》，成都：四川人民出版社。

47. 懷德海（A.N.Whitehead）、蔡坤鴻譯，《宗教的創生》，臺北：桂冠圖書。

48. 龔道運，《中國宗教論集》，臺北：文史哲出版社。

五、思想類

1. J‧P 蒂洛、古平等譯，《哲學——理論與實踐》，北京：中國人民大學出版社。

2. 小野澤精一等著、李慶譯，《氣的思想》，上海：上海人民出版社。

3. 王德有，《道旨論》，山東：齊魯書社。

4. 史革新，《晚清理學研究》，臺北：文津出版社。

5. 牟宗三，《中國哲學的特質》，臺北：臺灣學生書局。

6. 牟宗三，《心體與性體》，臺北：正中書局。

7. 李杜，《中西哲學思想中的天道與上帝》，臺北：聯經出版事業。

8. 李杜，《中國古代天道思想論》，臺北：藍燈文化事業。

9. 余英時，《內在超越之路》，北京：中國廣播電視出版社。

10. 余英時，《史學與傳統》，臺北：時報出版社。

11. 余英時，《中國思想傳統的現代詮釋》，臺北：聯經出版事業。

12. 余英時，《歷史與思想》，臺北：聯經出版事業。

13. 杜維明，《儒家傳統的現代轉化》，北京：中國廣播電視出版社。

14. 杜維明，《儒家思想》，臺北：東大圖書。

15. 周博裕主編，《傳統儒學的現代詮釋》，臺北：文津出版社。

16. 房德鄰，《儒學的危機與嬗變——康有爲與現代儒學》，臺北：文津出版社。

17. 侯外盧等著，《宋明理學史》，北京：人民出版社。

18. 姜國柱，《論人‧人性》，河北：海洋出版社。

19. 高明，《禮學新探》，香港：香港中文大學聯合書院中文系。

20. 高全喜，《理心之間》，北京：三聯書社。

21. 唐君毅，《中國哲學原論（原性篇）》，臺北：臺灣學生書局。

22. 唐君毅，《文化意識宇宙的探索》，北京：中國廣播電視出版社。

23. 徐復觀，《中國人性論史》，臺北：臺灣商務出版社。

24. 徐興洪、梁漱溟，《思想的轉型——理學發生過程研究人心與人生》，上海：上海人民出版社。

25. 嵇文甫，《左派王學》，臺北：國文天地。

26. 嵇文甫，《晚明思想史論》，北京：東方出版社。

27. 蔡方鹿,《中華道統思想發展史》,臺北:中華道統出版社。

28. 湯一介,《儒道釋與內在超越問題》,南昌:江西人民出版社。

29. 湯用彤,《理學、佛學、玄學》,臺北:淑馨出版社。

30. 張立文,《中國哲學範疇發展史(天道篇)》,北京:中國人民大學出版社。

31. 張立文,《中國哲學範疇發展史(人道篇)》,北京:中國人民大學出版社。

32. 張立文,《宋明理學研究》,北京:中國人民大學出版社。

33. 張立文,《宋明理學邏輯結構的演化》,臺北:萬卷樓。

34. 張立文,《朱熹思想研究(上、下)》,臺北:谷風出版社。

35. 張立文主編,《理》,北京:中國人民出版社。

36. 張立文主編,《氣》,北京:中國人民出版社。

37. 張立文主編,《道》,北京:中國人民出版社。

38. 陳榮捷,《朱學論集》,臺北:臺灣學生書局。

39. 陳榮捷,《新儒學論集》,臺北:中研院文哲所籌備處。

40. 陳榮捷,《宋明理學之概念與歷史》,臺北:中研院文哲所籌備處。

41. 陳榮捷,《中國哲學論集》,臺北:中研院中國文哲研究所。

42. 陳來,《朱子哲學研究》,臺北:文津出版社。

43. 陳來,《有無之境——王陽明哲學的精神》,北京:人民出版社。

44. 陳炎,《多維視野的儒家文化》,北京:中國人民出版社。

45. 梅貽寶等著,《中國人的心靈——中國哲學文化要義》,臺北:聯經出版事業。

46. 黃公偉,《宋明清理學體系論史》,臺北:幼獅文化。

47. 黃俊傑,《儒學傳統與文化創新》,臺北:東大圖書。

48. 馮友蘭,《中國哲學史》,臺北:藍燈文化事業。

49. 馮炳奎等著,《宋明理理學研究論集》,臺北:黎明出版社。

50. 楊國榮,《王學通論——從王陽明到熊十力》,臺北:五南圖書。

51. 楊國榮,《心學之思——王陽明哲學的闡釋》,北京:三聯書店。

52. 傅偉勳,《佛教思想的現代探索——哲學與宗教》四集,臺北:東大圖書。

53. 傅偉勳,《從創造的詮釋學到大乘佛學——哲學與宗教》五集,臺北:東大圖書。

54. 傅偉勳,《學問的生命與生命的學問》,臺北:正中書局。

55. 傅佩榮,《儒道天論發微》,臺北:臺灣學生書局。

56. 葛榮晉,《中國哲學範疇導論》,臺北:萬卷樓。

57. 楊儒賓譯，《冥契主義與哲學》，臺北：正中書局。

58. 臺大哲學系主編，《中國人性論》，臺北：東大圖書。

59. 劉述先，《朱子哲學思想的發展與完成》，臺北：臺灣學生書局。

60. 劉子健，《兩宋史研究彙編》，臺北：聯經出版事業。

61. 蒙培元，《理學的演變》，臺北：文津出版社。

62. 蒙培元，《理學範疇系統研》，北京：人民出版社。

63. 蒙培元，《中國心性論》，臺北：臺灣學生書局。

64. 劉瀚平，《儒家心性與天道》，臺北：基礎文教基金會。

65. 蔡仁厚，《宋明理學（北宋篇、南宋篇)》，臺北：臺灣學生書局。

66. 鄧克銘，《宋代理概念之開展》，臺北：文津出版社。

67. 蔣伯潛，《理學纂要》，臺北：正中書局。

68. 盧雪崑，《儒家的心性學與道德形上學》，臺北：文津出版社。

69. 錢穆，《中國思想史》，臺北：臺灣學生書局。

70. 錢穆，《朱子新學案》，臺北：東大圖書。

71. 錢穆，《中國學術思想史論叢》，臺北：東大圖書。

72. 錢穆，《靈魂與心》，臺北：聯經出版事業。

六、期刊論文

1. 毛子水，〈「致知在格物」：一句經文說解的略史〉，《輔仁學誌》（文學院之部）第十一期。

2. 王汎森，〈道咸年間民間性儒家學派 —— 太谷學派的研究回顧〉，《新史學第五卷第四期。

3. 王汎森，〈明末清初儒學的宗教化 —— 以許三禮的告天之學為例〉，《新史學》第九卷第二期。

4. 巨克毅，〈中庸誠的現代性詮釋〉，《宗教哲學季刊》第二期。

5. 安樂哲（Rogert. Ames），〈孔子思想中宗教觀的特色 —— 天人合一〉，《鵝湖月刊》，第九卷第二期。

6. 任卓宣，〈從大學中庸論道統〉，《古今談》69～71 期。

7. 朱維煥，〈氣對於生命結構與活動所作詮釋之涵義（一）～（四)〉，《鵝湖》135～138 期。

8. 任繼愈，〈唐宋以後的三教合一思潮〉，《世界宗教研究》，1984 年，一月號。

9. 李正治，〈中國民間處世思想的探索與批判〉，《鵝湖月刊》一三八期。。

10. 李孝悌，〈從中國傳統士庶文化的關係看二十世紀的新動向〉，《中研院近代史研究集刊》第十九期。

11. 宋光宇，〈試論無生老母信仰的一些特質〉，《中研院史語所集刊》第五十二集。

12. 呂思勉，〈國史上的宗教中國史論集〉。

13. 李豐楙，〈六朝道教度脫觀的綜合考察〉，《「道家、道教、與中國文化國際學術研討會」論文》。

14. 吳雁南，〈思孟學派儒家的心性說及其特點〉，《貴州民族學院學報》（社會科學版），1993 年第一期。

15. 林安梧，〈論儒家的宗教精神及其成聖之道——不離於生活世界的終極關懷〉，《宗教哲學》（創刊號）。

16. 林安梧，〈實踐之異化與形上的保存——對於宋代理學與心學的一個哲學解析〉，《聯合文學》第七卷第八期。

17. 林國平，〈論三教的形成與演變〉，《世界宗教研究》，二月號，1987 年。

18. 林繼平，〈理學思想之發展其價值評估（上下）〉，《東方雜誌》第二十二卷十～十一期。

19. 姜允明，〈從「心體」的形上意義申論宋明心學中天人合一的理論基礎〉，《漢學研究》第二卷第二期。

20. 洪美華，〈明末清初祕密宗教思想信仰的流變與特質〉，《明清之際中國文化的轉變與延續研討化論文集》。

21. 張立文，〈中國心性哲學及其演變（上、下），《中國文化月刊第一六四～一六五期。

22. 莊吉發，〈「眞空家鄉、無生父母」——民間祕密宗教的社會功能〉，《歷史月刊》，第八十六期。

23. 陳滿銘，〈從偏全的觀點試解讀四書所引生的一些糾葛〉，《中國學術年刊》第十三期。

24. 陳廷湘，〈理學道德本體的合理性極其局限〉，《中華文化月刊》一六五期。

25. 陳俊民，〈宋明「三教合一」思潮中的「心性」旨趣論稿〉，《鵝湖月刊》第一七二號。

26. 陳榮捷，〈宋明理學中的太極觀念〉，《思與言》第二十卷第三期。

27. 陳麗桂，〈「中庸」釋義〉，《國文學報》第二十一期。

28. 傅武光，〈四書學考〉，《國文研究所集刊》第十八期。

29. 傅佩榮，〈儒家生死觀背後的信仰〉，《哲學與文化》第廿一卷七期。

30. 項退結，〈中國宗教意識的若干型態——由天命至吉凶之命〉，《孔孟學報》第四十五期。

31. 項退結，〈對宗教哲學的緒言〉，《哲學與文化》第十一卷三期。

32. 項退結，〈宗教與哲學〉，《哲學與文化》第十二卷八期。

33. 黃俊傑，〈試論儒學的宗教性內涵〉，《臺大歷史學報》第二十三期。

34. 黃俊傑，〈儒家經典詮釋的一個方法論問題：解釋者的「歷史性」能／應否被解消？〉《中國經典詮釋傳統研討會，五第次會議論文集》，（臺大通識中心主辦）。

35. 黃進興，〈作爲宗教的儒教：一個比較宗教的初步探討〉，《亞洲研究》第二十三期。

36. 黃開國，〈宋代人性論的源起與發展〉，《四川師範大學學報》（社會科學版），第二十卷第三期。

37. 程石泉，〈大學改錯與新詮〉，《中國文化月刊》第九十七期。

38. 楊儒賓，〈大學與《中庸》如何成爲性命之書〉，《中國經典詮釋傳統研討會，第四次會議論文集》（臺大通識中心主辦）。

39. 楊儒賓，〈宋儒的靜坐說〉，《理論與實踐學術研討會論文》（東吳大學哲學系主辦）。

40. 楊國榮，〈人格境界與成人之道——理學的人格理論及其內蘊〉，《孔孟月刊第三十一卷第十期。

41. 楊慶，〈儒家思想與中國宗教之間的功能與關係〉，段昌國譯，《中國思想與制度論集》。

42. 盧賢祥，〈世界宗教研究〉，四月號，1981 年。

43. 蔡仁厚，〈孔子論性與天道〉，《文藝復興月刊》一三五期。

44. 蔡彥仁〈Wilfred Cantwell Smith, What is Scripture ?A comparative Approach,（何謂聖典？一個比較觀點）〉，《新史學》第八卷第二期。

45. 蔡彥仁，〈比較宗教經典與儒學研究——問題與方法學芻議〉，《漢學研究》第十五卷第二期。

46. 蔡彥仁，〈宗教研究的理論與趨勢〉，政治大學《研究通訊》第七期。

47. 鄧景濤，〈格物致知的探討〉，《孔孟學報》第二十四期。

48. 錢穆，〈道與理〉，《故宮學術季刊》，第一卷第一期。

49. 錢穆，〈四書義理之開展〉，《孔孟學報》第十七期。

50. 羅光，〈儒釋道所形成中華民族的信仰〉，《文藝復興》，第一卷第七期。

七、學位論文

1. 王大千：《改本大學釋義》，臺灣師範大學國文研究所碩士論文，1974 年。

2. 王志宇：《儒宗神教研究》，文化大學歷史研究所博士論文，1996 年。

3. 陳運星：《儒道佛三教調合論之研究——以憨山德清的會通思想爲例》，1991 年。

4. 劉又銘：《大學思想證論》，政治大學中國文學研究所博士論文，1992 年。

5. 蔡淑閔：《王陽明四句教之開展與衍化》，政治大學中國文學研究所碩士論文，1998 年。

6. 羅永吉·《四書蕅益解研究》，成功大學中國文學研究所碩士論文，1995 年。

7. 簡瑞銓，《四書蕅益解研究》，東吳大學中國文學研究所碩士論文，1996 年。

附錄一：《道統寶鑑》內容節選

七佛治世三佛收圓

蓋天地始定，乃子會開天，丑會闢地，寅會人降世，至卯會，聖人出世。上帝命原靈降世，就派定七佛治世，三佛收圓。

初佛　降生南方，名赤愛佛。眾生靈中最靈，斯時人獸不分，而頭有角身有毛，以草爲飲食，有言語而無文字，教化世人，開發山島，掌天盤六千年。

二佛　降生北方，名生育佛。因北方屬坤地，故權掌生育，斯時人獸分居，指明養育，以穴而住，至辰會滿，掌天盤四千八百年。

三佛　降生東方，名甲三春。三春多暖，東方多溫，治世教民，將草木培養成林，鑽木取火，以樹葉爲衣；免失廉恥，掌天盤三千七百二十年。

四佛　降生西方，名西長庚。取西方庚辛金得名，治世教民，力地耕田，化民以言語說話爲宗旨，至巳會滿，掌天盤七千零八十年。

五佛　降生西北方，名空谷神。西北多山谷，天虛空，治世教民，開山取石，修補荒蕪，補造虛天，掌天盤五千二百八十四年。

六佛　降生東南方，名龍野氏。龍首人身，東南多水，治水教民，開溝瀋河，順水歸海，分出江湖海河，至午會滿，掌天盤五千五百十六年。

七佛　降生東北方，名繼天佛。因東北連天，取名繼天立極，東北多冷，無人教化，所以觀天測地，知天地之陰陽，分出無極，知有太極之氣，而化出陰陽，無極爲太極之中，此時未畫八卦，因不足其數，掌天盤五千八百年。

伏羲氏降世河南，此人最能無比，觀看前聖之註作，而明其意，前有七

聖居七方，加以本人，共是八位，始畫八卦，位居西南方，西南巽位，巽爲風，故以風爲姓，知前聖無有文字，怎記年限，古聖自有暗記，以物代數，故所知有年限，以此而天干地支排爲十二元會，上天以其有功，掌天盤五百年，是爲代理佛。教化人民，可成賢能至顓頊二十九年。（公元前 2568 年）

三佛收圓

燃燈古佛，八佛應運，是爲青陽時期。初會龍華，傳道闡法，掌天盤一千五百年，至周穆王五十二年。

釋迦佛，九佛應運，是爲紅陽時期。二會龍華，闡揚佛教，剃頭出家，掃形飛相，掌天盤三千年。午會數盡，本年夏至日交未會，（民國 18 年，西曆 1932 年）取夏至一陰生之象。

彌勒古佛，十佛應運，是爲白陽時期。三會龍華，闡揚儒教，辦理末後一著，收圓大事，大開普渡，挽化善男信女，在家修養，半聖半凡，此佛九轉十生，功德無量，所以掌天盤一萬零八百年，至未會數盡，至申會無人接授天盤，十佛治世完滿矣。

道祖略歷

伏羲姓風氏，都成，教民佃漁畜牧，始畫八卦，在位一百十五年，拜鬱華子得道。

神農姓姜氏，都陳遷曲阜始農業，嗜百草，作方書，在位一百四十年，拜赤松子得道。

黃帝姓公孫氏，都有熊，凡書、契、律呂、度量、宮室、衣服、器用之制，皆始於帝，在位一百年，拜師七十二位，不得心傳，後訪廣成子得道。

唐堯姓伊耆氏，號放勳，初封陶，又封唐，都冀，始傳心法，在位百年。

虞舜姓姚氏，諱仲華，都蒲阪，在位四十八年。

夏禹姓姒氏，諱文命，都安邑，傳國四百三十九年。

商湯姓子氏，諱履，都亳，傳國六百四十四年。

周文王姓姬氏，諱昌，演周易六十四卦，三百八十四爻，各位象辭。

周武王文王之子諱發，都鎬，傳國八百七十九年。

周公文王之子諱旦，定禮樂制度，諡元，一曰文。

釋氏姓釋迦諱牟尼，天竺憍薩國，迦毘羅城人，爲釋教之祖。

老子姓李諱耳字伯陽諡曰聃尼，楚國苦縣曲仁里人，作道德經、清靜經，為道教之祖。

孔子姓孔諱丘字仲尼，山東曲阜縣闕里人，初仕魯，後週流四方，晚作春秋，刪詩書，定禮樂，為儒教之祖。

顏子諱回字子淵，山東曲阜縣人，孔子弟子，世稱復聖。

曾子諱參字子輿，南城人，悟一貫之旨，述《大學》、作《孝經》等書，獨傳孔門心法，世稱宗聖。

子思姓孔諱伋，孔子之孫，受學於宗聖，作《中庸》獨傳孔門心法，世稱述聖。

孟子諱軻鄒人，受業於子思門下，與其弟子等作孟子七篇，世稱亞聖。

初祖姓剎利諱達摩，南天竺人，梁大通年間入中原，諡圓覺禪師。

二祖姓姬諱神光，後改慧可，後魏洛陽人，諡大祖禪師，又諡正宗普覺禪師。

三祖姓余諱普奄，號南泉，法號僧燦，隋宜春人，諡鑑智禪師。

四祖姓司馬，號道信，唐廣濟人，諡大醫禪師。

五祖姓周，法號宏忍，唐黃梅人，諡大滿禪師。

六祖姓盧，法號慧能，唐新州人，諡大鑑禪師。

七祖姓白名玉蟾，字如晦，號海瓊子，道號白衣居士，宋間清人，家瓊州，封紫清真人。

八祖姓羅諱蔚群，元河北涿州人。

九祖姓黃諱德輝，明江西鄱陽人，初傳禮本。

十祖姓吳諱紫祥，明江西金谿人。

十一祖姓何諱苦，號了吉，清江西貴溪人。

十二祖姓袁諱退安，號志謙，又號無顛，清貴州人嘉道年間，開荒四川，是為西乾堂之始。

十三祖姓徐名還無，號吉南，四川城都人。

十三祖姓楊名還虛，號守一，清四川新都人。

十四祖姓姚號鶴天，清山西太原人。

十五祖王諱希孟，字覺一，號北海老人，光緒三年承運道統，轉青州，改稱東震堂。

十六祖姓劉諱化普，號清虛老人，青州人，光緒十二年奉命三教合一，改

稱一貫道。

十七祖姓路_諱中一，號通理子，山東濟寧人，應運普傳，爲白陽初祖。

十八祖姓張_諱天然，號弓長，辦理末後一著，爲白陽二祖。

附錄二：《大學證釋》經文

大學之道：在明明德，在親親，在新民，在止於至善。

以上述全書綱領

古之欲明明德於天下者，先治其國；欲治其國者，先齊其家；欲齊其家者，先修其身；欲修其身者，先正其心；欲正其心者，先誠其意；欲誠其意者，先致其知；致知在格物。物格而后知至，知至而后意誠，意誠而后心正，心正而后身修，身修而后家齊，家齊而后國治，國治而后天下平。康誥曰：「克明德。」太甲曰：「顧諟天之明命。」帝典曰：「克明峻德。」皆自明也。

以上述明明德

物有本末，事有終始，知所先後，則近道矣。自天子以至於庶人，壹是皆以親親爲本，其本亂而末治者否矣；其所厚者薄，而其所薄者厚，未之有也。湯之盤銘曰：「苟日新，日日新，又日新。」康誥曰：「作新民。」詩曰：「周雖舊邦，其命維新。」是故，君子畏天愛民。

以上述親親新民

知止而后有定，定而后能靜，靜而后能安，安而后能慮，慮而后能得。是故，君子無所不用其極。詩云：「邦畿千里，維民所止。」詩云：「緡蠻黃鳥，止於丘隅。」子曰：「於止，知其所止，可以人而不如鳥乎？」詩云：「穆穆文王，於緝熙敬止。」爲人君，止於仁；爲人臣，止於敬；爲人子，止於孝；爲人父，止於慈；與國人交，止於信。

以上述止至善

詩云：「瞻彼淇澳，菉竹猗猗；有斐君子，如切如磋，如琢如磨，瑟兮僩兮，赫兮喧兮；有斐君子，終不可諠兮。」如切如磋者，道學也；如琢如磨者，自修也；瑟兮僩兮者，恂慄也；赫兮喧兮者，威儀也。有斐君子，終不可諠兮者，道盛德至善，民之不能忘也。詩云：「於戲！前王不忘。」君子賢其賢而親其親，小人樂其樂而利其利，此以沒世不忘也。

以上總結綱領

所謂致知在格物者：人之其所親愛而辟焉，之其所賤惡而辟焉，之其所畏敬而辟焉，之其所哀矜而辟焉，之其所敖惰而辟焉。故好而知其惡，惡而知其美者，天下鮮矣。故諺有之曰：「人莫知其子之惡，莫知其苗之碩。」子曰：「聽訟，吾猶人也；必也，使無訟乎！」無物不得盡其情也。此謂物格，此謂知本，此謂知之至也。

以上述格物致知

所謂「誠其意」者，毋自欺也。如惡惡臭，如好好色；故君子必慎其獨也。小人閒居為不善，無所不至；見君子而後厭然，揜其不善，而著其善；人之視己，如見其肺肝然，則何益矣？此之謂自慊，故君子必慎其獨也。曾子曰：「十目所視，十手所指，其嚴乎！」富潤屋；德潤身；心廣體胖。此謂誠於中形於外；故君子必誠其意。

以上述誠意

所謂修身在正其心者：身有所忿懥，則不得其正；有所恐懼，則不得其正；有所好樂，則不得其正；有所憂患，則不得其正。心不在焉；視而不見，聽而不聞，食而不知其味。此謂修身在正其心。

以上述正心修身

所謂齊其家在修其身者：堯、舜帥天下以仁，而民從之；桀、紂帥天下以暴，而民從之。其所令反其所好，而民不從。是故君子有諸己，而後求諸人；無諸己，而後非諸人。所藏乎身不恕，而能喻諸人者，未之有也。此謂身不修，不可以齊其家。

以上述修身齊家

所謂治國必先齊其家者，其家不可教，而能教人者，無之。故君子不出家，而成教於國。孝者，所以事君也；弟者，所以事長也；慈

者，所以使眾也。康誥曰：「如保赤子。」心誠求之，雖不中，不遠矣。未有學養子而后嫁者也。一家仁，一國興仁；一家讓，一國興讓；一人貪戾，一國作亂；其機如此。此謂一言僨事，一人定國。詩云：「桃之夭夭，其葉蓁蓁，之子于歸，宜其家人。」宜其家人，而后可以教國人。詩云：「宜兄宜弟。」宜兄宜弟，而后可以教國人。詩云：「其儀不忒，正是四國。」其為父子兄弟足法，而后民法之也。此謂治國在齊其家。

以上述齊家治國

所謂平天下在治其國者：上老老，而民興孝；上長長，而民興弟；上恤孤，而民不倍。是以君子有絜矩之道也。所惡於上，毋以使下；所惡於下，毋以事上；所惡於前，毋以先後；所惡於後，毋以從前；所惡於右，毋以交於左；所惡於左，毋以交於右；此之謂絜矩之道。詩云：「節彼南山，維石巖巖；赫赫師尹，民具爾瞻。」有國者不可以不慎，辟，則為天下僇矣！詩云：「殷之未喪師，克配上帝；儀監于殷，峻命不易。」道得眾，則得國；失眾，則失國。是故君子有大道：必忠信以得之；驕泰以失之。康誥曰：「惟命不於常。」道善則得之；不善則失之矣。楚書曰：「楚國無以為寶，惟善以為寶。」舅犯曰：「亡人無以為寶，仁親以為寶。」秦誓曰：「若有一個臣，斷斷兮，無他技；其心休休焉，其如有容焉；人之有技，若己有之；人之彥聖，其心好之；不啻若自其己出，寔能容之，以能保我子孫黎民，尚亦有利哉！人之有技，媢嫉以惡之；人之彥聖，而違之俾不通；寔不能容，以不能保我子孫黎民，亦曰殆哉！」唯仁人放流之，并諸四夷，不與同中國。此謂「唯仁人為能愛人，能惡人。」見賢而不能舉，舉而不能先，命也；見不善而不能退，退而不能遠，過也。好人之所惡，惡人之所好，是謂拂人之性，菑必逮夫身。詩云：「樂只君子，民之父母。」民之所好好之，民之所惡惡之，此之謂民之父母。是故君子先慎乎德；有德此有人，有人此有土，有土此有財，有財此有用。德者，本也；財者，末也；外本內末，爭民施奪。是故財聚則民散，財散則民聚。是故言悖而出者，亦悖而入；貨悖而入者，亦悖而出。生財有大道：生之者眾，食之者寡；為之者疾，用之者舒，則財恆足矣。仁者以財發身，不仁者以身發財。

未有上好仁，而下不好義者也；未有好義，其事不終者也；未有府庫財，非其財者也。孟獻子曰：「畜馬乘，不察於雞豚，伐冰之家，不畜牛羊；百乘之家，不畜聚斂之臣；與其有聚斂之臣，寧有盜臣。」此謂國不以利為利，以義為利也。長國家而務財用者，必自小人矣；彼為善之，小人之使為國家，菑害並至，雖有善者，亦無如之何矣！此謂國不以利為利，以義為利也。

以上述治國平天下